KB042311

무역이론과 정책

Trade Theory and Policy

곽근재 저

박영사

머리말

80년대 이후 세계화가 급속도로 진행되면서 무역 및 투자가 빠른 속도로 성장하였다. 이러한 성장의 배경에는 GATT와 WTO의 다자간 무역자유화의 노력과 FTA와 같은 지역적 무역자유화의 노력이 있었기 때문이다. 그러나 최근 들어 세계뿐만 아니라 우리나라의 경제성장과 무역성장도 계속 둔화되고 있다. 수출과 수입의 경우에는 마이너스 성장을 보이고 있다.

무역성장세 둔화의 배경에는 세계 경제성장의 둔화, 도하라운드의 좌초, TPP에 대한 미국의 태도 변화, 영국의 EU 탈퇴, WTO 회원국들 내 무역규제강화 추세, 특히 최근의 미·중 관세전쟁, 신흥공업국들의 공업화로 인한 중간재무역의 감소 등이 그 원인으로 분석되고 있다. 우리나라의 경우 외부적인 악재이외에도 소득주도성장 정책 등 대내적인 악재가 겹쳐서 경제가 1997년 12월의 IMF 관리체제 이후 최악의 상황을 맞이하고 있다.

경제정책의 추진 방향이 얼마나 중요한지는 1960년대 종속이론에 심취하여 수입대체전략을 채택한 남미국가들과 수출주도형 성장전략을 채택한 한국, 대만, 홍콩, 싱가포르의 사례를 통해 명확히 알 수 있다. 이론적으로 보면 두 정책은 대칭적이어서 차이가 별로 없다. 그러나 실제 현실에서는 수입대체전략을 채택한 국가들 가운데 대표적으로 아르헨티나는 선진국 대열에 진입하다가 후진국으로 전락하였다.

예부터 경제이론은 현실경제와 다르다는 말을 많이 한다. 수입대체전략의 경우도 첫 번째 소비재 단계에서는 성공 확률이 높다. 그러나 두 번째 자본재 단계에서의 수입대체는 자본과 기술이 필요한데 수출을 통해 외화획득을 하지 않았기 때문에 외채에 의존해야 하며 실패할 경우 아르헨티나처럼 국가파산 선언을 하게 된다. 따라서 이론적으로는 두 전략에 차이가 없지만 현실적으로는 차이가 발생하는 것이다. 이러한 차이를 이해하고 현실경제를 분석하기 위해서는 경제이론에 더욱 충실하고 현실경제를 꾸준히 관찰해서 경제적 통찰력을 길

러야 할 것이다.

저자는 다년간 무역이론과 정책을 강의하면서 무역학도라면 이 정도는 꼭 학습하였으면 하는 내용을 담아서 본서를 집필하였다. 본서는 크게 무역이론 편과 무역정책 편으로 나누어져 있다. 1부는 9개장으로 구성되며, 2장에서 본서의 연구방법론을 제시한 후 고전학파와 신고전학파의 무역이론과 신무역이론에 속하는 산업내무역 이론을 정리하여 소개하였다. 무역이론 편 마지막 장에서는 베트남의 섬유산업의 산업내무역을 분석한 저자의 경험적 연구를 소개하였다. 2부의 무역정책 편에서는 무역정책의 개념 연구를 시작으로 무역정책의 분석방법을 소개하였다. 이어서 무역정책의 경제적 효과 분석에서는 먼저, 완전경쟁시장과 함께 왜곡이 존재하지 않는 시장하의 무역정책의 경제적 효과를 분석하였다. 그러나 현실은 시장불완전 및 왜곡이 만연되어 있으므로 14장에 왜곡의 개념과 유형을 설명한 후 실업, 유치산업, 환경오염, 외국 독점기업 등의 왜곡이 존재하는 상황하의 무역정책의 경제적 효과를 분석하였다. 마지막 19장에서는 자유무역이라는 최선의 균형이 아닌 현실세계에서 경제통합이 차선의 정책인가를 분서한다.

그간 본서의 출판을 위해 여러모로 애써주신 박영사의 안상준 대표님과 박세기 부장님 그리고 편집을 위해 수고해 주신 편집부 전채린 과장님께 감사의 말씀을 드린다. 끝으로 이 책에 있을지 모르는 오류는 전적으로 저자의 책임이며, 향후 계속 수정·보완할 계획이다.

2019년 12월
저자 곽근재

목차

목차

목차

PART 01

무역이론

CHAPTER
01

세계화와 국제경제학

1.1 무역과 투자의 성장

1.1.1 세계 무역과 투자의 성장

오늘날 세계시장은 빠르게 통합되고 있다. 기업이나 소비자 그리고 정부는 그들이 생활하고 활동하고 있는 지역이나 국가에서 일어나고 있는 일들에 의해 영향을 받을 뿐만 아니라 세계 도처에서 일어나고 있는 일들에 의해서도 점점 더 많은 영향을 받고 있다. 가령, 소비자들은 그들이 사는 도시의 조그마한 가게에서조차도 세계 각국에서 생산된 재화를 구입할 수 있다. 한편 국내기업은 이들 외국제품과 경쟁해야 한다. 그러나 국내기업은 세계 여러 나라와의 교역을 통해 시장을 확대할 새로운 기회를 갖는다. 더구나 통신수단의 발달로 인해 국가 간 재화 및 서비스 공급의 비용이 빠르게 감소하고 있으며, 인터넷은 시장을 훨씬 더 큰 폭으로 확대시켜 재화 및 서비스의 비용을 빠르게 변화시키고 있다.

최근 세계시장은 무역과 투자의 성장으로 인해 빠르게 세계화(globalization)[1]

---

1) 국제화(internationalization)와 세계화(globalization)는 중심주체가 누구인가에 차이가 있다. 국제화란 국가중심의 국제경제질서 속에서 개별경제주체들의 해외경제활동이 규모면에서 확대되고 내용면에서 심화되는 과정 및 현상을 말하며, 세계화란 국제화의 바탕 위에서 국가별 또는 지역별 시장이 기능적, 제도적, 법률적으로 통합되고 단일화되는 과정 및 현상을 말한다.

되어 왔으며, 우리 모두 이것을 잘 알고 있다. 세계화의 정도를 알아보는 한 가지 단순한 방법으로 세계의 수출성장을 조사해 보는 것이다. [그림 1-1]은 1948년 GATT 출범 이후 2017년까지의 연간 세계 총수출액을 보여주고 있다. 일국의 수출이 다른 나라의 수입임을 인식한다면 지난 69년 동안 세계전체의 무역은 기하급수적으로 증가하였음을 알 수 있다.[2]

그림 1-1 **세계 총수출액(1948~2017)**　　　　　　　　　　단위: 10억 달러

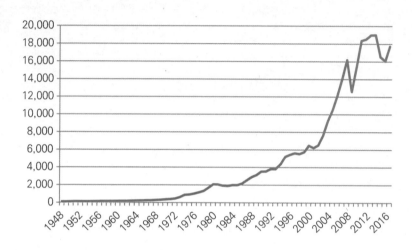

자료: UNCTAD Data Center

　　그러나 수출이 빠르게 성장한다고 해서 반드시 무역의 중요성이 더 높아지고 있다는 것을 의미하지는 않는다. 그러므로 수출액보다는 세계경제의 규모에 대해 교역재의 비중이 어떠한지 조사해 볼 필요가 있다. [그림 1-2]는 1970년에서 2017년까지의 세계 GDP에서 차지하는 세계 수출의 비중을 백분비(%)로 나타낸 것이다. 이 그림은 세계경제의 규모에 대한 무역의 비중이 착실히 증가하고 있음을 보여주고 있다. 세계의 수출은 1970년에 GDP의 약 9% 정도에서 2017년에는 약 22%까지 성장하였다. 따라서 무역은 절대적 기준에서 빠르게 증가하고 있을 뿐만 아니라 상대적으로도 그 중요성이 매우 높아지고 있음을 알 수 있다.

2) 2009년 수출이 급속히 감소한 원인은 미국발 금융위기로 인한 것이며, 2015년 이후 수출의 감소추세는 세계경제성장의 둔화, 도하라운드의 좌초, TPP에 대한 미국의 태도 변화, 영국의 EU 탈퇴(Brexit), WTO 회원국들 내 무역규제강화 추세에 기인한다고 볼 수 있다.

그림 1-2 세계 GDP에 대한 세계 총수출액 비중(1970~2017)

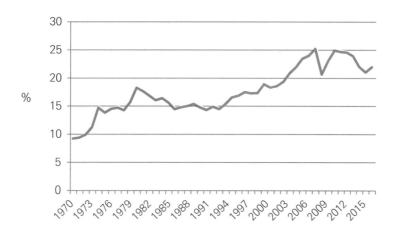

자료: UNCTAD Data Center, IMF WEO 2000 & 2018

　　세계경제의 상호연관성을 보여주는 또 하나의 지표, 즉 세계화의 또 다른 지표로는 해외직접투자(FDI)의 변화를 들 수 있다. FDI는 생산활동의 해외소유이다. 그러므로 FDI를 통한 해외경제의 유입은 한 나라에 커다란 영향을 미칠 수 있다. [그림 1-3]은 1980년과 2017년 사이 세계 GDP에서 차지하는 세계 FDI 유입액의 비중을 보여준다. 이것은 해외소유의 중요성에 대한 하나의 지표를 제공해 준다. [그림 1-3]에서와 같이 세계 GDP에 대한 세계 FDI의 비중은 1980년에 약 6% 조금 상회하던 것이 급속도로 성장하여 불과 37년 후인 2017년에는 약 40%나 되었다.

그림 1-3 세계 GDP에 대한 세계 FDI 유입액 비중(1980~2017)

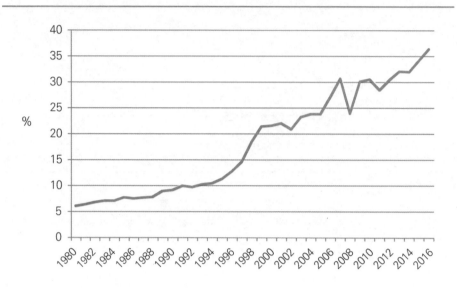

자료: UNCTAD Data Center, IMF WEO 2018
주: 세계 FDI 유입액은 Stock으로 나타낸 것임.

1.1.2 한국 무역과 투자의 성장

그림 1-4 한국의 총수출액(1948~2017)　　　　　　　　　　　　　단위: 100만 달러

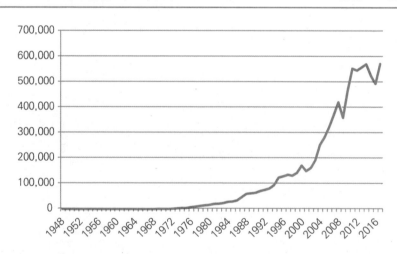

자료: UNCTAD Data Center

그림 1-5 한국 GDP에 대한 한국 총수출액 비중(1970~2017)

자료: UNCTAD Data Center, IMF WEO 2000 & 2018

그림 1-6 한국 GDP에 대한 한국 FDI 유입액 비중(1980~2017)

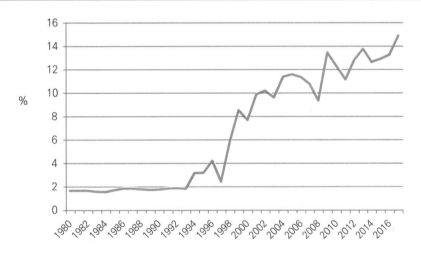

자료: UNCTAD Data Center, IMF WEO 2018

앞서 언급한 바와 같이 [그림 1-1]에서 세계의 총수출은 69년에 걸쳐 약 300배[3] 증가하였는 데 반해, [그림 1-4]를 보면 한국의 총수출은 1948년에서 2017년까지 69년에 걸쳐 약 3만 배나 증가하였다.[4] 가히 기하급수적인 증가라고 할 수 있다.

이처럼 수출이 절대적으로 성장하였을 뿐만 아니라 상대적으로도 수출의 중요성이 매우 높아졌음을 알 수 있다. 즉, [그림 1-2]에서 세계 GDP에 대한 세계 총수출액의 비중을 보면 1970년에서 2017년까지 47년에 걸쳐 9.4%에서 22.1%로 약 2.4배 정도 증가하였다. 그러나 [그림 1-5]를 보면 한국의 경우는 동 기간 9.4%에서 37.2%로 약 4배나 증가하였다.

끝으로 GDP에 대한 FDI 유입액의 비중을 보면 [그림 1-3]의 세계의 경우 1980년에서 2017년까지 37년에 걸쳐 6.3%에서 39.4%로 6.3배 증가하였다. 이에 반해 [그림 1-6]의 한국의 경우는 동 기간 1.8%에서 15.0%로 8.3배나 증가하였다.

전반적으로 볼 때 한국이 세계에 비해 훨씬 더 빠른 속도로 무역과 투자가 증가하였다. 이것은 한국의 세계화가 세계 여타국에 비해 훨씬 더 빠르게 진행되어 왔음을 의미한다.

1.2 무역과 투자의 성장 배경

국제무역과 투자의 성장은 부분적으로는 1930년대의 대공황 이후 무역장벽의 지속적인 감소로 인해 촉진되었다. 그러나 본격적인 무역장벽의 감소는 제2차 세계대전 이후 1948년에 1월에 발효된 GATT(관세와 무역에 관한 일반협정) 체제에서 시작되었다. GATT는 상호주의적인 기반위에서 수입품에 대한 관세율 인하를 위하여 회원국들 간에 규칙적인 협상을 촉진시킨 하나의 협정[5]이었다. 1948년부터 1994년 12월까지 8차례의 규칙적인 협상이 이루어졌다. 각국은 다

---

3) 1948년 세계 수출액은 590억 달러였는데, 2017년에는 17.7조억 달러로 증가하였다.

4) 1948년 한국 수출액은 19백만 달러였는데, 2017년에는 573,694백만 달러로 증가하였다.

5) GATT는 ITO(국제무역기구)가 무산되었기 때문에 1995년 WTO체제 창설 이전까지 사실상 기구로서의 역할을 해 온 셈이지만 실제는 하나의 협정에 불과하다.

른 회원국들에 의한 관세양허 또는 관세감소와 교환으로 수입품에 대해 관세를 감소시킬 것을 약속하였다. GATT 체제하에서 가장 최근에 완성된 UR(우루과이 라운드)는 1994년에 종결되었다. UR에서 회원국들은 훨씬 더 영향력이 큰 분야에서의 자유화 약속을 포함하는 협정을 체결하는 데 성공하였다. 각국은 재화무역에 대한 관세를 낮추었을 뿐만 아니라 농산물과 서비스 시장을 자유화하기 시작하였다. 그들은 과거 여러 해 동안 사용하여 왔던 여러 가지 쿼터시스템, 가령 MFA(다자간섬유협정)을 제거하였다. 그리고 그들은 또한 특허, 상표 및 저작권 등과 같은 지적재산권을 보호하기 위하여 어떤 최소한의 기준에 충실하기로 동의하였다. 이러한 새로운 협상체제를 관리하기 위하여, 무역문제를 규칙적으로 논의하는 포럼을 제공하기 위하여, 그리고 회원국들 간에 발생할 수 있는 무역분쟁의 해결을 위한 명확한 절차를 수행하기 위하여 1995년 1월 WTO가 출범하였다.

2016년 7월 현재 164개국이 WTO의 회원국이며, 지금도 많은 국가들이 WTO에 참가를 원하고 있다. 회원국의 숫자가 증가함에 따라 그리고 논의 중인 도하라운드[6]의 무역자유화 협상이 체결될 경우 세계시장은 무역 및 투자에 대해 점차 더 많은 개방이 이루어질 것이다.

무역자유화를 향한 또 하나의 노력은 지역무역협정(Regional Trade Agreements: RTAs)의 형태로 나타났다. 2019년 9월 현재 695건의 지역무역협정이 GATT/WTO에 통보되었으며, 이 중 481건의 RTAs가 발효 중이다. 특히 90년대에 들어와 많은 국가들이 무역자유화를 촉진시킬 목적으로 인접한 국가들 또는 주요 교역상대국들과 지역무역협정을 체결하였다. 한국의 경우는 2004년 4월 1일 한·칠레 FTA 발효를 시작으로 2019년 9월 현재 18건의 FTA가 서명·타결되었으며, 이중 15건의 FTA가 발효 중에 있다.[7]

전 세계적으로 수많은 지역무역협정이 체결된 이유는 한편으로는 WTO 체

---

6) WTO 체제의 첫 번째 다자간협상인 도하라운드(일명, DDA)는 2001년 야심차게 출발하였으나 2015년 12월 케냐 나이로비에서 개최된 WTO 각료회의에서 선진국과 개도국 간 의견 차이를 좁히는 데 실패하면서 DDA의 지속여부를 결론 내리지 못한 채 폐막하였다.

7) 2018년 2월 21일에 한·중미 FTA가 정식 서명되었으며, 중미 5개국 중 국회 동의를 얻은 3개국(코스타리카, 엘살바도르, 니카라과)과는 2019년 10월 1일부터 발효될 예정이다. 한·영 FTA의 경우 영국의 브렉시트 이후 한·영간 통상관계의 연속성 유지를 위해 2019년 8월 22일에 정식 서명하였으며, 한·이스라엘 FTA는 2019년 8월 21일 타결되었다. 그 결과 2019년 9월 현재 15건의 FTA가 발효 중이며, 3건의 FTA가 서명/타결된 상태이다.

제하에서의 다자간 무역자유화의 느린 행보 때문일 것이며, 다른 한편으로는 세계 각국이 경제적·전략적으로 중요한 교역상대국들과의 상호의존 및 연결 관계를 촉진시키기를 원하기 때문일 것이다. 어쨌든 RTAs의 증가 현상은 WTO 체제에서 달성된 다자간 무역자유화의 시장개방 성과보다도 훨씬 더 큰 폭으로 시장을 개방시키는데 기여하고 있다.

1.3 국제경제학

지금까지 살펴본 바와 같은 경제적 패턴에서의 변화와 개방도의 증가 추세는 경제적 관점에서 본 세계화의 한 양상이다. 따라서 세계화를 보다 폭넓게 공식적으로 표현한다면, 세계화란 세계 도처의 사람들을 상호 연결시켜주는 역할을 하는 경제적, 사회적, 문화적, 또는 환경적 변화를 의미한다.

그러나 세계화의 경제적 양상은 분명 이들 변화 중 가장 보편적인 변화라고 볼 수 있다. 그러므로 소비자, 기업, 정부에 미치는 세계시장의 영향을 이해하는 것이 점점 더 중요해지고 있다. 이런 점에서 세계화야말로 국제경제학 연구가 시작되는 출발점이다. 다시 말해, 세계화로 인해 국제경제학 연구의 중요성이 더욱 높아지고 있다.

국제경제학은 재화 및 서비스의 국제무역과 국제투자의 함의를 평가하는 연구분야이며, 크게 국제무역(International trade)과 국제금융(International finance)에 대한 연구로 구분할 수 있다.

국제무역론은 국제경제의 이해를 돕기 위해 미시경제모형을 적용하는 경제학의 한 분야이다. 국제무역론의 내용은 국제시장의 수요 및 공급 분석, 기업과 소비자 행태, 완전경쟁시장, 과점 및 독점적 경쟁시장구조, 시장왜곡의 효과를 포함한다. 전형적인 국제무역론 강의에서는 소비자, 기업, 정부 간의 경제적 관계를 설명한다.

국제무역론 강의의 목적은 개인 및 기업에 미치는 국제무역의 효과를 이해하고, 무역정책 및 기타 경제적 조건의 변화 효과를 이해하는 것이다. 따라서 국제무역론 강의는 자유무역정책뿐만 아니라 다양한 형태의 보호주의정책을 지지하는 논리를 개발한다. 이 강의가 끝날 무렵 학생들은 자유무역과 보호무역간의 오랜 논쟁을 잘 이해할 수 있을 것이다.

그리고 국제금융론은 국제경제의 이해를 돕기 위해 거시경제모형을 적용한다. 국제금융론은 GDP, 실업률, 인플레이션, 무역수지, 환율, 이자율 등과 같은 거시경제변수들 간의 상호관계에 초점을 맞추고 있다. 이 분야는 국제교환을 포함하기 위해 거시경제모형을 확장한다. 즉, 국제금융론은 무역수지불균형의 중요성, 환율의 결정요인, 정부의 통화 및 재정정책의 총체적 효과에 역점을 둔다.

통계자료 찾기

- 수출입통계는 품목별로 구하려면 UN Comtrade에서 찾는 것이 편리하겠지만 총액을 구하려면 UNCTAD 홈페이지가 편리하다. 홈피 상단 Statistics를 클릭해서 Data Center에 들어가 International trade in goods and services ⇒ Trade trends ⇒ Merchandise: Total trade and share, annual을 차례로 클릭하면 World 및 국가별로 다양한 자료를 구할 수 있다.
- FDI 자료도 마찬가지로 상단 Statistics, Data Center, Foreign direct investment, FDI flows and stock로 들어간다. 수출입통계는 Flows의 개념이 중요하지만 FDI는 연구목적에 따라 Flows(유량) 또는 Stock(저량)을 선택할 수 있다. 본서의 통계는 누적의 개념인 Stock을 사용하였다.
- GDP 통계는 흔치 않다. IMF의 World Economic Outlook (WEO) Databases를 이용하면 편리하다. 다만, WEO에는 70년대 이전의 자료는 없다. 80년대 이후의 GDP는 WEO 2018을 찾으면 되나 70년 이후의 자료는 WEO 2000 전후의 Database를 이용해야 한다. 그런데 두 Database의 중복된 연도의 GDP 값의 크기가 조금씩 다르다는 단점이 있다.
- 끝으로, constant prices와 current prices를 선택해야 하는데, 전자는 현 시점의 물가로 인플레이트 시킨 값이며, 후자는 그 당시의 물가로 표시한 값이다.

주요용어

1. 세계화(Globalization)
2. 국제화(Internationalization)
3. 해외직접투자(FDI)
4 GATT와 WTO

1. 세계화의 지표는 어떤 것이 있는가?

2. 국제화와 세계화의 차이점은 무엇인가?

3. 제2차 세계대전 이후 무역과 투자가 급속히 성장한 배경은 무엇인가?

4. 국제무역론 강의의 목적은 무엇인가?

국제무역의 원인과 연구방법

2.1 무역발생의 원인

국제무역론 연구의 목적은, 국가 간 무역발생의 원인과 결과를 설명하고 예측하는 무역모형을 개발하는 것이다. 모형의 목적은 무역발생의 근거를 확립하는 것이고, 모형을 이용하여 무역이 재화가격, 요소소득, 산업간 자원배분, 국가후생 등에 미치는 기대효과를 확인하고 예측하는 것이다.

일반적으로 국가 간 무역발생의 원인은 다음과 같이 다섯 가지로 요약된다. 첫째 기술의 차이(differences in technology)가 무역발생의 원인이다. 각국이 재화 및 용역을 생산하는 기술적 능력이 다를 경우 국가 간 무역이 발생한다. 기술이란 자원(가령, 자본, 노동, 토지)을 산출량(가령, 재화 및 용역)으로 전환시키는 기법을 의미한다. Ricardo(리카도) 무역모형은 기술의 차이를 강조한다.

둘째, 자원부존량의 차이(differences in resource endowments)가 무역발생의 원인이다. 자원부존량은 일국의 노동력 및 노동의 숙련도, 국내에서 입수 가능한 천연자원(가령, 광물, 농지 등) 그리고 자본스톡(가령, 기계류, 사회간접자본, 통신시스템 등)을 의미한다. 헥셔-오린 무역모형은 자원부존량의 차이를 강조한다.

셋째, 국가 간 수요 또는 선호의 차이(difference in demand or preferences)가 무역발생의 원인이 된다. 서로 다른 국가의 개인들은 다양한 제품에 대해 서로 다른 선호 또는 수요를 가질지 모른다. 가령, 동일한 가격이라 하여도 한국인은 미국인보다 쌀을 더 선호할 것 같다. 캐나다인은 맥주를 더 많이 소비할 것 같고, 네덜란드인은 나무신을 선호할 것 같으며, 일본인은 미국인보다 생선을 더 좋아할 것 같다. 비록 Krugman의 독점적 경쟁모형을 포함한 산업내무역이론에서는 소비자들 간의 기호의 차이에 근거한 선호의 다양성이 무역발생의 원인이긴 하지만 수요의 차이를 강조하는 모형은 흔치 않다.

넷째, 규모의 경제의 존재(existence of economies of scale)가 국가 간 무역발생의 원인이 된다. 규모의 경제는 조업규모가 확대됨에 따라 생산비가 감소하는 생산과정을 의미한다. 이러한 생산의 특성은 "규모에 대한 수확체증(increasing returns to scale)"으로 알려져 있다.

다섯째, 정부정책의 차이(difference of government policies)가 무역발생의 원인이 된다. 정부의 조세 및 보조금 정책은 재화 및 용역에 대해 부과될 경우 가격을 변경시킨다. 이러한 변화는 어떤 제품의 생산에 있어서 충분히 우위를 발생시킬 수 있다.

사실 위의 5가지 무역발생의 원인을 동시에 모두 포함하는 이론적 모형은 별로 없다. 그 이유는 그런 무역모형은 너무 복잡하기 때문이다. 경제학자들은 단 한 가지 원인만을 포함하는 모형을 선택함으로써 무역세계를 단순화시켰다. 이것은 경제학자들이 하나의 원인, 또는 하나의 모형만으로도 충분히 모든 무역현상을 다 설명할 수 있다고 믿는 것은 아니다. 우리는 서로 다른 모형들이 동일한 현상에 대해 우리에게 무엇을 말하려고 하는지를 봄으로써 무역세계를 이해하려고 노력해야 한다.

가령, 국가 간 기술의 차이와 관련된 리카도 모형의 경우는 무역 후 모든 사람이 무역으로부터 이익을 얻는다. 이에 반해, 요소부존도의 차이와 관련된 헥셔-오린 모형의 경우는 무역 후 승자와 패자가 발생한다. 즉, 이익을 얻는 그룹과 손해를 보는 그룹이 생긴다.[8] 이처럼 무역발생의 원인을 변경하면 무역의 결과 또한 바뀐다.

현실세계의 경우 무역은 서로 다른 모든 원인들이 뒤섞여서 발생한다. 각각의 무역모형은 단지 일어날 수 있는 효과의 일부만을 보여줄 뿐이다. 따라서 서

---

8) 리카도 모형은 생산요소가 노동 하나뿐이기 때문이다. 반면, 헥셔-오린 모형은 생산요소가 자본과 노동 2개라고 가정하기 때문에 무역 후 이익을 얻는 그룹(승자)과 손해를 보는 그룹(패자)이 발생한다.

로 다른 모형에서 나타나는 서로 다는 결과를 조합하면 현실세계의 진정한 특성이 된다는 것을 알 수 있다.

2.2 무역이 발생하지 않는 모형

앞 절에서 우리는 한 나라가 무역을 한다는 것은 수많은 원인들이 동시에 작용하면서 만들어낸 복잡한 결과이며, 유일한 무역발생의 원인은 존재하지 않는다는 것을 알았다. 그러나 전반적인 윤곽을 이해하기 위해서는 무역이 발생하는 각각의 원인들이 어떻게 작용하는지 분리하여 연구해 볼 필요가 있다.

무역발생의 원인을 조사하는 한 가지 편리한 방법은, 먼저 "무역이 발생하지 않는 세계(no-trade)"를 상상해 보는 것이다. 모든 나라의 폐쇄경제하의 상대가격이 동일하며 규모의 경제[9]가 존재하지 않는다면 그런 상황이 될 것이다. 그러므로 모든 나라의 생산가능곡선이 동일하며, 원점에 대해 오목한 경우[10]를 가정하고, 모든 나라가 동일한 소비무차별곡선을 갖는다고 가정한다.

모든 나라의 수요 및 공급측면이 동일한 상황, 즉 "무역이 발생하지 않는 상황(no-trade)"을 구체적으로 열거하면 다음과 같다.

(1) 국가 간 동일한 생산함수
(2) 모든 나라에서 동일한 요소부존량
(3) 규모에 대한 수확불변(CRS)
(4) 모든 나라에서 동일하고 동조적인(homothetic) 기호[11]
(5) 왜곡이 없는 상황(예, 조세, 보조금, 불완전경쟁 등)

그러나 상기 가정들이 무역을 발생시키지 않는 유일한 가정들은 아니다. 가

---

9) 이 경우의 규모의 경제는 외부적 규모의 경제를 의미한다(7장 2절 참조).
10) 기회비용이 체증하는 생산가능곡선(PPF)을 말한다. 그러나 기회비용이 체감하는(즉, 원점에 대해 볼록한) PPF의 경우는 양국의 PPF가 동일하더라도 이익이 발생하는 무역(gains from trade)이 가능하다(7장 3절 Kemp 모형 참조).
11) 동조적 기호란 소득이 증가하여도 소비패턴에 변화가 없는 수요함수를 의미한다.

령, [그림 2−1]처럼 상이한 생산가능곡선, 상이한 선호함수하에서도 'no−trade'가 발생할 수 있다.

　　정말 중요한 것은, 위의 5가지 조건들이 무역을 발생시킬 수 있는 다양한 근거를 요약하고 있다는 것이다. 만일 5가지 가운데 하나가 완화되면 무역이 발생할 것이다. 그러므로 위의 5가지 조건들은 5가지 무역발생의 결정요인들인 셈이다.

그림 2−1 **무역의 근거가 상쇄되는 경우**

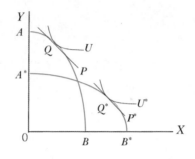

2.3　연구의 방법론

　　제3장부터는 5가지 가정 가운데 4가지를 그대로 두고 하나씩 완화시켜 나간다. 이런 접근은 현실세계를 정확히 묘사하지 못하므로 비현실적이라는 비판을 받기도 한다. 그러나 왜 이런 접근이 이용되는지 정확히 이해할 필요가 있다.

　　다른 요인이 동시에 무역을 발생시키지 않는다는 확신이 없는 한, 하나의 특정 무역원인에 대해 어떠한 결론도 도출할 수 없다. 가령, 요소부존량과 수요의 차이가 존재하는 모형에서 수요차이의 효과를 정확히 확인하기는 어렵다. 즉, 수요의 차이를 상쇄시킬 정도로 요소부존도의 차이가 발생한다면 수요의 차이가 있음에도 불구하고 무역이 발생하지 않을 수 있다. [그림 2−1]의 예를 보면 양국의 생산 및 수요 측면이 다름에도 불구하고 무역이 발생하지 않는다. 따라서 5가지 가정 가운데서 4가지 가정은 그대로 두고 하나씩 가정을 완화시켜가는 접근방법은, 한 변수의 효과를 연구하기 위해 다른 모든 변수들을 중립화시키는 일종의 이론적 실험(theoretical experiment)이라고 할 수 있다.

현 단계에서 모형이 '현실적'인지 아닌지에 대한 의문은 적절하지 않다. 현재로서는 모형의 예측력이 어느 정도여야 하는지에 대해서 어떠한 기준 또는 요구가 없다. 다음의 여러 장들의 모형에서 조사대상의 특정 요인의 효과를 격리시키기 위해서는 엄격한 가정들이 필요하다. 가령, 왜곡이 없다거나 동일한 생산함수라는 가정을 할 경우, 이것은 실질세계를 묘사하기 위함이 아니라 각각의 요인들을 격리해서 그 효과를 고려하기 위함이다.

현실적 모형의 개발은, '이론적' 실험을 위해서는 필요하지 않지만 '경험적' 분석을 위해서는 반드시 필요하다. 모형의 경험적 검증에 흥미가 있다면 실질세계의 무역흐름을 설명하기 위해 사용되는 모형에 적합한 일련의 가정들을 결정해야 할 것이다. 만일 무역모형의 다양한 결정요인들의 함의가 상이하다면 우리는 무역을 발생시킬 수 있는 어떤 변수를 이상적으로 포함시켜야 할 것이다. 물론 실제로는 약간의 단순화가 필요할 것이다. 그리고 각 연구자는 어느 변수가 중요하며, 모형이 어떻게 모델링(modeling)되어야 하는지 결정해야 한다.

현실적 모형의 개발을 위해, 즉 경험적 연구를 위해 부연 설명하자면 위의 5개의 조건 가운데 그 어떤 것도 두 나라 간에 똑같지 않다는 사실을 고려해야 한다(물론, 어느 하나의 조건이 비슷할 수는 있을 것이다). 가령, 북미, EU, 아프리카의 특성을 비교하면 미국과 캐나다는 유럽에 비해 보다 높은 비율의 '토지/노동 부존량'을 가지며, 북미와 유럽은 아프리카에 비해서는 우수한 기술과 보다 많은 물적 및 인적자본의 부존량을 가진다. 우리는 항공기, 자동차, 화학 등과 같은 많은 산업들이 규모의 경제를 가진다는 것을 발견할 것이다. 국가 간 기호가 다르며 한 나라에서 동조적이지도 않다는 것을 발견할 것이다. 각국은 서로 다른 조세제도를 가지며 많은 산업들(일반적으로 강한 규모의 경제를 가진 산업들)이 소수의 기업들로 구성되며 불완전경쟁시장의 특성을 갖는다.

결론적으로 말해, 무역발생의 원인이 유일하다는 가정(즉, 5개의 원인 가운데 하나만 다르다는 가정)은, 그 원인이 무역패턴을 설명하는 데 개별적으로 얼마나 기여하는가를 이해할 목적으로 이루어진 것이다. 그리고 5개의 무역발생 원인의 양적인 중요성을 결정하는 것은 경험적 분석이 해야 할 몫이다.

- 무역발생의 원인은 5가지로 요약된다. 즉, 기술의 차이, 규모의 경제의 존재, 수요의 차이, 요소부존량의 차이, 정부정책의 차이가 있다.

- 무역발생의 원인을 조사하는 한 가지 편리한 방법은, 먼저 "무역이 발생하지 않는 세계(no-trade)"를 상상해 보는 것이다. 이것은 역설적으로 말해, 5가지 요인들이 각각 무역발생의 원인이 된다는 것이다.

- 연구의 방법으로는 한 변수의 효과를 파악하기 위해 다른 모든 변수들이 중립화되는 일종의 이론적 실험(theoretical experiment)을 한다. 그것은 각각의 원인이 무역패턴을 설명하는 데 개별적으로 얼마나 기여하는가를 알게 해 주기 때문이다.

- 현실적 모형의 개발은, 이론적 실험을 위해서는 필요하지 않지만 경험적 분석을 위해서는 반드시 필요하다. 왜냐하면, 각각의 원인이 양적으로 얼마나 중요한지를 결정하는 것은 경험적 분석의 몫이기 때문이다.

연습문제

1. 국제무역이 왜 발생하는지 5가지 이유를 열거하시오.

2. 아래와 같은 무역발생의 원인을 근거로 하는 무역모형은 어떤 것이 있는가?

   (1) 기술의 차이(differences in technology)
   (2) 규모의 경제의 존재(presence of economies of scale)
   (3) 수요의 차이(differences in demand)
   (4) 요소부존량의 차이(differences in endowments)

3. 각 무역모형들이 한 가지 무역발생의 원인만을 고집하는 이유는 어디에 있는가?

4. 현실의 세계는 다양한 원인들에 의해 무역이 발생한다. 실질세계의 무역흐름을 설명하기 위해 연구자들은 어떻게 해야 하는가?

CHAPTER 03

재화의 국제교환

3.1 기본무역모형의 단순화

어떤 무역패턴은 설명할 필요가 없다. 가령, 한국이 석유, 커피, 설탕, 휘발유 등을 수입하는 경우를 예로 들 수 있다. 이들의 수입이 금지된다면 후생 (well-being) 또는 실질소득(real income)은 아주 많이 감소할 것이다.

그러나 세계시장에서 교역되는 대부분의 상품들은 다른 많은 국가에서도 생산된다. 이를 설명하기 위해 경제학자들은 2국·2재의 기본무역모형(basic trade model)을 이용한다. 만일 2국·2재의 단순모형에서 무역이익이 생긴다면, 다국(多國)·다재(多財)의 세계에서는 더욱더 많은 이익을 기대할 수 있을 것이다.

이 장에서는 기본무역모형을 더욱 단순화시킨다. 즉, 각국의 생산량은 일정하게 주어져 있으며, 가격변화에 따라 재화부존점(endowment bundle)이 변화하지 않는다고 가정한다.

이렇게 단순화시킨 이유는 다음과 같다. 첫째, 가격변화에 반응해서 자원이 산업간에 이동하는 현실의 무역세계에 비해 설명이 쉽다. 둘째, 무역발생의 원인이 국가간 생산비의 차이 이외에 고려할 사항이 더 있음을 암시한다.

3.2.1 분석도구

(1) 상대가격선(예산선 또는 소비가능선)

어느 한 재화의 상대가격(relative price)은 시장에서 그 재화 한 단위를 구하기 위해 포기되어야 하는 다른 재화의 단위수이다. 가령, X재 1단위는 20원, Y재 1단위는 10원이면, Y재 단위수로 나타낸 X재의 상대가격은 $Y/X = P_X/P_Y$ $= ₩20/₩10 = 2$이다. 이것은 X재 1단위가 Y재 2단위와 동일한 가치를 지니고 있다는 뜻이다.

그러나 상대가격을 정확히 나타내기 위해서는 '고전적 형태의 예산제약' 가정이 필요하다. 즉, 당해 연도에 있어서 개인(또는 국가)의 지출이 개인(또는 국가)의 소득과 일치한다는 '고전적 형태의 예산제약'을 가정할 경우 재화가격은 화폐가격(즉, 절대가격)으로 표시할 필요 없이 상대가격으로 표시가 가능하다. 가령, 사과와 배를 수확하는 농부가 한 해의 농사 결과 사과 10개, 배 10개를 각각 생산하였다고 가정하자. 사과와 배는 1:1로 교환될 것이다. 즉, 배로 표시한 사과의 상대가격은 1이다. 그러나 내년을 위해 올해 5개의 사과를 저장한다면 사과의 상대가격은 2가 될 것이다.

무역이론에서 상대가격을 선호하는 이유는, 상대가격으로 표시하면 화폐가 존재할 때 발생하는 여러 가지 문제들, 가령 환율문제, 국제수지불균형문제, 국제수지조정문제 등을 배제시킬 수 있으며, 무역이론의 관심분야인 무역패턴, 소득분배, 자원배분 등에 초점을 맞출 수 있기 때문이다.

상대가격선을 기하학적으로 나태내면 다음과 같다. 즉, 고전적 형태의 예산제약 가정에 따라 소득 I는 X재의 소비와 Y재의 소비에 지출된다.

$$I = P_X \cdot X + P_Y \cdot Y \Rightarrow Y = I/P_Y - P_X/P_Y \cdot X \tag{3.1}$$

위 식은 절편이 I/P_Y이고, 음의 기울기 $-P_X/P_Y$를 갖는 일차함수이다. 이를 그림으로 나타내면 다음과 같다. 즉, 상대가격을 나타내는 이 직선은 주어진 소득(예산)으로 소비가능한 조합을 나타내므로 상대가격선, 예산선 또는 소비가능선이라고 한다.

그림 3-1 **상대가격선, 예산선, 소비가능선**

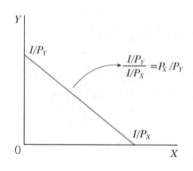

이번에는 재화부존점으로 상대가격을 설명하여 보자. 재화부존점이 E점(X재 $0G$, Y재 $0F$)이라고 하자. 재화의 상대가격이 주어지면, 재화부존점 E와 동일한 가치를 가진 X재와 Y재의 모든 조합을 구할 수 있다. 그러므로 BEA는 상대가격선이며, 예산선인 동시에 소비가능선이다.

그림 3-2 **상대가격과 예산제약**

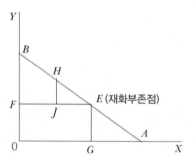

$$HJ/JE = OB/OA = P_X/P_Y \ (X재의 \ 상대가격)$$
$$JE/HJ = OA/OB = P_Y/P_X \ (Y재의 \ 상대가격)$$

소득이 증가하면 예산선은 원점에서 멀리 이동하며, 소득이 감소하면 원점 방향으로 이동한다. 이번에는 주어진 소득 하에서 재화의 절대가격이 변화하면 상대가격선의 기울기가 바뀐다. 가령, X재의 가격이 상승하거나 Y재의 가격이 하락하면 상대가격선의 경사가 급해지며, 그 반대이면 상대가격선의 경사가 완만해진다. 또는 X재의 절대가격이 하락하더라도 다른 재화의 절대가격이 더 많이 하락하면 X재의 상대가격은 상승하므로 상대가격선의 기울기는 급해진다.

(2) 무차별곡선(Indifference Curve)

무차별곡선은 동일한 효용(utility), 만족도(satisfaction), 또는 실질소득(real income)을 나타내는 재화의 소비조합이다.

그림 3-3 **무차별곡선**

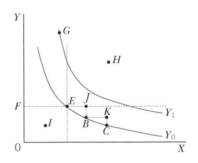

[그림 3-3]의 E점을 기준으로 북동방향(가령, H점)은 만족도가 높고, 남서 방향(가령, I점)은 만족도가 낮다. E점에서 X재의 소비를 한 단위 더 증가시키면(가령, J점) 보다 높은 수준의 효용 또는 만족을 얻는다.

무차별곡선의 성질은 다음과 같다.

첫째, 우하향(negatively sloped) 한다. 이것은 소비자가 동일한 수준의 효용을 느낄 수 있는 대체가능한 소비조합이 무수히 많다는 것을 의미한다.

둘째, 원점에 대해 볼록하다. 즉, 한계대체율 체감의 법칙(law of diminishing marginal rate of substitution)이 작용한다.[12] $EJ = BK$이지만 $JB > KC$이다. 즉,

---

12) 무차별곡선의 기울기를 한계대체율(marginal rate of substitution; MRS)이라 한다. 즉, 어떤

어느 무차별곡선상에서 X재 1단위씩 소비를 증가시킴에 따라 감소되는 Y재 단위는 차츰 줄어든다. 이것은 X재의 소비를 증가시킬수록 X재의 한계효용은 낮아지고 Y재의 한계효용은 높아진다는 것을 의미한다.

셋째, 무차별곡선은 서로 교차하지 않는다. 만일 두 개의 무차별곡선이 서로 교차한다면 효용수준을 비교할 수 없다. 따라서 효용수준의 비교를 위해서는 소비자의 선호는 일관성을 유지해야 한다.

넷째, 원점에서 멀수록 보다 높은 효용수준을 나타낸다. 가령, y_1은 y_0보다 더 높은 효용 또는 만족도를 나타낸다.

다섯째, 무차별지도를 이룬다. [그림 3-3]의 2차원 공간의 어떠한 소비점도 어느 한 무차별곡선상에 위치한다. 따라서 모든 소비점은 비교가 가능하다.

(3) 분석도구의 응용: 소비에 있어서 파레토최적

합리적인 소비자라면 소비가능선상의 어떤 소비점을 선택할 것인가? 무차별곡선의 기울기, 즉 한계대체율과 재화의 상대가격이 같도록 소비할 때 효용수준이 극대화된다.

[그림 3-4]에서 A점이 소비점이 될 경우 가격선의 기울기와 무차별곡선의 기울기인 한계대체율(MRS_{XY})이 일치한다. 즉, $P_X/P_Y = MU_X/MU_Y$이다. 그러나 B점에서 소비가 이루어질 경우 $P_X/P_Y > MU_X/MU_Y$가 된다. 즉, X재의 가격에 비해 소비에서 얻는 효용이 작고 Y재의 가격에 비해서는 효용이 크다. 따라서 합리적인 소비자라면 X재의 소비는 줄이고 Y재의 소비는 증가시켜 A점에서 소비할 것이다. 그러므로 A점은 소비에 있어서 파레토최적점이다.

재화의 소비를 증가시킬 경우 동일한 효용수준을 유지하기 위해 포기해야 하는 다른 재화의 단위수를 말함.

$-\Delta Y \cdot MU_Y + \Delta X \cdot MU_X = 0$ 이다. $\therefore \ \Delta Y/\Delta X = MU_X/MU_Y = MRS_{XY}$

그림 3-4 소비에 있어서 파레토최적

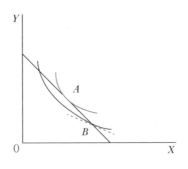

3.2.2 무역은 양국을 이롭게 한다

> **명 제13)**
>
> 무역전 폐쇄경제(autarky)하에서 양국간 상대가격이 서로 다를 경우 두 나라는 중간의
> 가격비율로 재화를 교환함으로써 이익을 얻을 수 있다.

[그림 3-5]와 [그림 3-6]을 이용하여 위의 명제를 증명하면 다음과 같다. E는 자국의 재화부존점이고, E^*는 외국의 재화부존점이다. 자국은 X재, 외국은 Y재가 풍부하게 부존되어 있으므로 자국은 X재, 외국은 Y재의 상대가격이 싸다고 가정한다. 즉, 무역전 양국의 상대가격은 다르다.

---

13) 논리학적으로 뜻이 분명한 문장이나 식을 말한다. 다시 말해 명제(proposition)란 참인지 거짓인지 바로 알 수 있는 문장이나 식이다. 가령, "진주시민은 대한민국 국민이다"는 참인 명제이다. "1+1=2"도 참인 명제이며, "1+1=3"은 거짓인 명제이다. 그러나 "베토벤은 천재 음악가이다"는 주관적 판단에 따라 참일 수도 거짓일 수도 있으므로 명제가 아니다.

그림 3-5 **자국의 무역삼각형**	그림 3-6 **외국의 무역삼각형**
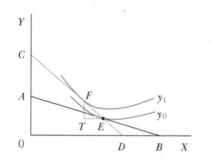	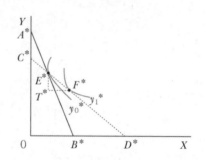

그림에서 자국의 상대가격은 AEB, 외국의 상대가격은 $A^*E^*B^*$이다. 폐쇄경제하의 자국의 소비점과 후생수준은 E와 y_0이며, 외국은 E^*와 y_0^*이다. 만일 교역조건이 양국의 무역 전 가격 AEB와 $A^*E^*B^*$의 중간정도인 CED $= C^*E^*D^*$이라면 무역 후의 소비점과 후생수준은 자국은 F, y_1이며, 외국은 F^*, y_1^*이다.

결론적으로 말해, 재화의 공급이 고정되어 있는 경우조차도 국가 간 재화의 교환에 의해 양국의 후생수준은 증가한다.

포로수용소의 교환경제
- 2차 대전 당시 연합군 전쟁포로인 R. A. Radford는 이탈리아와 독일의 포로수용소에 몇 년간 수용되어 있었다. 그는 전쟁 후 포로들 간에 적십자 구호물자의 물물교환이 이루어졌던 당시의 시장상황을 설명하는 짧은 에세이를 경제저널지에 실었는데, 이를 경제 분석 도구로 설명한 것이 3장의 교환경제이다.
- Radford의 관찰에 의하면 포로 캠프들 간에 기호의 차이가 있었다. 가령, 담배를 아주 선호하는 캠프가 있는가 하면 전혀 가치를 두지 않는 캠프도 있었다. 그는 서로 상이한 국적을 가진 포로 캠프들 간에 상이한 상대가격이 형성된다는 것을 알았다. 따라서 포로 캠프에 접근이 용이한 자가 있다면 교환을 통해 큰 이익을 얻을 수 있을 것이다.
- 이를 설명하기 위해 Radford는 어느 한 목사의 교환활동을 예로 들었다. 그는 치즈 한통과 5갑의 담배를 가졌는데, 꽤 많은 양의 다른 물건들과 교환하였다. 가령, 프랑스 캠프에서는 커피가 상대적으로 비쌌고, 영국과 캐나다 캠프에서는 차(tea)가 상대적으로 비쌌다.
- 각 캠프들이 공통의 가격체계에 의해 연결된다면 모든 캠프가 이익을 얻을 수 있을 것이다. 그러나 각 캠프가 각각 분리되어 있다면 잠재적 이익은 중재자인 목사에게 돌아갈 것이다.

R. A. Radford (1945), "The Economic Organization of a P.O.W. Camp," *Economica*, 12(48): 189-201.

3.3.1 세계수요 및 세계공급곡선에 의한 균형 설명

[그림 3-7]의 첫 번째와 두 번째 그림은 [그림 3-5]와 [그림 3-6]으로부터 유도된 자국과 외국의 X재의 수요 및 공급곡선이다. 3번째 그림은 양국의 수요 및 공급공선을 합친 세계의 수요 및 공급곡선이다. 두 나라의 초과수요(즉, 수입수요)와 초과공급(즉, 수출공급)이 일치하는 수준에서 균형교역조건이 결정되며, 이 가격에서 양국의 무역은 균형을 이룬다.

그림 3-7 세계의 수요 및 공급

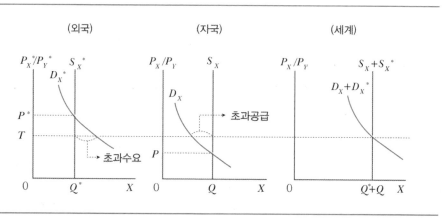

[그림 3-7]에서 T는 균형교역조건 CED 또는 $C^* E^* D^*$이며, P는 [그림 3-5]의 AEB(무역 전 자국의 상대가격)이며, P^*는 [그림 3-6]의 $A^* E^* B^*$(무역 전 외국의 상대가격)이다.

3.3.2 초과수요와 초과공급곡선에 의한 균형 설명

[그림 3-8]은 [그림 3-5]와 [그림 3-6]으로부터 도출한 초과공급(수출공

급) 및 초과수요(수출공급) 곡선이다. P는 자국의 폐쇄경제하의 상대가격이며, P^*는 외국의 폐쇄경제하의 상대가격이다. 교역조건 T에서 자국은 X재를 OA 수출하며, 외국은 X재를 OA 수입한다. 즉, 균형교역조건 T에서 무역은 균형을 이룬다.

그림 3-8 **수출공급 및 수입수요 곡선**

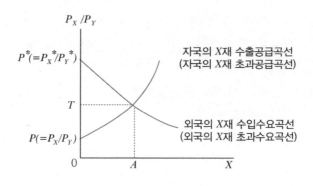

　그런데 X재 시장만 분석하고 Y재 시장을 분석하지 않는 이유는, X재 시장이 균형을 이루면 Y재 시장은 자동적으로 균형을 이루기 때문이다. 즉, 고전적 형태의 예산제약가정하에서 자국의 X재 수출액은 자국의 Y재 수입액과 같으며, 외국의 Y재 수출액은 외국의 X재 수입액과 같다. 2국 모형에서 자국의 X재 수출액은 외국의 X재 수입액과 같으며, 자국의 Y재 수입액은 외국의 Y재 수출액과 같다. 따라서 X재 시장이 균형을 이루면 자동적으로 Y재 시장도 균형을 이룬다. 이를 도식화하면 다음과 같다.

자국의 X재 수출액 ＝ 자국의 Y재 수입액

‖　　　　　　　　　　　　‖

외국의 X재 수입액 ＝ 외국의 Y재 수출액

　현실적으로 교역조건 T를 결정하는 요인은 무수히 많다. 가령, 선호, 희소성, 제품의 질, 광고, 미래 관계의 기대,[14] 조세와 같은 정부정책, 판매자의 도덕성, 강매 등을 들 수 있다.

자유무역의 균형을 설명하는 가장 일반적이고 널리 알려진 방법은 신고전학파 학자인 J. E. Meade(미이드)의 오퍼곡선에 의한 설명이다. 수요의 측면만을 강조한 고전학파 학자인 J. S. Mill(밀)과는 달리 미이드의 오퍼곡선에 의하면 교역조건을 결정하는 것은 수요와 공급 측면이다. 미이드는 국제무역에 대한 선구적인 연구 성과로 1977년 노벨경제학상을 수상하였다.

3.4 자유무역에 대한 찬반론

자유무역 대 보호무역의 논쟁은 중상주의 이후 오랜 역사를 가진다. 사실 중상주의 이후 지금까지 자유무역이 지배적이었던 시기는 그렇게 길지는 않았다. 대부분 보호무역이 지배적이었다. 역사상 가장 높은 관세장벽은 1930년 미국의 대공황 시기에 발의된 Smoot-Hawley 관세법이었다. 우루과이라운드 협상이 오랜 기간 지연되었던 이유 그리고 한·칠레 FTA 협상 시 농민들의 반발이 극심하였던 이유는 근본적으로 자유무역은 승자(winners)와 패자(losers)를 발생시키기 때문이다.

3.4.1 자유무역에 대한 찬성론

자유무역은 국가전체의 후생을 증대시킬 수 있다. 이것을 에지워드(Edgeworth)의 상자그림(box diagram)과 계약곡선(contract curve)을 이용하여 설명할 수 있다.

---

14) 가령, 단골일 경우 가격은 다소 저렴하게 형성된다.

그림 3-9 Box Diagram과 계약곡선

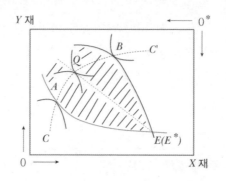

에지워드의 상자그림은 주어진 총상품이 국가(또는 개인) 간에 어떻게 배분되는 것이 후생을 극대화시킬 것인지를 설명하기 위해 고안된 것이다. 상자 크기의 의미는 재화부존량의 크기를 나타낸다. 그리고 상자 내의 한 점의 의미는 주어진 총 재화의 양국간 배분점을 나타낸다.

가령, 폐쇄경제(autarky)하의 양국간 재화 소비의 배분점은 $E(E^*)$이다. A와 $E(E^*)$를 비교하면 자국의 후생은 동일하지만 외국(*)의 후생은 높다. B와 $E(E^*)$를 비교하면 외국의 후생은 동일하지만 자국의 후생은 높다. 이번에는 A와 B를 비교하면 어느 한 나라의 후생을 증대시키기 위해서는 다른 한 나라의 후생을 감소시키지 않으면 안 되는 분배점의 조합이다. 이러한 분배점을 연결한 CC'를 계약곡선(contract curve)[15] 또는 파레토 최적곡선(Pareto optimal curve)이라고 한다.

자유무역 후의 분배점은 Q이다. 폐쇄경제하의 분배점 $E(E^*)$와 비교하면 양국의 후생은 모두 높아진다. 즉, 자유무역은 계약곡선상에서의 분배를 가능케 한다. 여기서 A, Q, B의 분배점에서는 양국의 무차별곡선이 접하며, $E(E^*)$에서는 양국의 무차별곡선이 교차한다. 이것은 폐쇄경제 하에서는 양국의 상대가격이 다르며, 자유무역 하에서는 양국이 동일한 가격에 직면하기 때문이다.[16]

결론적으로 말해서, 첫째, 자유무역은 양국의 후생수준을 상승시킨다. 둘째, 일국의 후생수준을 자유무역수준 이상으로 상승시키기 위해 무역제한조치를 취

---

15) '계약(contract)'이란 두 계약당사자가 모두 만족할 때 도달되는 균형이라는 의미를 갖는다.
16) 일반적으로 무역모형들은 수송비와 무역장벽이 없다고 가정한다.

할 경우 이는 타국의 희생을 요구한다. 셋째, 세계전체의 관점에서 볼 때 그런 조치가 분배점을 계약곡선에서 이탈시킨다면 동 조치는 비효율적이다.

3.4.2 자유무역에 대한 반대론

(1) 국제무역과 개인의 후생

국가 전체가 자유무역으로부터 이익을 얻을 경우 모든 사람이 다 자유무역으로부터 이익을 얻는가? 가령, 개개인의 선호가 다르기 때문에 어떤 사람은 이익을 얻지만 어떤 사람은 오히려 손해를 입을 수도 있다. 따라서 손해를 보는 사람은 자유무역을 반대할 것이다.[17]

그림 3-10 **국제무역에 의해 피해를 보는 개인**

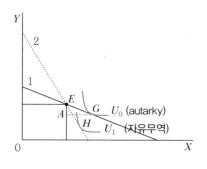

E의 재화부존점을 가진 개인은, 폐쇄경제하의 상대가격 1에서 무차별곡선과 접하는 G점에서 소비하여 U_0의 후생에 도달한다. 무역 후 이 사람은 교역조건이 2가 되면 H점에서 소비하여 U_1으로 후생이 감소한다.

가령, 1973년 영국의 EEC가입을 한 예로 들 수 있다. 가입 전 영국은 뉴질랜드와 호주로부터 값싼 식량을 수입하였다. 그러나 EEC 가입 후 영국은 식량, 특히 고기에 대해 훨씬 비싼 가격을 지불해야 했다. 그 대신 영국은 훨씬 값싼 가격으로 공산품을 구입할 수 있었다. 영국 가정의 순이익은 가계소득과 어린이

---

17) 교환경제에서는 재화의 공급측면은 무시하고 소비측면만 고려한다.

의 숫자에 달려 있을 것이다. 즉, 가계소득의 대부분을 식량에 지출하는 저소득
층의 일부 대가족들은 EEC 가입 후 더 나빠졌다.

(2) 보상제도

앞의 [그림 3-10]과 같은 경우에도 일국이 무역으로부터 이익을 얻는다고
말할 수 있겠는가? 답은 "Yes"이다. 가령, [그림 3-11]처럼 "이익을 보는 개인
이 손해를 보는 개인에게 적절한 보상을 해 줌으로써 사회전체는 여전히 이익을
볼 수 있다."

그림 3-11 **보상 전후의 후생수준 비교**

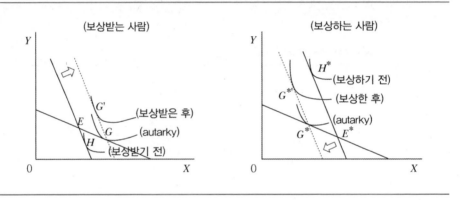

그러면 어느 정도 보상을 해야 하는가? 교역전의 소비점 G가 새로운 재화
부존점이 되도록 보상을 해 준다면 모든 개인은 무역으로부터 이익을 얻을 수
있을 것이다.

(3) 자유무역의 쟁점

1988년 미·캐나다 자유무역협정(CUSFTA)이 이루어질 무렵, 특히 캐나다의
경우 자유무역과 반자유무역이 핫이슈가 되었다. 반대 이유로는 주권침해, 각종
사회프로그램 및 문화적 정체성의 침해 내지는 간섭 등에 대한 염려 때문이었
다. 그러나 개표 결과 자유무역주의자의 승리로 돌아갔다.

1993년 북미자유무역협정(NAFTA) 체결 당시 미국 대통령 후보였던 무소속

의 Ross Perot는 반대하였다. 그 이유는 멕시코의 저임금으로 인한 미국의 실업을 우려하였기 때문이다. 그러나 NAFTA 이후 양국 모두 무역이 확대되고, 실업이 감소하였다.

2003년 한·칠레자유무역협정 체결 당시 우리 농민단체들은 결사적으로 반대하였다. 그러나 오늘날 한·칠레 FTA는 지금까지 발효된 FTA 가운데 가장 성공적인 것으로 평가되고 있다.

(4) 자급자족 대 해외의존

정부는 무역이익뿐만 아니라 자급자족에도 관심을 가진다. 왜냐하면, 해외의존도가 심할 경우 수입품의 국제시장가격이 급상승한다면 국내경제는 심각한 타격을 받을 것이기 때문이다. 또한 방위산업이나 식량산업의 경우 평시에는 수입에 의존하여도 문제는 없지만 전시나 비상시에는 국가안보에 심각한 영향을 미치게 된다. 따라서 이러한 문제점 때문에 해외의존도의 심화를 반대할 수 있으며, 또한 타당성이 있다. 자유방임론자인 A. Smith(아담 스미스)조차도 국가안보를 위해 방위산업을 보호해야 한다고 주장하였다.

주요용어

1. 상대가격
2. 한계대체율(MRS)
3. 계약곡선(contract curve)

1. 교환경제모형은 기본무역모형을 더욱 단순화시킨 모형이다. 단순화시킨 이유는 무엇인가?

2. 무차별곡선의 성질 가운데 '한계대체율체감의 법칙'을 설명하여 보시오.

3. 아래 그림에서 자국의 무역삼각형을 이용하여 다음 물음에 답하시오.
   (1) 무역 후 X재의 세계상대가격, 즉 교역조건이 CED로 고정되어 있다고 가정한다. 그런데, ① 화재로 10%의 X재(의류)가 소멸되거나, ② 또는 풍작으로 Y재(식량) 생산이 10% 증가하였다면, 자국의 수출입양은 어떻게 변화할 것인가?
   (2) 만일 화재가 자국의 TE 단위의 X재를 소멸시킨다면, X재의 세계 상대가격이 여전히 CED일 경우, H국은 무역을 중단할 것인가?

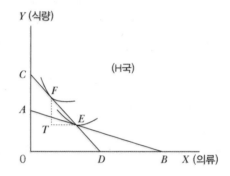

4. 아래 그림은 무역 후 손해를 보는 개인 A이다. 개인 A의 기호는 무차별곡선으로 나타낸 바와 같이, 폐쇄경제하의 가격 1에서 소비점이 G이므로 Y재의 순판매자이다.

(1) 자유무역 후 Y재의 상대가격이 가격선 2와 같이 하락한다면 개인 A는 H점에서 소비하므로 무역 후 손해를 본다. 그런데 Y재의 상대가격이 가격선 2보다 훨씬 더 싸진다면 개인 A는 오히려 무역으로부터 이익을 얻을 수도 있음을 그림으로 설명하여 보시오.

(2) 자유무역 후 H점에서 소비하여 손해를 보는 개인 A에게 적절한 보상이 이루어진다면 무역전보다 후생이 더 증가할 수 있다. 이를 그림으로 설명하여 보시오. 또한 일국 내의 다른 개인, 즉 무역 후 이익을 보는 개인 B의 후생(A에게 보상한 후의 후생)도 기하학적으로 설명하여 보시오.

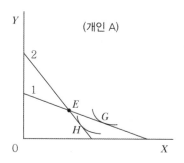
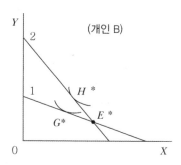

CHAPTER

04

리카도의 무역모형

4.1 리카도 이론의 의의

앞장의 교환경제모형에서는 공급측면이 고려되지 않았다. 즉, 재화가격이 변하여도 생산량은 고정되어 있었다. 교환경제에서 무역전 상대가격은 재화부존 량에 의해 결정된다고 가정하였다. 즉, 재화부존량의 차이로 인해 무역 전 양국 의 상대가격이 다를 경우 무역이익이 발생한다.

그러나 D. Ricardo(리카도) 모형에서는 공급측면을 고려한다. 일반적으로 공급측면에 영향을 미치는 요인으로는 기술, 요소부존량, 규모의 경제, 정부정 책, 기후 등이 있는데, 리카도 모형은 무역패턴을 설명하는 데 있어서 특히 기술 의 역할에 초점을 맞추고 있다. 즉, 기술의 차이로 인해 무역전 양국의 상대가격 이 다를 경우 무역이익이 발생한다는 이론이다.

리카도 이론의 의의는 무역발생의 원인을 재화가격의 절대적 차이에서 찾 지 않고 상대적 차이에서 찾음으로써 A. Smith(아담 스미스)의 절대우위론(theory of absolute advantage)이 갖는 한계를 극복하게 해준다. 가령, 어느 한 나라가 모 든 재화생산에 절대우위를 갖는다면 그 나라가 모든 재화를 생산해서 수출하는 무역패턴이 나타난다. 이것은 국내분업에는 가능할지 모르지만 국제분업에서는 불가능한 일이다. 그러나 Ricardo는 한 나라가 모든 재화생산에 절대우위를 갖 는 경우에도 절대우위가 더 큰 재화(즉, 비교우위를 갖는 재화)를 생산하여 수출하고 절대우위가 적은 재화(즉, 비교열위를 갖는 재화)를 수입하면 무역으로부터 이익을 얻을 수 있다는 비교우위론(theory of comparative advantage)을 주장함으로써 절대우위론의 문제점을 극복하였다. 그러므로 비교우위론은 아마도 무역이론에서 가장 중요하며 경제학에 있어서 가장 혁신적인 아이디어 가운데 하나일 것이다.

인물탐구
- D. Ricardo(1772~1823)는 유태인 거상의 3남으로 런던에서 태어났다. 초등교육을 마친 후 유태인의 관습에 따라 독학으로 그의 지성적 능력을 개발하였다. 리카도는 집안이 매우 부유하였기 때문에 각 분야의 대가들로부터 개인교습을 받을 수 있었다. 14세부터 부친과 함께 증권 중개인으로 일하였으며, 21세에 독립하여 사업적으로도 대단한 성공을 거두었다.
- 27세에 스미스의 국부론에 접하게 된 후 경제학에 심취하였는데, 그의 관심은 주로 분배문제에 집중하였다. 국제무역에 있어서는 비교우위론을 주장하였는데, 이 이론은 지금까지도 국제경제학의 기초가 되고 있다.
- 리카도의 비교우위론에는 무역이 국내소득분배에 미치는 영향이 취급되지 않았는데 그는 당시 곡물을 수입하고 공산품을 수출하던 영국에서 자유무역을 행한다면 자본가에게 유리하고 지주에게 불리한 소득재분배가 발생한다는 것을 알고 있었다. 그런데도 리카도는 게으른 지주계급보다는 열심히 일하는 자본가에게 우호적이었기 때문에 소득재분배문제를 언급하지 않고 자유무역이 국가전체에 이익이 됨을 역설하였다고 지적하는 학자도 있다. 그러나 리카도의 이론은 노동가치설에 입각하고 있어 생산요소가 하나이므로 사실상 소득분배문제를 고려할 수가 없었다.

4.2 폐쇄경제

4.2.1 노동가치설(theory of labor value)

리카도는 폐쇄경제하의 재화의 교환비율(즉, 상대가격)을 설명하기 위해 노동가치설을 채택한다. 즉,
- 노동이 유일한 생산요소이다.
- 모든 노동은 동질적이고, 모든 산업의 임금수준은 동일하다.

- 규모에 대한 수확불변(constant returns to scale; CRS)을 가정한다. 즉, 단위
  당 실질비용(real cost)은 불변이다.

4.2.2 재화의 상대가격

노동이 유일한 생산요소일 경우 일국의 생산기술은 X재 또는 Y재 한 단위
생산에 투입되는 노동단위(a_{LX}, a_{LY}) 또는 노동생산성($1/a_{LX}$, $1/a_{LY}$)[18]으로 나타
낼 수 있다. 다시 말해, 노동이 유일한 생산요소일 경우 생산비는 노동투입량이
며, 재화의 상대가격은 노동투입량의 비율 또는 노동생산성의 비율로 나타낼 수
있다. 가령, X재 한 단위 생산에 Y재보다 노동이 2배 더 많이 투입된다면 X재
의 상대가격은 Y재 2단위다.

재화의 상대가격을 보다 공식적으로 표현하면 다음과 같다.

$$P_X = w \cdot a_{LX} \ (w\text{는 임금})$$
$$P_Y = w \cdot a_{LY}$$
$$P_X/P_Y = a_{LX}/a_{LY} = 1/a_{LY}/1/a_{LX} \tag{4.1}$$

4.2.3 생산가능곡선

일국의 노동공급은 고정되어 있고(L), L이 두 산업에 완전고용 될 경우 다
음과 같이 1차 함수로 나타낼 수 있다.

$$a_{LX} \cdot X + a_{LY} \cdot Y = L \tag{4.2}$$

위의 식은 다음과 같이 바꾸어 표현할 수 있다.

---

18) 엄밀히 표현하면 노동의 한계생산성(marginal productivity of labor; MP_L) 또는 한계생산물
(marginal product)이다. 그런데 Ricardo 모형은 노동가치설에 입각하고 있어 생산증가에 따
른 비용이 불변이므로 노동의 평균생산성(average productivity of labor; AP_L)과 한계생산성
이 동일하다. 즉, 한계와 평균이 동일하므로 단순하게 '노동생산성'이라고 표현한 것이다.

$$Y = L/a_{LY} - a_{LX}/a_{LY} \cdot X \qquad\qquad (4.3)$$

즉, 절편이 L/a_{LY}이고, 기울기가 $-a_{LX}/a_{LY}$인 우하향하는 직선의 생산가능곡선이다. 식 (4.3)을 그림으로 나타내면 다음과 같다.

그림 4-1 **리카도 모형의 생산가능곡선**

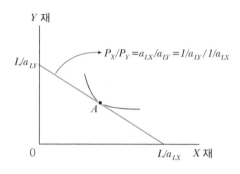

리카도모형에서 생산가능곡선(production possibilities frontier; PPF)은 직선이다. 그리고 PPF의 기울기는 재화의 상대가격(P_X/P_Y)이며, 기회비용(a_{LX}/a_{LY})인 동시에 한계변환율($MRT_{XY} = \Delta Y/\Delta X$)을 나타낸다.

또한 생산가능곡선이 직선[19]이므로 기호패턴 즉, 수요는 재화의 무역전 상대가격 결정에 아무런 영향을 미치지 못한다.

4.2.4 폐쇄경제하의 균형

리카도 모형에서 폐쇄경제하의 생산 및 소비의 파레토최적(Pareto Optimum)은 [그림 4-1]에서 $MRT_{XY} = MRS_{XY} = P_X/P_Y$가 되는 A점에서 이루어진다. A점 이외의 다른 점에서의 소비는 상대가격과 한계대체율이 일치하지 않는

---

19) 생산가능곡선에는 일반적으로 불변비용하의 생산가능곡선(직선), 체증비용하의 생산가능곡선(원점에 대해 오목), 체감비용하의 생산가능곡선(원점에 대해 볼록) 세 종류가 있다. 리카도 모형은 불변비용, 헥셔-오린 모형은 체증비용, 규모의 경제 또는 외부경제효과가 작용하는 모형에서는 체감비용하의 생산가능곡선이 도출된다.

다. 다시 말해, 생산에 있어서 파레토최적은 달성되나 소비에 있어서는 파레토최적상태에 이르지 못한다. 가령, A점 위쪽에서 소비한다면 $P_X/P_Y < MU_X/MU_Y(= MRS_{XY})$가 된다. 즉, X재의 가격에 비해 소비에서 얻는 효용가치가 더 크며, Y재의 경우 가격에 비해 효용이 떨어진다. 따라서 합리적인 소비자라면 X재의 소비는 증가시키고, Y재의 소비는 감소시킬 것이다.

그런데 폐쇄경제에서 개방경제로 이행하면 생산가능곡선의 기울기(MRT_{XY}) 즉, 기회비용(a_{LX}/a_{LY})은 재화의 상대가격과 더 이상 일치하지 않는다. 그러므로 재화의 상대가격이 노동투입비율(a_{LX}/a_{LY})을 반영한다는 노동가치설은 국제무역의 세계에서는 한계를 드러낸다.[20]

4.3 무역패턴

4.3.1 비교우위의 결정요인

무역패턴을 결정하는 요인은 무엇일까? 양국 재화의 무역전 상대가격을 비교함으로써 알 수 있다. 즉, 앞장의 교환경제모형에서 무역패턴은 양국의 상대가격에 달려 있음을 알았다. 이것은 리카도 모형에서도 마찬가지이다.

그러면 양국의 상대가격의 차이를 발생시키는 근본적인 요인은 무엇인가? 다시 말해 비교우위를 발생시키는 근본적인 요인은 무엇인가? [그림 4-2]에서 상대공급 및 상대수요 곡선을 이용하여 일국의 비교우위의 결정요인과 무역패턴을 알아보자.

리카도 모형에서는 생산가능곡선이 직선이기 때문에 상대공급 곡선은 수평선이다. 왜냐하면, X재의 상대가격이 $a_{LX}/a_{LY}(= P_X/P_Y)$인 경우 이 가격하에서 X재의 상대공급(S_X/S_Y)은 제로에서 무한대가 된다. 따라서 상대공급 곡선은 완전탄력적인 수평선으로 나타낼 수 있다. 우리는 상대공급 곡선을 통해 재화의

---

20) 완전경쟁시장 가정하에서 폐쇄경제에서는 상대가격과 한계변환율(MRT_{XY}), 즉 가격과 비용이 일치하나 개방경제에서는 가격과 비용이 일치하지 않는다는 것은 결국 노동가치설의 한계라고 할 수 있다.

상대가격은 단위노동투입량의 비율(a_{LX}/a_{LY})을 반영한다는 것을 재차 확인할 수 있다.

그리고 상대수요 곡선은 우하향(downward to the right)한다. 따라서 리카도 모형에서 수요(즉, 기호패턴)는 무역전의 가격을 결정하는데 아무런 역할을 못한다는 것을 알 수 있다. 다시 말해, 리카도 모형에서 수요는 비교우위를 결정하는데 아무런 역할을 못한다.

그림 4-2 **리카도 모형에서 상대공급 및 상대수요 곡선**

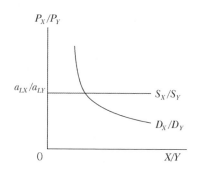

그러면 리카도 모형에서 무역패턴을 결정하는 요인은 무엇인가? [그림 4-2]에서 가령, 외국의 상대공급 곡선이 자국의 상대공급 곡선의 위쪽에 위치한다면 외국은 Y재에, 자국은 X재에 비교우위를 갖는다. 다시 말해, 리카도 모형에서 무역패턴은 완전히 양국 간 노동생산성의 상대적 차이($1/a_{LY}/1/a_{LX}$)에 의해 결정된다.

리카도 모형에서 비교우위의 결정요인을 요약·정리하면 다음과 같다. 자국이 X재에 비교우위를 갖고 외국이 Y재에 비교우위를 갖는다는 것(즉, $P_X/P_Y < P_X^*/P_Y$)은 ① 또는 ②와 같은 요인 때문이다.

① $a_{LX}/a_{LY} < a_{LX}^*/a_{LY}^*$(자국은 X재의 단위노통투입량이 상대적으로 적다. 즉, X재의 기회비용이 적다)

② $1/a_{LY}/1/a_{LX} < 1/a_{LY}^*/1/a_{LX}^*$(자국은 X재 산업의 노동생산성이 상대적으로 높다. 즉, X재 산업의 기술이 상대적으로 뛰어나다)

결론적으로 리카도 모형은 수요측면은 배제하고 공급측면 가운데서 특히 기술의 상대적 차이에 의해서 비교우위가 결정된다는 극단적인 이론이라고 할 수 있다.

무한대의 개념
- 영국의 수학자 John Wallis(존 월리스)가 1655년에 무한대의 기호(∞)를 최초로 사용하였다. 무한대는 수(number)가 아니라 상태를 나타내는 것으로 실수체 안에서는 두 개의 무한대를 더하거나 곱하는 등의 연산을 할 수 없다.
- 그런데 1878년 현대집합론의 창시자인 독일의 수학자 Georg Cantor(게오르크 칸토어)가 집합론을 이용하여 무한의 개념을 수학적으로 정의하였다. 당시 무한은 기호로만 나타낼 수 있을 뿐 수학이 아니라고 믿었던 시대여서 무한집합과 무한집합간의 크기를 비교한다는 것과 서로 다른 크기를 가진 무한집합이 존재한다는 그의 주장은 당시로서는 수학계에서 배척되었으나 죽기 직전에 수학자로서 인정을 받게 되었다.

4.3.2 Ricardo의 산술적인 예

아래 2개의 표는 리카도의 비교우위론을 설명하기 위한 예시이다. 표의 숫자는 한 단위 생산에 투입되는 노동단위 또는 노동시간을 나타낸 것이다. 즉, 단위노동투입량(unit labor requirements)이다.

표 4-1 **아담 스미스의 절대우위설**

	포도주	의류
영국	120인	90인
포르투갈	80인	100인

[표 4-1]에서 영국은 의류 생산에 절대우위(absolute advantage), 포도주의 생산에 절대열위가 있다. 포르투갈은 의류 생산에 절대열위(absolute disadvantage), 포도주의 생산에 절대우위를 가진다. 따라서 각국은 절대우위를 갖는 재화에 각각 특화하여 무역으로부터 이익(gains from trade)을 얻을 수 있다.

표 4-2 리카도의 비교우위설

	포도주	의류
영국	120인	100인
포르투갈	80인	90인

[표 4-2]에서 영국은 두 재화 생산에 모두 절대열위에 있으며, 포르투갈은 두 재화 생산에 모두 절대우위를 갖는다. 그러나 영국은 의류 생산에 절대열위가 작기 때문에 의류에 비교우위(comparative advantage)가 있고, 식량 생산에 절대열위가 크기 때문에 식량 생산에는 비교열위(comparative disadvantage)가 있다. 한편, 포르투갈은 포도주 생산에 절대우위가 크기 때문에 포도주에 비교우위가 있고, 의류 생산에 절대우위가 작기 때문에 의류 생산에는 비교열위가 있다.

또한 리카도 이론은 요소이동성에 대해 비대칭성을 가정한다. 즉, 국내이동은 자유로우나 국제이동은 불이동성을 가정한다. 그러나 오늘날의 현대적 무역모형들은 요소의 이동성을 가정한다. 가령, 중간재, 자본재, 원자재, 노동 등과 같은 요소의 국가 간 이동이 자유롭다고 가정한다. 그렇지만 국가 간 언어, 관습, 법규 등의 차이가 여전히 존재하는 한, 현실적으로 영구적인 이동성이 보장되지 않는다는 점에서 리카도의 가정은 여전히 타당하다고 볼 수 있다.

4.4 자유무역의 균형

4.4.1 무역이익

앞의 4.3.1에서 무역 전 양국의 상대생산비가 다르다고 가정하였다. 이것은, 리카도 모형에서는, 무역 후 양국의 공통의 상대가격(즉, 균형교역조건)은 양국의 상대생산비와 일치하지 않음을 의미한다. 따라서 재화의 상대가격은 노동투입비율을 반영한다는 노동가치설은 국제무역의 세계에서는 더 이상 적용되지 않는 한계를 드러낸다.

재화의 상대가격과 생산비와의 연결고리가 끊어지는 리카도 모형에서 생산의 특화는 어떻게 이루어지는가? 가령, 어떤 재화의 생산비가 국제가격보다 비싸면 그 재화의 국내생산은 완전히 중단된다. 그러므로 리카도의 무역세계에서는 비교우위에 있는 재화는 완전특화(complete specialization)가 이루어지고, 비교열위에 있는 재화는 전적으로 수입된다.

그림 4-3 **자유무역의 균형**

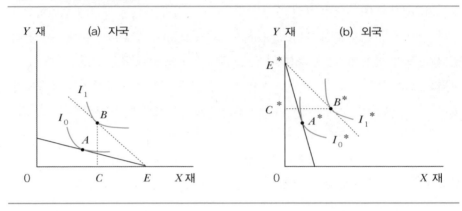

[그림 4-3]에서 $BE = B^*E^*$의 국제가격하에서 자국의 Y재 생산비는 Y재의 국제가격보다 비싸므로 Y재의 생산은 완전 중단되고, 국제가격보다 생산비가 싼 X재의 생산은 완전특화가 이루어진다. 즉, [그림 4-3]의 (a)에서 자국은 비교우위에 있는 X재의 생산에 완전특화(E점)하여 새로운 소비가능선 위의 파레토최적점 B에서 소비한다. 따라서 CE의 X재를 수출, BC의 Y재를 수입하여 보다 높은 후생수준에 이를 수 있다. 한편, 외국은 C^*E^*의 Y재를 수출, B^*C^*의 X재를 수입하여 보다 높은 후생에 도달한다.

(1) 국가의 크기

불변비용을 가정할 경우 반드시 완전특화가 발생하는가? 답은 'No'이다. 균형교역조건이 양국의 생산비 비율 즉, 무역전 상대가격 사이의 어딘가에 위치하겠지만 반드시 그럴 필요는 없다.

가령, 대국과 소국이 교역을 한다면 교역조건은 대국의 생산비 비율이 될수 있다. 만일 세계가 미국(대국)과 코스타리카(소국)로 구성되어 있을 경우 설탕에 비교우위를 가진 코스타리카가 미국시장을 완전히 공급하기는 어렵다. 이런 경우 세계가격은 미국의 생산비를 반영할 것이며, 미국도 설탕을 생산할 것이다. 따라서 코스타리카에서는 완전특화가 이루어지지만 미국에서는 불완전특화가 발생한다.

그림 4-4 **대국과 소국의 무역**

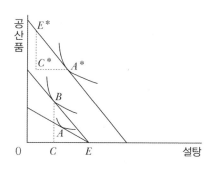

4.4.2 균형교역조건의 결정

고전학파의 경제학자들이 가장 관심을 가졌던 쟁점은 무역패턴, 무역이익, 교역조건이었다. 이 중 무역패턴은 리카도가 규명하였다. 그런데 무역이익과 교역조건은 서로 밀접한 관계에 있다. 즉, 정태적 무역이익의 크기를 결정하는 것은 교역조건이다.

고전학파 경제학자인 J.S. Mill(밀)이 최초로 교역조건을 규명하였다. 밀은 리카도가 규명하지 못한 교역상품의 국제교환비율(교역조건)과 교역당사국간의 무역이익의 배분비율을 규명하였는데, 이 이론을 상호수요균등의 법칙 또는 국제가치론이라 한다. 그는 수출재와 수입재에 대한 양국의 수요가 일치하는 데서 교역조건이 결정된다고 주장하였다.

그러나 밀의 이론은 수요의 측면을 지나치게 강조하였는 데 반해 신고전학파 경제학자인 F. Y. Edgeworth(에지워드)는 수요와 공급 두 측면이 교역조건을 결정짓는다고 주장하였으며, J. E. Meade(미이드)는 오퍼곡선에 의해 균형교역조건과 무역균형에 대한 설명을 완성하였다.

그림 4-5 세계 총수요곡선과 총공급곡선

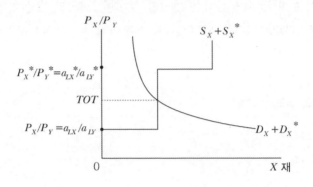

이 책에서는 세계의 총수요곡선과 총공급곡선을 이용하여 균형교역조건을 설명한다. [그림 4-5]에서 종축은 X재의 상대가격, 횡축은 X재의 세계 수요 및 공급량을 나타낸다. X재에 대한 양국의 공급곡선을 합친 세계 총공급곡선 $S_X + S_X^*$와 X재에 대한 양국의 수요곡선을 합친 세계 총수요곡선 $D_X + D_X^*$가 만나는 곳에서 균형교역조건과 X재의 세계 총공급량과 총수요량이 결정된다.

[그림 4-6]은 오퍼곡선[21])에 의해 균형교역조건과 무역균형을 설명하고 있다. 오퍼곡선이란 다양한 교역조건하에서 일국의 후생을 극대로 하는 수출입조합을 의미한다. [그림 4-6]의 (c)에서 양국의 오퍼곡선이 만나는 점에서 균형교역조건 TOT가 결정되며, 이 교역조건하에서 양국의 수출입은 균형을 이룬다. 이때 P는 무역전 자국의 상대가격을, P^*는 외국의 상대가격을 나타낸다. 따라서 균형교역조건이 P에 가까울수록 외국이 무역이익을 많이 차지하며, P^*에 가까울수록 자국이 무역이익을 많이 차지하게 된다.

---

21) [그림 4-6]은 무역삼각형을 이용하여 도출된 오퍼곡선이다. J. E. Meade는 무역무차별곡선을 이용하여 오퍼곡선을 도출하였는데, 이 방법에 의해 도출된 오퍼곡선은 무역정책 분야에서 응용력이 높게 평가되어 1977년 그는 노벨경제학상을 수상하였다.

그림 4-6 오퍼곡선과 무역균형

(a) 자국의 오퍼곡선

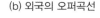
(b) 외국의 오퍼곡선

(c) 오퍼곡선과 무역균형

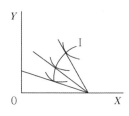
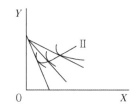
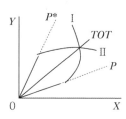

4.5 국제임금비교와 노동생산성

리카도 모형에서는 국가 간 상품이동은 자유롭지만 노동은 불이동성을 가정한다. 그러므로 임금이 국가 간 동일할 이유가 없다. 이 절의 쟁점은 다음과 같다.

- 리카도 모형에서 임금수준을 결정하는 것은 무엇인가?
- 국제임금 비율과 노동생산성 및 재화의 상대가격은 어떤 관계에 있는가?
- 임금과 노동생산성과의 관계를 이용하여 비교우위설과 관련한 몇 가지 의문점을 해결한다.

4.5.1 경쟁적인 이윤조건

일반적으로 경쟁적 균형조건은 다음과 같다.

$$a_{LX} \cdot w = P_X \tag{4.4}$$
$$a_{LY} \cdot w = P_Y \tag{4.5}$$

그러나 리카도 모형에서는 완전특화가 이루어질 때, 다시 말해 모든 생산자가 그 산업을 떠날 때는 생산비가 가격을 초과할 수 있다는 의미에서 경쟁적인 이윤조건은 아래 식과 같이 표현할 수 있다. 즉, 경쟁적 균형 하에서 재화의 생산비와 가격과의 관계는 다음과 같다.

$$a_{LX} \cdot w \geqq P_X \tag{4.6}$$

$$a_{LY} \cdot w \geqq P_Y \tag{4.7}$$

4.5.2 노동생산성과 임금

(1) 양국 간 임금의 비율

자국은 X재에 외국은 Y재에 특화하며, 균형교역조건은 무역전 양국의 상대가격 사이에서 결정된다고 가정하자. 그러면 자국은 $a_{LX} \cdot w = P_X$이며, a_{LY} $\cdot w > P_Y$이므로 Y재의 생산은 중단된다. 그리고 외국은 $a_{LY}* \cdot w* = P_Y$이며, $a_{LX}* \cdot w* > P_X$이므로 X재의 생산은 중단된다. 따라서 양국의 임금비율을 나타내는 다음 식을 얻을 수 있다.

$$w/w* = (1/a_{LX})/(1/a_{LY}*) \cdot P_X/P_Y \tag{4.8}$$

즉, 양국의 임금비율은 노동생산성의 비율과 재화의 상대가격에 달려 있다.

(2) 임금비율의 상한과 하한

① 상한

X재의 가격(P_X)이 최대가 되는 경우가 $w/w*$의 상한선이다. 즉, X재에 대한 세계전체의 수요가 아주 커서 X재의 세계상대가격이 외국의 무역 전 상대가격수준으로 결정된다고 가정하자. 그러면, 자국과 외국에서의 X재의 가격은 각각 다음과 같이 된다.

$$a_{LX} \cdot w = P_X$$

$$a_{LX}* \cdot w* = P_X \tag{4.9}$$

위 두 식을 나누면 양국 간 임금비율의 상한선은 다음 식과 같다.

$$w/w^* = 1/a_{LX}/1/a_{LX}^* \tag{4.10}$$

만일 X재의 생산에서 자국의 노동자가 외국의 노동자에 비해 2배 더 효율적이라면 즉, 노동생산성이 2배 더 높다면 자국의 임금수준은 외국에 비해 2배 더 높을 것이다.

② 하한

Y재의 가격(P_Y)이 최대가 되는 경우가 w/w^*의 하한선이다. 즉, Y재에 대한 세계전체의 수요가 아주 커서 Y재의 세계 상대가격이 자국의 무역전 상대가격수준으로 결정된다고 가정하자. 그러면 자국과 외국에서의 Y재의 가격은 각각 다음과 같이 된다.

$$a_{LY} \cdot w = P_Y$$
$$a_{LY}^* \cdot w^* = P_Y \tag{4.11}$$

위의 두 식을 나누면, 양국 간 임금비율의 하한선은 다음 식과 같다.

$$w/w^* = 1/a_{LY}/1/a_{LY}^* \tag{4.12}$$

③ 요약

[그림 4-7]은 임금비율과 교역조건과의 관계를 나타낸 것이다.

그림 4-7 **임금비율과 교역조건**

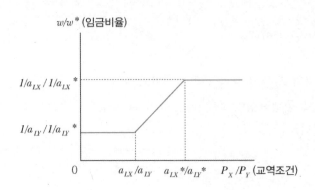

교역조건이 $a_{LX}*/a_{LY}*$이면, 즉 외국의 무역 전 상대가격이 교역조건이 되면(이 경우 X재의 상대가격이 가장 높음), 자국의 X재 산업의 노동생산성은 외국에 비해 아주 높으며, 동시에 자국의 상대적 임금은 아주 높다.

교역조건이 a_{LX}/a_{LY}이면, 즉 자국의 무역전 상대가격이 교역조건이 되면(이 경우 Y재의 상대가격이 가장 높음), 자국의 Y재 산업의 노동생산성은 외국에 비해 아주 낮으며, 동시에 자국의 상대적 임금은 아주 낮다.

끝으로, 교역조건이 양국의 무역전 상대가격 사이에 위치할 경우 교역조건의 개선은 자국의 상대적 임금에 유리한 영향을 미친다.

4.5.3 비교우위설과 관련한 의문점

(1) 절대우위국가의 우려

자국이 X재와 Y재의 생산에 모두 절대우위를 가질 경우 리카도의 비교우위법칙에 의해 비교우위에 있는 X재를 수출하고 비교열위에 있는 Y재를 수입한다. 이 경우 자국의 소비자는 "국내에서 Y재를 직접 생산하는 것보다 더 비싼 돈을 주고 Y재를 구입해야 하지 않을까?"하고 걱정할지 모른다.

그러나 이것은 기우이다. 왜냐하면, 외국에서 Y재의 생산에 보다 많은 노동을 투입한다 하더라도(즉, $a_{LY}*$가 a_{LY}보다 많다고 하더라도) 외국의 임금수준

w^*가 자국의 임금수준 w보다 낮기 때문에 소비자들이 염려하는 바와는 달리 싼 값으로 수입재를 구입할 수 있을 것이다.

(2) 고임금국가의 우려

고임금국가의 입장에서 볼 때, 무역을 하면 "외국의 값싼 노동력이 자국의 산업분야의 경쟁력 지위를 해치지 않을까?" 하고 걱정할지 모른다. 이와 같은 소위 극빈자노동논쟁(pauper−labor argument)은 오늘날 선진국의 통상정책의 논의 과정에서 자주 나타난다.

그러나 이것 역시 기우이다. 왜냐하면 임금수준이 낮다는 것은 노동생산성이 낮다는 것이며, 노동생산성이 낮다는 것은 노동투입량이 많다는 것이다. 따라서 임금수준이 낮다고 해서 반드시 재화의 가격이 싸지는 않을 것이다. WTO 체제하에서 선진국들이 주장하는 Blue Round(노동라운드)는 리카도 모형을 이용해서 반박할 수 있다.

4.6 다재 다국 모형

이 절은 2국 2재의 리카도 모형이 다국 다재의 보다 현실적인 모형으로 쉽게 적용될 수 있음을 보여준다. 다시 말해, 다국 다재의 리카도 세계에서도 완전 특화가 가능함을 보여준다. 이를 위해, 세계경제와는 완전 고립되어 있으면서 자국의 기술에만 의존하는 가격순응자(price−taker)인 소국을 가정한다. 즉, 세계시장가격은 고정되어 있다고 가정한다.

소국이 무역을 시작하면 어떤 상품을 생산해서 무역하는가? 세계가격과 국내생산비를 비교해야 할 것이다. 세계가격은 소국 가정이므로 주어져 있고, 국내생산비는 일국의 국내기술이 주어질 경우 임금수준에 달려있다. 즉, $P_X = w \cdot a_{LX}$에서 일국의 기술(a_{LX})이 주어질 경우 생산비(P_X)는 임금(w)에 달려있게 된다.

만일 임금수준이 아주 낮다면 소국은 세계시장가격보다 낮은 생산비로 거의 모든 재화를 생산할 수 있을 것이다. 물론 이것이 균형상태는 아니다. 왜냐하면 임금수준이 곧 상승할 것이기 때문이다. 만일 임금수준이 아주 높다면 국내 생산비는 거의 모든 상품의 생산에서 세계가격을 초과할 것이다. 이것 역시 균형상태는 아니다. 왜냐하면 임금수준이 곧 하락할 것이기 때문이다.

그러면, 임금수준이 절반가량의 재화는 세계가격보다 싸게, 나머지 절반가량의 재화는 세계가격보다 비싸게 생산할 수 있도록 결정될 수 있는가? 그 답은 "아니오(No)"이다. 왜냐하면, 비교우위가 가장 큰 재화만 생산할 것이기 때문이다. 가령, x, y, z ... 산업이 있고, $P_X/a_{LX} > P_Y/a_{LY} > P_Z/a_{LZ} >$,...이면 임금은 $w = P_X/a_{LX}$이 되고, X재만 생산될 것이다. 왜냐하면, Y산업과 Z산업 등은 임금을 지급할 능력이 안 되기 때문에 생산을 중단할 것이다(즉, $w > P_Y/a_{LY}$, $w > P_Z/a_{LZ}$). 만일 X재와 Y재 두 재화가 생산된다면 우연히 두 재화의 노동의 한계생산물가치(Value of Marginal Product: VMP_L)가 같기 때문일 것이다(즉, $P_x/a_{LX} = P_y/a_{LY} > P_Z/a_{LZ} >$...).

결론적으로 말해, 첫째, 다재 다국 모형에서도 2재 모형과 동일한 결과를 얻는다. 둘째, 리카도 모형은 아주 단순하면서도 극단적인 모형이다.

4.7 기술진보와 파급효과

지금까지 소국을 가정하였다. 그러나 이제는 세계시장가격에 영향을 미치는 대국을 가정한다. 즉, 가격인도자(price-maker)인 대국은 재화의 생산에 자국의 기술진보를 반영하여 세계시장가격을 조정하면서 하나 이상의 교역재를 생산할지 모른다. 우리는 2개의 대국으로 구성된 시나리오를 가정한다. 이제 기술진보로 인해 재화가격, 무역패턴, 그리고 임금이 어떻게 변화하는가를 알아본다.

기술진보는 언제나 불공평하게 이루어져 왔다. 즉, 일반적으로 기술진보는 특정지역의 특정상품에서 발생하며, 시간이 경과함에 따라 다른 지역 또는 다른 상품으로 이전된다. 기술이전의 과정에 관해서는 생략하고, 여기서는 국내 기술진보로 인한 이익이 국가 간에 어떻게 배분되는가에 관심을 갖는다. 특히, 어느 한 나라가 기술진보를 경험할 때 다른 모든 나라들도 이익을 얻는가? 또는 기술진보 결과 최초의 기술혁신국이 불리하게 되는가? 단순한 리카도모형은 이러한 쟁점을 분석하기에 아주 적합하다.

　　5개의 재화가 존재하며, 이 중 재화 1,2,3은 자국이 생산하고, 재화 4,5는 외국이 생산한다고 가정한다.[22] 그런데, 재화 1,2,3에 대한 최초의 자유무역가격은 자국의 노동비용(a_{L1}, a_{L2}, a_{L3})과 동일한 비율일 것이다. 마찬가지로 재화 5에 대한 재화 4의 상대가격은 $a_{L4}{}^*/a_{L5}{}^*$로 나타낸다. 그러나 두 재화 그룹(즉, 재화 1,2,3과 재화 4,5)간의 가격연결을 결정하는 것은 무엇인가? 그 답은, 두 나라의 수출입을 일치시키는 시장청산조건[23]에서 찾아야 한다. 가령, 자국에서 생산되는 재화의 수요가 감소하고, 그 대신 외국에서 생산되는 재화4에 대한 자국의 수요가 다소 증가한다면 외국의 임금수준 및 재화 4,5의 가격은 자국의 임금수준 및 재화 1,2,3의 가격에 비해 상승할 것이다.

　　이제 수요의 변화가 아니라 기술진보에 의한 생산성 향상에 초점을 맞춘다. 재화1을 생산함에 있어서 자국의 기술진보가 노동비용 a_{L1}은 감소시키지만 생산패턴을 변경시킬 만큼은 크게 이루어지지는 않는다고 가정하자(즉, 자국은 여전히 재화 1,2,3에 특화함). 이제 자국의 잠재적 생산자들 간의 경쟁으로 인해 재화1의 시장가격은 재화 2,3의 가격에 비해 실질비용이 감소한 만큼 하락한다. 좀 더 명확히 하기 위해, P_2, P_3는 불변이지만 P_1은 하락한다고 가정하자. 그러면 외국에서 생산되는 재화의 가격은 어떻게 되는가? P_4와 P_5은 ① 하락할 수도, ② 불변일수도, ③ 상승할 수도 있다. 이와 같은 세 가지 가능성을 살펴보기로 하자.

(1) 외국가격이 불변인 경우

　　재화의 가격이 변하면 대체효과와 소득효과에 의해 수요가 변한다.[24] 즉, 대체효과와 소득효과에 의해 재화 1의 소비를 증가시키지만 소득효과에 의해

---

22) 자국은 재화 1에서 비교우위가 가장 크고 재화 5로 갈수록 비교우위가 없다고 가정한다. 즉, $a_{L1}/a_{L1}{}^* < a_{L2}/a_{L2}{}^* < a_{L3}/a_{L3}{}^* < a_{L4}/a_{L4}{}^* < a_{L5}/a_{L5}{}^*$이라고 가정한다.

23) 시장에서 수요와 공급이 균형을 이루는 상태를 말한다. 어떤 재화의 수요가 증가하면 초과 수요가 발생하므로 그 재화의 가격이 상승하여야 수요와 공급이 균형을 이룰 수 있다.

24) "가격효과＝대체효과＋소득효과"이다. 일반적으로 재화의 가격이 하락하면 그 재화의 수요가 증가하는데, 이는 다른 재화에 비해 가격이 싸졌기 때문에 다른 재화의 소비를 줄이고 대신 가격이 하락한 재화의 소비를 증가시키는 대체효과와, 또한 재화가격의 하락으로 실질소득이 증가하였기 때문에 소비를 증가시키는 소득효과, 이 두 가지 효과(즉, 가격효과) 때문에 재화의 소비가 증가하는 것이다.

역시 다른 재화 2,3,4,5의 소비도 증가한다. 이때 아주 우연한 일이지만 다른 재화, 특히 재화 4,5의 가격이 하락하지 않을 정도로 재화 4,5의 수요가 유지될 수도 있다. 이렇게 되면 자국에서 발생한 기술진보의 이익은, 재화 1의 가격하락에 의한 재화 1의 소비증가의 형태로 두 나라가 나누어 갖는 셈이다. 이 경우 두 나라의 임금수준에는 변화가 없다.

(2) 외국가격이 상승하는 경우

재화 1의 대체효과가 아주 낮은 경우 가능하다. 즉, 재화 1의 가격이 하락하면 대체효과에 의해 다른 재화의 세계수요가 감소한다. 그러나 대체효과는 미약하고 소득효과가 클 경우 다른 모든 재화의 수요가 증가하여, 특히 재화 4,5의 수요가 증가하여 그 가격이 상승할 수도 있다. 심한 경우 기술진보가 이루어진 자국이 손해를 볼 수도 있다. 이런 경우가 바로 '궁핍화성장(immiserizing growth)'에 해당한다.

(3) 외국가격이 하락하는 경우

앞의 경우와는 대조적으로 외국재화 4,5에 대한 재화 1의 대체효과가 아주 클 수도 있다. 이 경우 기술진보로 인해 재화 1의 가격이 하락하면 재화 4,5의 수요가 감소하여 재화 4,5의 가격이 하락할 수도 있다. 실제로 외국인의 수출재인 재화 4,5의 가격하락은 외국인의 수입재인 재화 1의 초기 가격하락을 상쇄시키고도 남을지 모른다. 다시 말해, 재화 1에 대한 충분히 높은 수요의 탄력성은, 자국이 수출재 가운데 어느 한 재화(여기서는 재화1)의 비용을 감소시킬 때, 외국의 실질소득을 하락시킬지도 모른다.

이 외에도 기술진보는 생산패턴 나아가 무역패턴을 변화시킬 수 있다. 가령, 자국에서 기술진보로 인해 재화 1의 생산비가 하락할 경우 자국의 노동이 재화 3의 생산에서 빠져 나오고 대신 저임금의 외국이 재화 3을 생산하는 경우도 가능하다. 이와는 반대로 재화 1의 수요의 가격탄력성이 아주 낮을 경우 재화 1에서 방출된 보다 자유로워진 노동이 자국의 임금을 낮추어서 재화 4를 생산하는 데 우위를 가지게 할 수도 있다.

요약하면, 리카도 모형을 이용하여 자국의 어느 한 재화에 기술진보가 발생할 경우 자국이 생산하는 모든 재화의 상대가격이 어떻게 연결되는가를 보았다. 그리고 한 나라의 가격수준과 다른 나라의 가격수준간의 관계를 결정하는 데 있어서 세계 수요탄력성이 매우 중요한 변수로 작용한다는 것을 알았다. 끝으로, 세계는 기술진보로부터 이익을 얻는다. 이 경우 기술진보로 세계 모든 나라가 이익을 얻을 수 있으며, 이익의 분배가 자국에 유리하게 되거나 또는 외국에 유리하게 될 수 있다.

4.8 비교역재를 도입한 리카도 모형

4.8.1 비교역재(Non-traded commodities)

　무역이론은 국제무역에 대한 인위적인 장벽뿐만 아니라 수송비와 그에 따른 지역간 재화가격의 차이를 무시하고 있다. 그러나 우리는 수송비가 너무나 많아서 국제무역이 도저히 발생할 수 없는 그런 재화를 고려하는 것이 편리할 때가 있다. 리카도 모형은 특히 간단한 생산구조를 가지고 있기 때문에 시장이 순수하게 국내에만 국한되는 재화 즉, 비교역재를 소개하는 것은 비교적 쉬운 일이다.

　세계가격에 영향을 미칠 수 없는 소국을 가정하자. 가격순응자인 소국은 고정된 재화가격에 직면하므로 생산에 최적인 교역재 즉, 가장 높은 한계생산물가치($w = VMP_{Li} = P_i/a_{Li}$)를 가진 재화를 생산할 것이다. 다시 말해, 임금수준은 교역재를 생산함에 있어서 노동시간당 화폐가치가 최대치가 되도록 결정된다. 또한 여타국으로부터 획득될 수 없지만 국내수요가 존재하는 비교역재(가령, 국내노동에 의해 공급되는 인적 서비스-변호사, 의사 등)가 존재한다고 가정한다.

　a_{LN}을 한 단위의 비교역재를 획득하는 데 필요한 노동비용을 나타낸다고 하면 비교역재(N)의 가격은 다음과 같이 결정된다.

$$P_N = a_{LN} \cdot w \tag{4.13}$$

비교역재의 가격은 비교역재의 기술(a_{LN})과 임금에 의해 결정된다. 여기서 임금을 결정하는 것은 교역재의 가격과 기술이다. 즉, 리카도 모형에서는 경제 내에서 한계생산물가치($w = VMP_{Li} = P_i/a_{Li}$)가 가장 높은 재화가 생산된다. 따라서 교역재의 가격(P_i)과 기술($1/a_{Li}$)이 임금을 결정한다.

4.8.2 혼합교역재[25]

모든 교역재의 세계가격이 고정되어 있다고 가정하자. 그러면, 모든 개별 교역재의 총체적 재화인 혼합교역재(composite traded commodity)를 생각할 수 있다. 그리고 이러한 혼합교역재의 수요는 단일재의 수요와 마찬가지로 정상적인 행태[26]를 보인다. 모든 교역재들은 상호 고정된 가격관계를 가지고 있다고 가정하기 때문에 혼합재의 '산출량'에 대해서는 임의의 단위가 채택될 수 있다. 특히, 달러가치가 하나의 단위로 채택될 수 있다. [그림 4-8]에서 생산가능곡선을 FAG라고 하자. 거리 OF는, 노동시간당(또는 노동단위당) 획득 가능한 달러단위가 가장 높은 교역재 j의 생산에 일국의 모든 노동이 투입될 경우, 생산가능한 교역재의 최대 달러가치를 나타낸다. 이번에는 모든 노동이 비교역재의 생산에 투입된다면 OG단위의 비교역재(N)의 생산이 가능하다. 리카도 모형에서 생산가능곡선은 직선이며, 그 기울기는 달러단위로 나타낸 비교역재의 상대가격이다. 그리고 무차별곡선이 FAG와 접하는 A점은 소국의 자유무역균형을 나타낸다.

---

25) 리카도 모형에 비교역재를 개입시키기 위해 교역재들을 하나의 재화군으로 묶어서 혼합교역재로 표현하였다.

26) 여기서 정상적인 행태란 가격이 상승하면 수요가 감소하고, 소득이 증가하면 수요가 증가하는 행태를 말한다.

그림 4-8 비교역재와 교역재

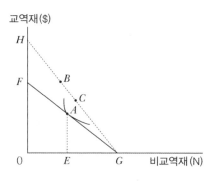

[그림 4-8]의 A점에서 무차별곡선이 생산가능곡선과 접하는 균형에 대한 설명은 마치 폐쇄경제의 균형이 묘사되는 방법을 연상시킨다. 폐쇄경제의 균형을 연상시키는 이유는, 교역의 구성에 대한 세세한 부분이 [그림 4-8]에서는 이면에 은닉되어 있기 때문이다.

거리 OE는 비교역재(N)의 생산량을 나타내며, 동시에 균형에서 비교역재가 얼마나 소비되고 있는가를 보여준다. 비교역재의 생산과 소비는 일치하기 때문이다. 그리고 거리 AE는 두 가지 사실을 보여준다. 즉, 모든 교역재들의 집합 가운데서 최적 노동사용을 반영하는 재화인 교역재 j의 달러생산액을 나타낸다. 동시에 모든 교역재의 소비의 총액을 나타낸다. 시야에서 숨겨져 있는 것은, 세계시장에서 어느 재화가 얼마만큼 어느 나라에서 구입되고 있는가에 관한 것이다. 따라서 [그림 4-8]의 A점은 무역을 부정하는 것이 아니라 무역의 균형 상태를 보여준다. 다시 말해 A점은, 모든 교역재의 총소비액(소비는 다수의 재화에 걸쳐 이루어진다고 가정)은 모든 교역재의 총생산액(리카도 모형에서 생산은 하나의 재화 j에 집중되어 있음)과 같다는 것을 보여준다.[27]

---

27) 소비되는 재화의 숫자가 생산되는 재화의 숫자보다 많다는 것은 교역이 이루어지지 않으면 불가능할 것이다.

4.8.3 어느 한 교역재부문의 기술변화

세계가격에는 변화가 없는데 자국의 생산조건이 변한다고 가정하자. 특히, 새로운 생산방법이 발견되어 그에 따라 i재 한 단위의 생산에 필요한 노동량이 감소하여 P_i/a_{Li}가 이제는 P_j/a_{Lj}를 초과한다고 가정하자. 리카도 모형에서는 경제에 미치는 영향은 단순하지만 결과는 극적으로 전개된다. 즉, j재의 국내생산이 소멸된다. i재를 생산하는 새로운 방법은, 기술변화전의 최선의 교역재인 j재를 희생시켜서, 이제 세계시장에서 달러를 획득하는 새로운 최선의 방법이 된다.

그러나 하나의 비대칭성이 분명 나타난다. 즉, 비교역재부문은 퇴출되지 않는다. [그림 4-8]에서 기술변화로 인해 새로운 생산가능곡선은 $HBCG$가 된다. 만일 모든 노동이 교역재에 투입된다면 j재에 비해 i재에 있어서 약 20%정도 생산가치가 증액된다고 가정하자. 임금수준은 그 금액만큼 상승하고, 동시에 비교역재의 가격도 그만큼 상승하게 된다. 그런데, 비교역재부문은 높아진 비용을 소비자에게 전가시킬 수 있지만, 교역재인 j부문은 j재의 주어진 세계가격에서 경쟁해야 하기 때문에 비용 상승 부분을 소비자에게 전가시킬 수 없다. 그래서 j재의 국내생산은 소멸되는 것이다.

비교역재가격(P_N)의 상승은, [그림 4-8]에서 A에서 B로의 이동과 같이 비교역재의 소비와 생산을 감소시킬지도 모른다. 만일 총체적인 재화로서의 교역재의 수요가 탄력적이라면 실제로 비교역재의 소비와 생산은 감소할 것이다. 그러나 새로운 무차별곡선은 C에서 접할 수도 있다. 왜냐하면, 교역재의 대체효과가 미약할지도 모르며, 소득효과에 의해 증가된 소득이 주로 비교역재에 지출될 수도 있다. 이 경우 임금상승으로 인한 비교역재가격의 상승에도 불구하고 비교역재부문이 확대될 수도 있다.

어느 한 교역재부문의 기술진보가 다른 교역재부문에 곤란을 가져다준다고 하는 이와 같은 반응은, 기술진보 대신 세계가격의 변화에 의해서도 일어날 수 있다.[28]

---

28) 제5장의 특정요소모형에서 어느 한 재화가격의 상승이 다른 산업부문에 미치는 영향을 분석한다.

4.9.1 문제점

리카도 모형은 아담 스미스의 절대우위설이 갖는 한계를 극복하고 비교우위설로 무역패턴을 설명하였다는 점에서 그 의의가 크다고 할 수 있다. 그러나 리카도 모형에는 다음과 같은 문제점이 있는 것으로 지적된다.

첫째, 지나치게 공급측면을 중시하는 이론이다. 무역전 상대가격을 결정하는 것은 오로지 일국의 단위노동투입량의 비율, 즉 노동생산성의 비율이며, 수요의 측면은 완전히 배제된다.

둘째, 비교우위의 발생원인을 설명함에 있어서 국가간 기술의 차이를 지나치게 강조한다. 다시 말해, 완전경쟁시장하에서 각국의 생산방법이 왜 다른가를 설명하지 못한다.

셋째, 완전특화의 가능성은 현실적으로 불가능하다. 또한 불완전특화의 경우 소국이 무역의 이익을 모두 차지한다는 설명 역시 한계가 있다.

넷째, 노동가치설의 한계를 들 수 있다.

4.9.2 실증적 검증

(1) 맥두갈-스턴-발라사의 검증

리카도의 비교우위설에 대한 검증은 맥두갈(D. McDougall)에 의해 1951년과 1952년에 최초로 시도되었다. 그는 1937년 미국과 영국의 25개 제조산업을 대상으로 제3국 시장에서의 시장점유율과 노동생산성과의 관계를 실증적으로 검증하였다. 맥두갈은 다음과 같은 가설을 설정하였다.

① 'US임금수준/UK임금수준<US노동생산성/UK노동생산성'인 재화는 제3국 수출시장에서의 'US수출/UK수출'의 비율이 높고,

② 'US임금수준/UK임금수준>US노동생산성/UK노동생산성'인 재화는 제3국 수출시장에서의 'US수출/UK수출'의 비율이 낮다.

1937년 당시 제조업분야에서 미국의 임금은 영국의 약 2배였으므로 미국의 노동생산성이 영국의 노동생산성의 2배 이상이 되는 산업부문에서는 제3국 시장에서 미국이 지배적인 수출국이 되며, 2배 이하가 되는 산업부문에서는 영국이 지배적인 수출국이 될 것이다.

맥두갈의 검증 이후 스턴(R. Stern, 1962)과 발라사(B. Balassa, 1963)도 동일한 방법으로 검증하였는데 이들의 검증 결과 역시 맥두갈과 비슷하게 나타났다. [그림 4-9]는 발라사(1963: 235)의 검증 결과를 인용한 것이다.

그림 4-9 **노동생산성과 수출점유율**

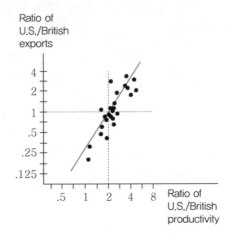

자료: B. Balassa(1963), An Empirical Demonstration of Classical Comparative Cost Theory, *The Review of Economics and Statistics*, 45(3): 231-238.

(2) 바그와티의 검증

바그와티(J. Bhagwati)는 맥두갈-스턴-발라사의 검증에 대해 반박을 하면서 다음과 같이 검증하여야 한다고 주장하였다. 즉, 맥두갈은 노동생산성의 격차와 제3국 수출시장점유율과의 상관관계를 검증하였는데 반해, 바그와티는 이를 2단계로 나누어 다음과 같이 검증하였다.

첫째, 노동생산성의 격차와 재화의 상대가격과의 관계 즉, 'US노동생산성/UK노동생산성'과 'US상대가격/UK상대가격'과의 상관관계를 검증하였다.

둘째, 재화의 상대가격과 제3국 수출시장점유율과의 관계 즉, 'US수출가격

/UK수출가격'과 'US수출/UK수출'과의 상관관계를 검증하였다.

검증결과는 통계적으로 유의성이 없었는데(insignificant), 그 이유는 다음과 같다.

첫째, 수출가격은 교역전의 가격이어야 하나 실제 구할 수 있는 자료는 교역 후의 가격뿐이다.

둘째, 노동생산성은 최종재에 대한 노동생산성만을 말하나 실제 최종재의 생산에는 중간재가 투입되므로 중간재에 대한 노동생산성을 어떻게 처리하느냐 하는 문제가 따른다.

셋째, 수출재 가격에는 수송비 등이 포함되나 노동생산성 계산에는 이것이 포함되지 않는다.

(3) 결론

맥두갈 − 스턴 − 발라사의 검증에 대한 바그와티 반박의 타당성 여부는 결국 통계적 문제로 계속 남는다. 이런 관점에서 볼 때, 맥두갈 등의 실증적 분석은 리카도 모형이 현실세계의 무역패턴을 설명하는 데 상당한 예견력을 갖고 있음을 입증하였다고 볼 수 있다.

그렇다고 하더라도 리카도 모형이 무역패턴을 설명하는 데 있어서 가장 좋은 모형이라는 것을 의미하지는 않는다. 다시 말해, 노동생산성의 상대적 비율이 무역패턴을 설명하는 데 결정적 역할을 한다고 해도 그것이 곧 무역패턴을 결정하는 유일한 요인이라는 것을 의미하지는 않는다. 가령, H−O이론에서는 요소부존도의 차이가 강조되며, 불완전경쟁시장하의 무역모형에서는 제품차별화, 규모의 경제, 선호의 다양성 등이 무역패턴을 결정짓는 중요한 요인이 되고 있다.

주요용어

1. 절대우위와 비교우위
2. 기회비용(opportunity cost)
3. 단위노동투입량(unit labor requirements)
4. 한계변환율(marginal rate of transformation; MRT)
5. 노동가치설(theory of labor value)
6. 극빈자노동논쟁(pauper-labor argument)

1. 아래 표는 H국과 F국(*표시)의 X재와 Y재의 단위노동투입량이다.

	H국	F국
X재	$a_{LX} = 5$	$a_{LX}^* = 20$
Y재	$a_{LY} = 10$	$a_{LY}^* = 15$

(1) 어느 나라가 X재에 절대우위가 있는가? 그리고 그 이유는?

(2) 어느 나라가 X재에 비교우위가 있는가? 그리고 그 이유는?

(3) H국에서 폐쇄경제하의 상대가격과 자유무역하의 교역조건의 가능한 범위는?

(4) 어느 나라가 임금이 더 높은가? 그리고 그 이유는?

(5) 양국의 임금비율이 가장 높을 때와 가장 낮을 때를 표를 이용하여 계산하시오.

(6) H국의 노동이 1,000명이고 F국의 노동이 1,500명일 경우 (표 1)을 참고하여 상대공급곡선을 그리시오. (단, 그림에 주요 눈금을 표시하시오).

(7) 상대수요함수와 상대가격과의 관계가 $P_X/P_Y = D_Y/D_X$일 경우, 상대수요곡선을 그리시오.

(8) 균형상태에서 H국과 F국의 특화패턴은?

(9) 양국의 무역이익은?

2. WTO체제하에서 선진국들은 공정무역이라는 명분 아래 개도국의 임금수준을 높이려고 한다. Ricardo모형을 이용하여 이를 비판하여 보시오.

CHAPTER
05

헥셔-오린의 무역모형

5.1 헥셔-오린 모형의 의의

D. Ricardo(리카도)는 생산비의 상대적인 차이(즉, 비교생산비차)를 노동투입량의 상대적인 차이, 다시 말해 노동생산성의 상대적인 차이(즉, 기술의 차이)에서 찾았다. 그리고 비교우위에 따라 무역할 경우 교역당사국은 무역으로부터 이익을 얻는다는 것을 밝혔다는 점에서 그 업적이 높게 평가되고 있다. 그러나 리카도는 비교생산비차의 발생원인, 다시 말해 국가간 기술의 차이가 완전경쟁하에서 왜 발생하는가를 명쾌하게 규명하지 못하였다.

그런데 노동, 자본, 토지 등과 같은 기초적인 생산요소의 국가간 차이를 강조하는 무역이론이 20C초 두 명의 스웨덴 경제학자, 즉 헥셔(Eli Heckscher)와 오린(Bertil Ohlin)에 의해 개발되었다. 이들은 국가간 기술이 같아도 요소부존도의 차이가 존재하면 생산비의 상대적 차이가 발생함을 밝혔으며(헥셔-오린 정리), 또한 무역 후 양국의 요소가격이 균등화된다(요소가격균등화 정리)는 점을 밝혔다.

그 후 헥셔-오린(H-O) 모형은 국제무역이 소득분배에 미치는 효과(Stolper-Samuelson 정리)와 경제성장이 생산패턴 나아가 무역패턴에 미치는 효과(Rybczynski 정리)를 분석하는 데에도 확대·발전되었다.

생산기술과 생산가능곡선

5.2.1 생산함수

$$X = F(K, L) \tag{5.1}$$

생산함수를 3차원공간에서 기하학적으로 표현 가능하다. 즉, K, L의 투입량이 증가함에 따라 X재의 산출량이 증가하는 언덕(hill) 모양의 생산표면을 그릴 수 있다. 그러나 3차원 공간은 유용성이 떨어지므로 경제학자들은 2차원 공간으로 나타내는 것이 유용하다는 것을 알았다. 즉, X재의 각 산출량 수준에서 생산언덕을 자르면(slice) KL 평면위에 등량곡선(isoquants)을 얻는다.

그림 5-1 **생산표면과 등량곡선**

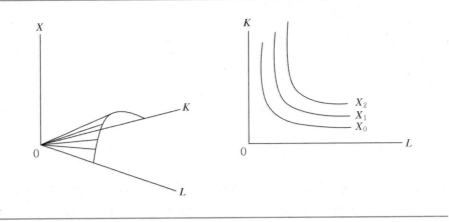

식(5.1)과 같은 생산함수의 중요한 특성으로 규모에 대한 수확불변(constant returns to scale; CRS)을 들 수 있다. 즉, 일차동차 생산함수(homogeneous function of degree one)를 가정하는 것이다.

$\lambda > 0$라고 하자. $\lambda^k X = F(\lambda K, \lambda L)$이면 함수 $X = F(K, L)$은 k차 동차 생산함수이다. $k = 1$이면 일차동차[29] 생산함수이고, 생산은 규모에 대한 수확불변이다.

위 식에서 $k > 1$이면, 규모에 대한 수확체증이며, $k < 1$이면 규모에 대한 수확체감이다.

그림 5-2 **규모에 대한 수확불변**

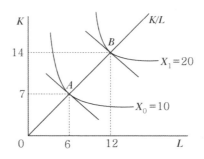

규모에 대한 수확불변(CRS)은 [그림 5 - 2]의 등량곡선으로도 설명할 수 있다. 즉, 노동과 자본의 투입량을 2배로 증가시키면 생산량도 2배로 증가한다. 규모에 대한 수확이 불변이다. 또한 투입과 산출량이 동일한 배수로 변화하므로 노동과 자본의 한계생산물(MP_L, MP_K) 역시 변화가 없다. 가령, A와 B의 기울기인 한계기술대체율(marginal rate of technical substitution; $MRTS_{LK}$)[30]은 동일하다. 등량곡선의 동차성 성질을 이용하면 한 개의 등량곡선을 알면 다른 모든 등

---

29) 각 항의 차수가 1이며, 각 항의 차수가 같다는 의미이다.

30) $MRTS_{LK}$는 등량곡선의 기울기이다. 즉, 어느 한 요소(노동)를 추가로 한 단위 더 증가시킬 때 동일한 생산수준을 유지하기 위해 감소시켜야 하는 다른 요소(자본)의 양을 말한다. 동일한 생산수준을 유지하기 위해서는 $-\Delta K \cdot MP_K = +\Delta L \cdot MP_L = 0$이 되어야 하므로 $\Delta K / \Delta L = MP_L / MP_K = MRTS_{LK}$이다. 노동 투입을 증가시키고 자본 투입을 감소시켜감에 따라 등량곡선의 기울기가 점점 완만해진다는 것은, 노동의 한계생산물은 점점 감소하고 자본의 한계생산물은 점점 증가한다는 것을 의미한다. 즉, 한계기술대체율 체감의 법칙이 작용한다.

량곡선을 구할 수 있을 것이다.

5.2.2 생산자 균형과 요소집약도

생산자는 효율적인 생산을 위해 비용제약조건하에서 산출량을 극대화하는 생산자 행태를 보인다고 가정한다. 이러한 최적화 문제는 등비용선(isocost line)과 등량곡선을 이용하여 그 해(解)를 얻을 수 있다.

등비용선은 주어진 요소가격 하에서 일정한 생산비용으로 구입가능한 생산요소의 조합을 나타내는 직선이다. 이를 식으로 나타내면 다음과 같다.

$$C_0 = wL + rK \qquad (5.2)$$

여기서 C_0는 생산비용을 의미하며, w는 임금, r은 이자율 또는 임대료이다. 위의 식은 다음과 같이 바꿀 수 있다.

$$K = C_0/r - w/r \cdot L \qquad (5.3)$$

식 (5.3)을 그림으로 나타내면 [그림 5-3]의 $K_0 L_0$의 등비용선이 된다. 즉, 절편이 C_0/r(즉, K_0)이고, 기울기가 $-w/r$인 등비용선이다.

그림 5-3 **개별기업의 생산자 균형**

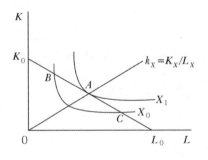

[그림 5-3]에서 등량곡선과 등비용선이 접하는 A점[31])에서 산출량이 극대화된다. 다시 말해, 요소가격비율 w/r가 등량곡선의 기울기($MRTS$)와 일치할 때 생산은 극대화된다. 이를 식으로 나타내면 다음과 같다.

$$w/r = MP_L/MP_K \tag{5.4}$$

결국 주어진 요소가격하에서 산출량이 극대화되는 생산방법은 $0A$의 요소투입비율이다. 이 경우 고용되는 자본/노동 비율, 즉 $k_x = K_x/L_x$를 X재의 요소집약도(factor intensity)라 한다. 다시 말해, 주어진 요소가격하에서 개별기업이 선택하는 최적 생산방법에서의 자본/노동 비율(K_i/L_i)을 요소집약도라 한다.

요소집약도는 요소가격의 비율에 의해서만 달라진다. 산출량 수준에 의해서도 달라질 수 있지만 생산함수가 일차동차함수라고 가정한다면 요소집약도는 생산규모에 관계없이 w/r 비율에 의해서만 결정된다.

또한 2재 2요소의 H−O모형에서 두 재화의 요소집약도는 항상 다르다고 가정한다. 가령, 일정한 요소가격하에서 $K_X/L_X < K_Y/L_Y$이라고 가정하면 X재는 노동집약재(labor−intensive goods), Y재는 자본집약재(capital−intensive goods)이다.

그림 5-4 **요소집약도**

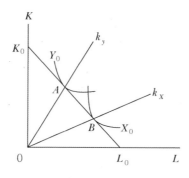

---

31) B점에서는 산출량 수준이 떨어진다. B점에서는 $w/r < MP_L/MP_K$이다. 즉, 임금에 비해 노동의 한계생산물이 높으므로 노동사용을 증가시키고, 자본의 가격에 비해 자본의 한계생산물이 낮으므로 자본사용을 감소시키는 것이 바람직하다.

[그림 5-4]에서 X_0와 Y_0는 두 산업의 등량곡선이며, k_x, k_y는 X재와 Y재의 요소집약도이다. 이 경우 어떠한 요소가격 하에서도 X재는 Y재에 비해 상대적으로 노동집약재이다. 즉, 강한 요소집약도 가정을 한다.

5.2.3 생산가능곡선의 도출

생산가능곡선(production possibilities frontier; PPF)이란 일국의 자원을 효율적으로 사용하였을 경우 모든 가능한 효율적인 생산점들의 궤적이다.

[그림 5-5]에서 모든 자원이 Y산업에 투입될 경우 $\overline{Y}$생산, X산업에 투입될 경우 $\overline{X}$를 생산할 수 있다. CRS 가정하에서 양 산업에 생산요소가 절반씩 투입될 경우 A점에서 생산이 가능하다. 그리고 $\overline{Y}A\overline{X}$선상의 모든 생산점은 실행가능한 생산점(feasible production points) 또는 생산가능점이다.

그림 5-5 **생산가능곡선**

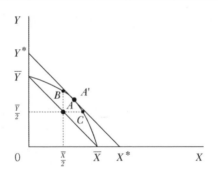

그렇다면 $\overline{Y}A\overline{X}$선상의 모든 생산점은 효율적인가? 두 재화의 요소집약도가 다를 경우 두 요소를 동일한 비율로 두 산업에 배분하면 최대산출량을 얻지 못한다. 즉, Y산업에는 보다 많은 자본, X산업에는 보다 많은 노동을 배분해야만 $\overline{Y}A'\overline{X}$의 확대된 PPF를 얻을 수 있을 것이다.

[그림 5-6]의 에지워드(Edgeworth)의 상자그림(box diagram)을 이용하여 보다 엄격히 설명할 수 있다. 자본과 노동이 양 산업에 동일한 비율로 배분되는 경우(가령, A의 자원분배점)에는 [그림 5-5]의 $\overline{Y}A\overline{X}$의 PPF를 얻지만, B와 C

에서 자원이 배분될 경우는 [그림 5-5]의 $\overline{YA'X}$와 같은 PPF를 얻는다. 즉, [그림 5-6]의 O_xBCO_y는 [그림 5-5]의 $\overline{YBCX}$로 투영된다.

그림 5-6 에지워드의 상자그림

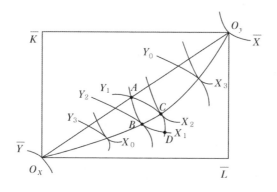

여기서 O_xBCOY_y의 궤적을 "어느 한 재화의 생산은 다른 한 재화의 생산이 감소되지 않는 한 증가될 수 없다"는 점에서 파레토 최적곡선(Pareto optimal curve) 또는 계약곡선(contract curve)이라고 한다.

결론적으로 말해, H-O모형에서 PPF가 원점에 대해 오목한 이유는, 다시 말해 기회비용이 체증하는 이유는 양 산업의 요소집약도가 다르기 때문이다. 만일 요소집약도가 같다면 H-O모형의 PPF는 리카도 모형처럼 직선이 될 것이다.

5.2.4 재화가격-요소가격-요소집약도의 관계

H-O모형에서 재화가격-요소가격-요소집약도 간의 1:1의 대응관계를 알면 H-O모형을 이해하기가 쉽다. 가령, X재(노동집약재) 가격이 상승하면 X재의 생산은 증가하고 Y재(자본집약재)의 생산은 감소한다. 그러면 노동에 대한 수요가 증가하고 자본에 대한 수요가 감소하므로 임금은 상승하고 이자율은 하락하여 양 산업 모두 보다 자본집약적인 생산방법으로 변한다. 즉, [그림 5-6]에서 자원배분점이 계약곡선을 따라 O_y 방향으로 이동한다. 이에 따라 두 등량곡선의 접점의 기울기인 자본/노동 가격비율(w/r)은 점점 급하게 되며, 원점

(O_x, O_y)에서 자원배분점을 연결한 방선인 요소집약도 역시 두 산업 모두 보다 자본집약적으로 바뀐다. 따라서 재화가격이 변화하면 요소가격과 요소집약도도 변화하면서 1:1의 대응관계가 유지된다.

5.3 헥셔-오린 정리

5.3.1 H-O모형의 가정

첫째, 2국 2재 2요소의 기본무역모형을 가정한다.

둘째, 양국의 생산함수는 동일하다고 가정한다. 즉, 양국의 기술수준은 같다고 가정한다. 그리고 생산함수는 일차동차함수를 가정한다.

셋째, 양국의 선호함수 역시 동일하다고 가정한다. 이것은 기호의 차이가 무역패턴에 영양을 미치는 것을 배제하기 위함이다.

넷째, 두 재화의 요소집약도는 다르며, 요소집약도역전이 발생하지 않는다고 가정한다. 즉, 강한 요소집약도를 가정한다.

다섯째, 양국의 유일한 차이는 요소부존도의 차이라고 가정한다. 여기서 요소부존도는 비율을 의미하며, 절대량을 의미하지 않는다.

이외에도 완전경쟁시장, 완전고용, 자유무역을 가정하며, 수송비가 없다고 가정한다.

5.3.2 H-O정리(요소비율이론)

> **명 제**
>
> 일국은 상대적으로 풍부하게 부존되어 있는 생산요소를 보다 집약적으로 사용하는 재화를 수출하고, 상대적으로 희소하게 부존되어 있는 생산요소를 보다 집약적으로 사용하는 재화를 수입한다.

상기 명제에서 요소풍부(factor abundance)의 정의는 물량정의와 가격정의로 구분할 수 있다. 양자는 일반적으로는 동일한 의미를 갖지만 경우에 따라서는 다를 수 있다. 가령, 물량적인 면에서는 노동이 풍부한 나라이지만 노조의 힘이 워낙 강해서 임금이 비쌀 수 있다. 즉, 노동시장이 제도적 요인에 의해 왜곡될 수 있다. 이 경우 물량적 측면에서는 노동풍부국이지만 가격 측면에서 볼 때는 노동풍부국이 아닐 수 있다.

(1) 물량정의에 의한 요소비율이론의 증명

가령, $\overline{k} = \overline{K}/\overline{L} < \overline{K}^*/\overline{L}^* = \overline{k}^*$이면, I 국은 노동풍부국이며, II 국은 자본풍부국이다. 여기서 X재는 노동집약재이고, Y재는 자본집약재이면, H−O의 제1명제에 의하면 I 국은 X재를 수출하고, Y재를 수입하게 되며, II 국은 Y재를 수출하고, X재를 수입하게 된다. 이를 물량정의에 의해 다음과 같이 증명할 수 있다.

그림 5-7 **물량정의에 의한 증명**

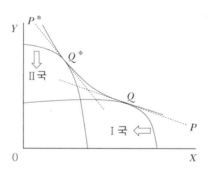

I 국은 노동풍부국이므로 생산가능곡선의 모양을 보면 노동집약재의 생산능력이 높다. II 국은 자본풍부국이므로 자본집약재의 생산능력 높다. 무역전 양국의 상대가격을 비교하면 $P(= P_X/P_Y) < P^*(= P_X^*/P_Y^*)$이다. 그러므로 I 국은 X재의 생산에 비교우위가 있고, II 국은 Y재의 생산에 비교우위가 있다.

(2) 가격정의에 의한 요소비율이론의 증명

가령, 양국의 요소가격 비율이 $\omega(=w/r) < \omega^*(=w^*/r^*)$이면, Ⅰ국은 노동풍부국이며, Ⅱ국은 자본풍부국이다. 여기서 X재는 노동집약재이며, Y재는 자본집약재이면 H−O의 제1명제에 의하면 Ⅰ국은 X재를 수출하고, Ⅱ은 Y재를 수출한다. 이를 가격정의에 의해 증명하면 다음과 같다.

그림 5-8 **가격정의에 의한 증명**

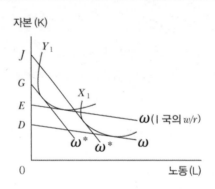

[그림 5−8]에서 양국의 생산비를 비교하면 [표 5−1]과 같다. Ⅰ국은 두 재화 생산에 모두 절대우위가 있고, Ⅱ국은 양 재화 생산에 모두 절대열위가 있다(즉, $OD < OJ$, $OE < OG$). 그러나 $OD/OE < OJ/OG$이므로 Ⅰ국은 X재의 기회비용이 적으며, Ⅱ국은 Y재의 기회비용이 적다. 다시 말해, Ⅰ국은 X재에 비교우위가 있으며, Ⅱ국은 Y재에 비교우위가 있다.

표 5.1 **양국의 생산비 비교**

	Ⅰ국	Ⅱ국
X재	OD	OJ
Y재	OE	OG

주: 생산비를 자본단위로 나타냄.

용어설명(정의, 명제, 증명, 정리)
- 정의: 용어의 뜻을 명확하게 나타낸 것으로 용어의 뜻에 대한 약속이다. 약속이므로 증명할 필요가 없다. 가령, 이등변 삼각형은 두 변의 길이가 같다.
- 명제: 참인지 거짓인지 명확히 판별할 수 있는 식이나 문장을 명제라 한다. 가령, 진주시민은 대한민국 국민이다. 이는 참인 명제이다. 그러나 베토벤은 천재적인 음악가이다. 이는 보는 이의 관점에 따라서 그렇지 않을 수도 있으므로 명제가 아니다.
- 증명: 정의나 이미 옳다고 알려진 성질들을 근거로 명제가 참인지 거짓인지 논리적으로 밝히는 과정을 증명이라 한다.
- 정리: 참이라고 증명된 명제 중에서 다른 명제를 증명하는 데 활용되며 기본이 되는 명제를 정리라고 한다. 가령, 기하학에서 피타고라스의 정리는 널리 알려진 기본 정리이며 그 활용도가 매우 높다.

5.3.3 무역이익

[그림 5-9]에서 양국은 비교우위에 있는 재화에 특화함으로써 무역으로부터 이익을 얻는다. 즉, Ⅰ국의 후생수준은 I_0에서 I_1으로 증가하며, Ⅱ국의 후생수준 역시 I_0에서 I_1으로 증가한다.[32]

그림 5-9 **자유무역의 균형**

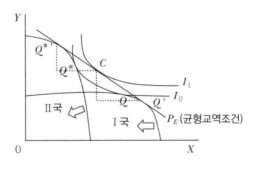

---

32) [그림 5-9]에서는 양국의 무역이익이 동일하도록 나타내었다.

5.4.1 요소가격균등화정리

> **명 제**
>
> 자유무역은 양 교역국의 요소가격을 상대적으로 뿐만 아니라 절대적으로도 균등화시킨다.

재화의 자유무역에 의해 요소가격이 균등화된다는 사실은, 양국의 생산요소들(가령, 노동자 및 자본가)의 생활수준이 같아진다는 것을 의미한다. 또한, 요소가격이 균등화되면 상품무역이 요소무역을 완전히 대체하는 셈이다.

(1) 요소가격의 상대적 균등화

먼저 요소가격균등화를 서술적으로 증명하여 보자. 노동풍부국은 임금(w)이 싸며, 임대료(r)는 높다. 따라서 노동집약재에 비교우위가 있으며, 무역 후 노동집약재 생산에 특화한다. 그러면 노동에 대한 수요가 증가하고 자본에 대한 수요는 감소하므로 w/r은 상승한다. 한편, 자본풍부국은 임금이 비싸며, 임대료는 낮다. 따라서 자본집약재에 비교우위가 있으며, 무역 후 자본집약재 생산에 특화한다. 그러면 자본에 대한 수요가 증가하고 노동에 대한 수요는 감소하므로 w/r은 하락한다. 그러므로 무역 후 양국의 w/r은 동일한 방향으로 변하면서 요소가격은 상대적으로 균등화된다.

이번에는 [그림 5-10]의 에지워드의 상자그림을 이용하여 요소가격의 상대적 균등화를 증명하면 다음과 같다. 가령, 무역 전 Ⅰ국의 자원배분점은 B, 요소가격 비율은 $\omega(=w/r)$, 요소집약도는 $O_XB(X$재)와 $O_YB(Y$재)이다. Ⅱ국의 자원배분점은 A, 요소가격 비율은 ω^*, 요소집약도는 $O_XA(X$재)와 $O_Y{}^*A(Y$재)이다. 자유무역과 함께 양국은 각각 비교우위에 있는 재화(즉, Ⅰ국은 X재, Ⅱ국은 Y재)에 특화한다.

그림 5-10 에지워드의 상자그림에 의한 증명

(무역 전)

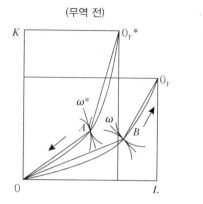

(무역 후)

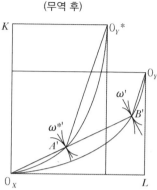

무역 후 양국의 자원배분점, 요소가격, 요소집약도는 어떻게 바뀔 것인가? 앞서 언급한 바와 같이 재화가격－요소가격－요소집약도 간에는 1:1의 대응관계가 존재한다. 무역전에는 양국의 재화가격이 다르기 때문에 요소가격과 요소집약도가 달랐다. 그러나 자유무역과 함께 양국이 동일한 재화가격에 직면한다면 양국의 요소가격과 요소집약도는 같아진다. 왜냐하면, H－O모형에서는 양국의 생산함수가 동일하다고 가정하였기 때문이다. [그림 5－10]의 오른쪽 그림에서 무역 후 양국의 자원배분점은 B'(Ⅰ국)와 A'(Ⅱ국)가 되며, 양국의 요소가격은 ω'와 $\omega^{*'}$처럼 상대적으로 균등화된다.

끝으로, 해롯－존슨 그림(Harrod－Johnson diagram)[33]을 이용하여 요소가격의 상대적 균등화를 증명할 수 있다. 해롯－존슨 그림 역시 재화가격－요소가격－요소집약도의 1:1 대응관계를 이용하여 요소가격균등화를 증명한다.

가령, X재는 노동집약재, Y재는 자본집약재라고 가정하자. [그림 5－11]에서 Ⅰ상한은 요소가격과 요소집약도와의 관계를 나타내는 곡선이며, Ⅱ상한은 재화가격과 요소가격과의 관계를 나타내는 곡선이다.

무역 전 Ⅰ국의 Y재의 상대가격은 P, Ⅱ국의 Y재 상대가격은 P^*이며, 양국의 요소가격은 ω(Ⅰ국)와 ω^*(Ⅱ국)이다. 무역 후 균형교역조건이 P_o일 경

---

33) Harrod－Johnson 그림은 영국의 경제학자 R. F Harrod와 캐나다의 경제학자 H. G. Johnson의 이름을 따서 명명되었으며, 2국 2재 2요소하에서 국제무역이 국내자원배분에 미치는 효과를 밝히는 데 도움이 되었다.

우 양국의 요소가격은 ω_o로 균등화된다. 그리고 요소집약도 역시 양국 모두 k_x^o, k_y^o로 같아진다.

그림 5-11 해롯-존슨 그림에 의한 증명

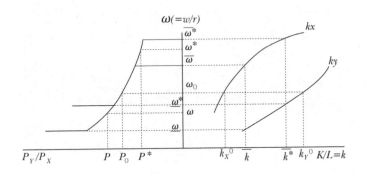

(2) 요소가격의 절대적 균등화

요소가격이 상대적으로 균등화되면 양 산업에서 두 나라의 요소집약도는 [그림 5-10]과 [그림 5-11]에서처럼 같아진다. 동일한 요소집약도하에서는 양국의 생산수준이 달라도 일차동차생산함수 가정 하에서 양국의 노동과 자본의 한계생산물 역시 같아진다(즉, $MP_L = MP_L^*$; $MP_K = MP_K^*$). 그러므로 무역 후 양국의 요소가격은 아래 식 (5.5)와 같이 절대적으로도 균등화된다.

$$w = P_X \cdot MP_{LX} = P_Y \cdot MP_{LY}$$
$$\quad = P_X \cdot MP_{LX}^* = P_Y \cdot MP_{LY}^* = w^*$$
$$r = P_X \cdot MP_{KX} = P_Y \cdot MP_{KY}$$
$$\quad = P_X \cdot MP_{KX}^* = P_Y \cdot MP_{KY}^* = r^* \qquad (5.5)$$

(3) 요소가격균등화가 이루어지지 않는 경우

그러나 현실세계에서는 요소가격균등화가 실현되지 않는다. 이것은 무엇을 의미하는가?

첫째, 국가간 재화가격이 균등화되어야 요소가격균등화가 성립된다. 그러나 재화가격의 균등화를 방해하는 요인들이 많다. 즉, 일물일가의 법칙이 적용되지 않는 이유가 많다. 가령, 수송비,[34] 각종 무역장벽, 독점, 요소시장왜곡 등과 같이 시장이 불완전한 구조를 갖기 때문이다. 수송비의 존재는 자유무역에서 국가 간 재화가격을 동일하게 만들지 못한다. 그리고 관세나 수입쿼터와 같은 무역제한조치들 역시 국가간 재화가격을 동일하게 만들지 못한다. 또한 시장이 독점일 경우 기업은 이윤극대화를 위해 가격차별을 실시하기 때문에 이것 역시 일물일가를 방해한다. 그리고 노조에 의한 요소시장왜곡 또한 요소가격균등화를 방해한다.

둘째, 생산함수가 CRS가 아닐지 모른다. 이 경우 비교우위는 규모의 경제, 제품차별화, 선호의 다양성 등[35])과 같이 H−O이론의 세계에서는 나타나지 않는 요인들과 관련이 있다. CRS 가정이 무너지면 생산량이 많아질 경우 동일한 요소집약도하에서 요소가격이 달라질 수 있다.

셋째, 국제무역의 증대가 국가간 기술을 수렴시키는 것은 사실이나 기술이 모든 나라에서 동일하다는 기본적 가정에 문제가 있다. 가령, 기술적 정보가 국경을 쉽게 넘어가는 것은 어렵지 않다. 그러나 기술적 지식이 산출량으로 전환되는 효율성은, 경영관리 및 기업가 정신의 차이로 인해 국가간 아주 다양하다는 증거가 상당히 많다. 이것은 재화의 가격을 다르게 만들며, 요소가격균등화를 방해한다.

또한, 요소가격균등화정리는 정태적 이론이다. 즉, 요소가격균등화정리는 자원부존량과 기술수준이 주어져 있다는 가정 하에서 달성된다. 그러나 현실적으로 일국의 저축률이 타국에 비해 높다면 자본축적률이 빠르며, 이로 인해 기술이 보다 빨리 발전하는 동태적인 상황을 고려할 수 있다. 이 경우 기술진보가 빠른 나라의 일인당 국민소득이 훨씬 빨리 증가할 것이며, 국가간 요소가격의 격차가 발생할 것이다.

넷째, 요소집약도역전이 요소가격균등화를 방해할지 모른다. H−O이론은 각국의 기술은 동일하며, 요소집약도는 역전되지 않는다고 가정한다. 그러나 현실적으로는 요소집약도 역전이 발생되기도 하며, 이 경우 자유무역은 각국의 소

---

34) 수송비, 유통비, 정보비용과 같은 비용을 거래비용이라 한다. 무역이론에서는 일반적으로 거래비용이 존재하지 않는다고 가정한다.

35) 이러한 요인들은 동일산업내의 동시적인 수출입을 나타내는 산업내무역(intra−industry trade)의 원인이 된다.

득격차를 더욱 심화시킬지도 모른다. 가령, 노동풍부국이 노동집약적인 방법으로 생산하는 어떤 재화를 자본풍부국이면서 이를 자본집약적인 방법으로 생산하는 나라에 수출할 경우, 노동풍부국은 노동집약재를 수출하므로 w/r은 상승하고, 자본풍부국은 자본집약재를 수입하는 셈이므로 w/r 역시 상승하여 양국의 요소가격의 격차는 없어지지 않는다. 경우에 따라서는 더욱 심화될 수도 있다.

다섯째, 양국의 요소부존도의 차이가 아주 클 경우, 자유무역은 양국의 요소가격의 차이를 줄이는 방향으로 작용하겠지만 완전히 균등화시키지는 못할 것이다. 즉, [그림 5-11]에서 $\bar{k}$와 $\bar{k}^*$의 차이가 아주 크면 2상한에서 양국의 요소가격과 재화가격과의 관계를 나타내는 곡선의 중복 부분이 없어지므로 비록 양국이 동일한 재화가격에 직면한다 하더라도 요소가격의 차이가 완전히 없어지지는 않을 것이다.

국제무역이 요소가격을 균등화시킨다는 이론에 대해 의심할만한 이유들이 많지만 무역은 분명 요소가격을 균등화시키는 경향이 있다. 이러한 경향은 특히 H-O적인 산업간무역(inter-industry trade)[36])의 형태일 때 더욱 그러할 것이다.

5.4.2 국제무역과 국내소득분배: 스톨퍼-사무엘슨 정리

명 제

어느 한 재화가격의 상승은 그 재화의 생산에 집약적으로 사용되는 요소의 보수를 상승시키고, 그 재화에 집약적으로 사용되지 않는 요소의 보수를 하락시킨다.

Stolper-Samuelson은 요소가격균등화정리를 연구하던 중 다음과 같은 사실을 발견하였다. 즉, 미국은 노동집약재를 수입함으로써 미국의 노동자의 소득수준이 하락하였는데, 이를 막기 위해 노동집약재의 수입에 대해 관세를 부과함으로써 노동자의 실질소득을 상승시켜야 한다고 주장하였다.

국제무역이 국내소득분배에 미치는 효과를 에지워드의 상자그림을 이용하

---

36) 산업내무역과는 달리 서로 다른 이종(異種)산업 간의 무역을 말한다. 리카도모형이나 H-O 모형과 같은 전통적 비교우위이론들은 산업간무역의 현상을 설명하기 위해 고안되었다.

여 설명할 수 있다. 가령, 일국이 자본풍부국이고, Y재에 비교우위 있다고 가정하자. [그림 5-12]에서 자유무역하의 자원배분점이 Q일 경우 수입재(X재)에 대한 관세부과로 자원배분점이 Q'로 바뀌었다고 가정하자. 수입경쟁재인 노동집약재(X재) 생산의 증가로 요소가격은 ω에서 ω'로 변하였다. 즉, X재 가격의 상승은 수입경쟁재(X재)의 생산을 증가시키고, X재 생산에 집약적으로 사용되는 노동의 가격(임금)을 상승시키고 자본의 가격(임대료)을 하락시킨다.

그림 5-12 **스톨퍼-사무엘슨 정리**

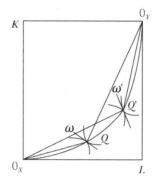

[그림 5-12]는 임금/임대료 비율이 상대적으로 상승함을 보여주고 있다. 그러나 임금은 상대적으로 뿐만 아니라 절대적으로도 상승한다. 요소의 보수와 한계생산물가치(value of marginal product; VMP)와의 관계를 이용하여 이를 설명할 수 있다. 즉, 요소시장이 완전경쟁시장일 경우 임금은 노동의 한계생산물가치이며, 임대료는 자본의 한계생산물가치이다.

$$w = P_X \cdot MP_{LX} = P_Y \cdot MP_{LY}$$
$$r = P_X \cdot MP_{KX} = P_Y \cdot MP_{KY} \tag{5.6}$$

위 식에서 X재 가격이 상승하고 Y재 가격은 불변일 경우 노동에 대한 수요가 증가하고 자본에 대한 수요가 감소하면서 w/r이 상승한다. w/r이 상승함에 따라 양산업 모두 보다 자본집약적으로 변하면서 양산업의 노동의 한계생산물(MP_{LX}, MP_{LY})은 상승하고, 자본의 한계생산물(MP_{KX}, MP_{KY})은 하락한다. 따라서 명목임금은 상승하고, 명목임대료는 하락한다. 그런데 물가상승폭보다 명목임금이 더 많이 상승하므로 실질임금은 상승하고(즉, w/P_X와 w/P_Y 모두 상승), 물가는 상승하는데 명목임대료는 하락하므로 실질임대료는 하락한다(r/P_X와 r/P_Y 모두 하락).

또한 재화가격의 변화폭보다 요소가격의 변화폭이 더 큰 확대효과(magnification effect)가 나타난다. 즉, $\%\Delta w > \%\Delta P_X > \%\Delta P_Y > \%\Delta r$이다.

5.5 립친스키 정리

> **명 제**
>
> 재화가격이 불변이고 두 재화가 계속 생산된다고 가정할 경우 어느 한 요소부존량의 증가는 그 요소를 집약적으로 사용하는 재화의 생산을 증가시키고, 다른 재화의 생산을 감소시킨다.

그림 5-13 **요소부존량의 증가와 생산량의 변화**

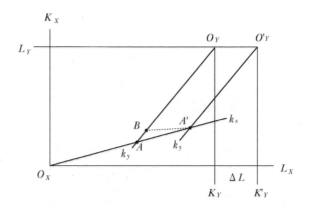

에지워드의 상자그림을 이용하여 립친스키 정리(Rybczynski theorem)를 쉽게 증명할 수 있다. 상자에서 계약곡선(contract curve)은 생략되어 있다. A점은 두 산업의 등량곡선의 공통의 접점을 나타내며, 요소집약도 방선 k_x와 k_y는 X 산업과 Y산업의 자본/노동 비율을 나타낸다. 여기서 X재는 노동집약재, Y재 는 자본집약재이다.

이제 노동부존량이 ΔL만큼 증가한다고 가정하자. Y재의 원점 O_Y가 O'_Y 로 이동한다. 요소부존량의 변화가 두 재화의 산출량을 어떻게 변화시키는지 매우 흥미롭다. 두 재화가 생산되는 한, 재화가격과 요소가격 간에는 1:1의 대응관계가 유지된다는 사실을 상기하라. 재화가격이 변하지 않는 한, 요소가격 또한 변하지 않는다. 그러므로 두 산업의 자본/노동 비율은 영향을 받지 않는다. 이러한 결과를 [그림 5−13]에 나타내어 보자. 비록 노동부존량이 증가하였지만 방선 k_x는 영향을 받지 않으며, 방선 k_y는 평행하게 이동한다. 즉, AO_Y와 $A'O'_Y$는 평행이다. A'점은 새로운 계약곡선 상의 새로운 균형점이다.

생산량에 미치는 노동부존량의 증가 효과는 쉽게 알 수 있다. A'점이 원점 O_X에서 A점보다 멀어졌기 때문에 X재의 생산량은 증가하였다. 이에 반해 Y 재의 생산량은 감소하였다. 그것은 A'에서 B로 수평선을 그려 보면 알 수 있다.

립친스키 정리는, 생산가능곡선에 미치는 요소부존량의 변화 효과에 대해 중요한 함의를 갖는다. [그림 5−14]에서 최초의 생산가능곡선은 $\overline{YX}$이다. 노동부존량의 증가는 PPF를 $\overline{Y'X'}$로 확대시킨다. X재는 노동집약재이므로 X 재의 최대생산가능량은 Y재의 최대생산가능량보다 더 많다. 그래서 PPF는 X축 방향으로 더 크게 확대된다. 이러한 결과를 증명하기 위해 립친스키 정리를 이용할 수 있다. 즉, 최초의 상황에서 고정된 가격비율 p에서 생산균형점은 A이다. A점은 가격선 p가 PPF에 접하는 점이다. 노동공급 증가 후 새로운 균형점은 A'가 된다. 따라서 X재의 생산은 증가하고, Y재의 생산은 감소한다. 이때 궤적 R을 립친스키 라인(Rybczynski line)[37]이라 한다. 이것은 재화가격이 불변인 경우 요소부존량이 변함에 따라 재화의 생산량이 어떻게 변하는지를 보여준

---

37) 립친스키 라인은 CRS 가정하에서 직선이 된다. 재화가격이 고정된 경우 요소집약도 비율은 변하지 않는다. 그러므로 노동공급 증가 후 X산업에서 노동사용의 증가는 Y산업으로부터 비례적인 양의 자본을 요구한다. 이것은 X재 생산을 비례적으로 증가시킨다. 이와 유사하게 Y산업의 자본과 노동의 비례적인 감소는 Y산업의 생산을 비례적으로 감소시킨다. 따라서 립친스키 라인은 선형이 된다.

다. 다시 말해, 어느 한 요소부존량의 증가는 생산균형점이 립친스키 라인을 따라 이동되도록 생산가능곡선을 확대시킨다.

그림 5-14 **립친스키 라인**

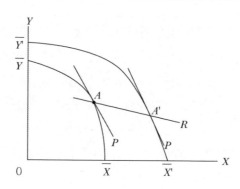

립친스키 정리는 어느 한 요소의 증가만을 다루지만 쉽게 일반화될 수 있다.[38] 즉, 자본과 노동의 증가가 다양한 비율로 이루어진다고 가정할 수 있다. 요소의 다양한 증가비율에 따라 PPF도 다양한 형태로 확대될 것이다. 가령, 자본과 노동이 동일한 비율로 증가한다면 생산가능곡선도 동일한 비율로 확대될 것이다. 그리고 어느 한 요소가 더 많이 증가한다면 PPF는 그 요소를 집약적으로 사용하는 재화 쪽으로 편향되게 확대될 것이다. 그러므로 양국의 요소부존도가 다를 경우 양국은 상대적으로 풍부하게 부존된 요소를 집약적으로 사용하는 재화 쪽으로 편향된 PPF를 가질 것이다. 그러므로 립친스키 정리는 H−O 정리를 입증하는데 도움이 되는 역할을 할 것이다.

다양한 비율의 생산요소의 증가는 다양한 비율의 산출량의 증가와 연관된다. 재화의 상대가격이 고정되어 있을 경우, 자본과 노동이 10% 비율로 증가하면 X재와 Y재의 생산도 10% 비율로 증가할 것이다. 여기서 추가로 노동이 5% 증가할 경우 립친스키 정리에 의하면 노동집약재인 X재의 생산은 5% 이상 증가하고 Y재의 생산은 감소한다. 종합적인 결과로는, Y재의 생산은 10%보다 적

---

38) 립친스키 정리는 5가지 유형의 성장패턴 즉, 초순무역편향적 성장, 초역무역편향적 성장, 순무역편향적 성장, 역무역편향적 성장, 중립적 성장으로 일반화가 가능하다.

게 증가하며, X재의 생산은 15% 이상 증가할 것이다. 따라서 립친스키 정리 역시 확대효과(magnification effect)가 나타난다. 즉, "요소공급의 변화는 요소의 변화폭보다 산출량의 변화폭을 크게 한다." 부호로 나타내면 다음과 같다.

$$\% \Delta X > \% \Delta L > \% \Delta K > \% \Delta Y$$

끝으로, 립친스키 정리는 재화가격이 불변이라고 가정하므로 비교정태 분석이다. 다시 말해, 완전한 일반균형분석에서는 X재와 Y재의 산출량이 변함에 따라 재화가격이 변하게 될 것이다. 물론 정확한 분석은 수요의 효과도 고려해야 할 것이다. 그렇지만 단순한 립친스키 정리일지라도 PPF에 미치는 요소부존량의 효과를 이해하는 데 도움이 된다. 한 가지 시나리오에 바로 적용이 가능하다. 즉, 재화의 상대가격이 국제시장에서 결정되는 소규모개방경제를 고려해보자. 상대가격이 시간이 경과하여도 안정적이라면 소국의 요소부존도의 변화는 생산의 증가와 무역패턴의 변화를 말해 줄 수 있다. 가령, 최초에 노동집약재를 수출하던 소국이 자본스톡이 빠르게 증가함에 따라 자본집약재를 수출하고 노동집약재를 수입하는 동태적인 무역패턴의 변화를 경험할 수 있다. 즉, 립친스키 정리는 H−O정리의 동태성을 보여준다. 이런 경험을 70년대와 80년대 한국경제의 변화에서 찾을 수 있다. 한국은 직물과 신발 등과 같은 노동집약재의 순수출국이었다. 그러나 오늘날은 반도체, 기계류, 운송장비 등과 같은 자본집약재의 순수출국이 되었다. 이와 비슷한 과정이 싱가포르, 홍콩 등과 같은 나라에서도 찾아볼 수 있다.

5.6 H−O이론의 경험적 연구

H−O이론의 강한 매력은 실제의 무역패턴, 요소부존량, 요소가격 간의 관계에 대한 예측력에서 나온다. 그럼에도 불구하고 이 이론은 경험적 연구자들에게 많은 좌절을 안겨주었다. 가령, 요소가격균등화정리를 보자. 얼핏 보아도 국가 간 임금이 같지 않다는 것을 알 수 있다.

5.6.1 레온티에프 역설

H－O정리에 의하면 미국은 자본풍부국이므로 자본집약재를 수출하고 노동집약재를 수입하여야 한다. 그러나 1953년 W. Leontief(레온티에프)는 1947년의 자료를 이용하여 50개 산업을 대상으로 수출입품 가운데 각각 100만 달러를 표본으로 하여 자본/노동 비율을 조사해 본 결과 H－O정리(요소비율이론)와는 정반대로 미국은 노동집약재를 수출하고 자본집약재를 수입하는 결과가 나왔는데, 이를 레온티에프 역설(Leontief Paradox)이라고 한다. 즉, 수출재 일인당 자본비율은 $14,010이고, 수입경쟁재 일인당 자본비율은 $18,180로 나타났다. 이것은 수입경쟁산업이 수출산업에 비해 약 30% 정도 더 자본집약적임을 의미한다.

5.6.2 레온티에프 역설에 대한 해석

레온티에프 역설(Leontief Paradox)이 갖는 의미는 여러 가지 관점에서 해석되고 있다. 여기서는 실증적 분석방법론의 적합성 여부와 H－O정리의 기본가정의 현실적 타당성 여부, 이 두 가지 관점에서 역설의 성립 여부가 검토되었다.

(1) 미국 노동자의 효율성

레온티에프는 자신의 역설적 검증결과를 설명하는 데 있어 먼저 노동력의 통계상의 문제점을 지적하였다. 그는 미국의 노동력이 생산면에서 무역상대국의 노동력과 비교할 때 3배 정도 더 우월하다는 것을 발견하였다. 즉, 미국의 노동력을 생산성을 감안한 효율적 단위로 환산하면 노동량이 3배로 확대되어 결국 미국은 노동이 상대적으로 풍부한 나라로 구분될 수 있기 때문에 H－O정리는 그 타당성을 가질 수 있다는 것이다.

그러나 미국노동자의 생산효율이 타국보다 높다는 주장은 다음 두 가지 문제를 제기한다. 첫째, 노동자의 생산효율이 상대적으로 높다는 것은 미국의 노동생산성이 타국보다도 상대적으로 높다는 것을 의미한다. 이것은 결과적으로 양국의 생산기술(생산함수)의 차이를 의미하는 것인데 이는 H－O정리의 기본가정에 위배된다. 둘째, 자본의 질도 노동의 질과 같이 생산능률의 관점에서 재평가한다면 미국에서의 자본투입량 역시 증가할 것이다. 따라서 미국 자본의 효율성이 상대적으로 높다는 관점에서 보면 미국은 자본풍부국이 될 것이므로 H-O정리는 다시 부정된다.

　　이러한 이유로 결국 레온티에프의 주장은 받아들여지지 않았지만 그것은 인적자본의 중요성에 대한 연구를 확대시키는 계기를 만들어 주었다.

(2) 인적자본

　　레온티에프의 검증은 노동을 하나의 동질적인 생산요소로 취급하였다는 데 근본적인 문제점이 있다. 실제로 노동은 단순노동에서부터 교육 및 훈련을 통해서 형성된 엔지니어 및 과학자, 숙련노동 등 다양한 범주를 포함하고 있다. 따라서 이러한 문제점을 보완하기 위해서 두 가지 접근방법이 사용되었다. 즉, 하나는 노동을 그 특성에 따라 물리적으로 세분해 보는 것이고, 다른 하나는 노동에 체화된 인적자본을 화폐가치로 환산해 보는 것이었다.

　　1966년 Keesing(키싱)은 노동을 단순노동과 숙련노동으로 세분화해서 요소집약도를 추정한 결과 미국은 숙련노동집약적 상품에 비교우위를 가진다는 것을 발견하였다. 1971년 Baldwin(볼드윈)도 미국의 수출산업에 투입되는 과학자 및 기술자의 비율이 수입경쟁산업에 비해 더 높다는 것을 발견하였다[표 5-2 참조].

　　한편, 노동 자체를 세분화하는 대신에 노동에 체화된 기술이나 지식을 습득하기 위해 투자된 비용을 계산하여 이를 인적자본으로 취급하는 시도가 1965년 Kenen(케넨)과 1971년 볼드윈 등에 의해서 이루어졌다. 케넨은 수출산업과 수입경쟁산업 간의 임금수준의 격차를 인적자본투자의 차이에 기인된 것으로 보았다. 그는 자본을 물적자본에 인적자본을 포함시키는 광의의 자본으로 정의하여 요소집약도를 추정해 본 결과 미국 수출상품이 수입경쟁상품보다 더 자본집약적이라는 결과를 얻었다.

　　[표 5-2]는 볼드윈의 연구결과를 보여준다. 볼드윈은 키싱과 케넨의 방법을 이용하여 노동을 단순노동과 과학기술인력으로 세분화하였고, 노동의 교육훈련비용을 인적자본으로 분류하여 수출산업과 수입경쟁산업의 자본/노동 비율을 조사하였다. 볼드윈의 연구결과는 키싱과 케넨의 인적자본설 그리고 바넥의 천연자원집약설을 뒷받침하면서 H-O이론의 타당함을 보여준다.

표 5-2 미국의 수출산업과 수입경쟁산업의 자본/노동 비율

변 수	수입경쟁산업/수출산업
노동자 1인당 자본액(물적자본); (PK/L) (천연자원집약산업 포함)	1.27
노동자 1인당 자본액(물적자본); $(PK/L-NR)$ (천연자원집약산업 제외)	1.04
노동자 1인당 자본액(물적자본＋인적자본*); $(PK+HK/L)$ (천연자원집약산업 포함)	1.14
노동자 1인당 자본액(물적자본＋인적자본); $(PK+HK/L)-NR$ (천연자원집약산업 제외)	0.97
과학기술인력($S+E$**) (천연자원집약산업 포함)	0.74
과학기술인력($S+E$)$-NR$ (천연자원집약산업 제외)	0.62

* 인적자본(HK): 노동의 교육훈련비용으로 계산
** $S+E$＝총고용인원 중에서 과학자, 기술자가 차지하는 비율
자료: R.E.Baldwin, "Determinants of the Commodity Structure of U.S. Trade," *American Economic Review*, 1971.

결론적으로 미국이 자본풍부국이면서도 노동집약재를 수출한다는 '역설'은 다음과 같이 설명할 수 있다. 즉, 미국이 첨단과학기술인력이 집약적으로 사용되는 제품을 수출하고 있다는 점에서 미국은 숙련노동풍부국이라 할 수 있으며, 한편 자본풍부국인 미국은 인적자본집약도가 높은 제품을 수출하고 있다고 할 수 있다. 따라서 무역패턴의 결정요인으로서 요소투입비율을 강조하는 H-O정리가 그 타당성이 있다고 할 수 있다.

(3) 천연자원

미국이 비록 자원풍부국이라고 하지만 희귀한 광물이나 금속은 말할 것도 없고 상당량의 석유 소비까지도 해외수입에 의존하고 있다. 그런데 이러한 천연자원상품들은 그 생산방식이 매우 자본집약적이라는 특징을 가진다.

따라서 1959년 Vanek(바넥)은 미국이 주로 수입하고 있는 자본집약도가 높은 천연자원집약재를 수입재에 포함시키게 되면 역설이 성립될 수 있다고 주장하였다. 그러나 미국이 수입상품 중에서 천연자원집약적 상품을 제외시킨다면 미국 수입재의 K/L은 수출재의 K/L보다 낮아서 미국은 자본집약재를 수출하

는 것으로 되기 때문에 H−O정리는 성립되고 '역설'은 부정된다.

여기서 얻을 수 있는 교훈은 생산요소를 종래와 같이 노동과 자본과 같이 단순한 이분법의 논리에 따라 분류한다면 무역패턴을 정확히 설명할 수 없다는 사실이다. 다시 말해, 수출재나 수입재의 요소구성을 토지, 숙련노동, 미숙련노동, 물적자본 등으로 세분함으로써 무역패턴을 보다 구체적으로 설명할 수 있다는 것이다.

(4) 수요패턴

헥셔−오린 정리는 두 나라간의 수요패턴은 동일하다고 가정하고 있다. 그러나 1957년 Brown(브라운)에 의하면 두 나라 간에 기호가 극단적으로 다를 경우 각국은 오히려 그 나라에 상대적으로 희소하게 부존된 요소를 집약적으로 사용하는 재화에 비교우위를 갖게 될 가능성도 배제할 수 없다고 한다.

그러나 이러한 극단적인 수요편향이 현실적으로 존재할 가능성은 희박한 것으로 알려져 있다. 예컨대, 1957년 Houthakker(하우태커)의 연구결과에 의하면 수요패턴은 국가간에 거의 유사한 것으로 나타났다.

(5) 요소집약도 역전

헥셔−오린 정리는 요소집약도 역전이 발생하지 않는다는 '강한 요소집약도 가정'을 전제로 하고 있다. 그러나 요소집약도가 역전되는 현상을 간혹 관측할 수 있다. 가령, 저임금하에서는 노동집약재이나 고임금하에서는 자본집약재인 상품의 경우 고임금국인 미국은 자본집약재를 수입한 것이지만 저임금국인 개도국에서는 노동집약재를 수출한 것이 된다. 따라서 요소집약도가 역전되면 어느 한 나라의 무역은 헥셔−오린 정리와 모순된다.

1962년 Minhas(민하스)는 요소간의 대체탄력성이 산업간에 크게 다른 경우 요소집약도 역전이 발생할 수 있음을 보여 주었다. 가령, 임금이 상승함에 따라 어떤 산업은 노동에서 자본으로의 대체가 쉽게 이루어지지만 어떤 산업은 대체가 많이 이루어지지 않는다면 두 산업의 요소집약도가 역전될 수도 있다. 그러나 레온티에프 역설이 요소집약도 역전에 기인한다는 강력한 실증적 증거가 있는 것은 아니다.

(6) 관세 및 비관세장벽

헥셔-오린 정리는 무역장벽이 없는 상태에서 자유무역이 이루어진다고 가정하고 있다. 그러나 모든 나라에서는 정도의 차이는 있지만 관세 및 비관세장벽을 사용하고 있는 실정이다. 만약 미국의 경우 관세 및 비관세장벽이 노조의 압력에 의해 단순노동집약적 수입재에 상대적으로 높게 부과되고 있다면 단순노동집약적인 수입상품의 상대적 비중이 감소하여 수입상품의 요소집약도가 자본집약적인 방향으로 왜곡될 가능성이 있다고 1964년 Travis(트라비스)는 주장하였다.

그러나 1971년 Baldwin(볼드윈)의 연구결과에 의하면 미국의 관세 및 비관세장벽이 모두 제거되었을 경우 미국 수입상품의 일인당 자본액이 단지 5% 정도 감소하는 것으로 나타났다. 따라서 미국의 무역장벽은 비록 미국 수입상품의 자본집약도를 증가시키는 방향으로 영향을 미치기는 하지만 레온티에프 역설의 주원인이 되는 것으로 볼 수는 없다.

(7) 글로벌 자료를 이용한 검증

Leontief(레온티에프)의 검증방법은 미국이라는 1개국에 대해서 그리고 노동과 자본이라는 두 가지 생산요소를 가지고 수출산업과 수입경쟁산업 간의 요소집약도를 비교해 보는 것이었다. 그러나 1984년 Leamer(리머)는 레온티에프의 검증 방식과는 다른 훨씬 일반화된 접근방법에 의해 헥셔-오린 정리를 검증하였다. 즉, 그는 다국(多國), 다재(多財), 다요소(多要素)에 관한 자료를 활용하여 어느 한 나라에 부존된 어떤 특정한 생산요소가 세계 전체에서 차지하는 비중이 상대적으로 높을수록 그 생산요소를 집약적으로 사용하는 재화의 순수출국이 되는가를 검증하였다. 즉, 리머는 자본풍부국이 자본집약재를 수입하는 경우도 있겠지만(이 경우 레온티에프 역설이 발생) 순수출에서의 자본집약도가 높다면 H-O정리가 부정되는 것은 아니라고 주장하였다. 그 결과는 상당히 고무적인 것이었다. 즉, 무역패턴을 결정하는 데 생산요소들의 상대적 부존비율이 중요한 역할을 하고 있음이 입증된 것이다.

한편, 1987년 Bowen-Leamer-Sveikauskas(보웬-리머-스베이카우스카스) 역시 다국, 다재, 다요소의 글로벌 자료를 이용하여 헥셔-오린 정리를 검증하였다. 즉, 그들은 12개의 생산요소와 27개국을 표본으로 하여 다음과 같은 가설을 설정하였다.

가설: "요소 i의 j국부존량/요소 i의 세계부존량 $>$ j국의 소득/세계전체의 소득"이면, j국은 요소 i의 순수출국이다.
즉, $E_{ij}/E_{iw} > I_j/I_w$이면, $+NEX_{ij}$이다.

[표 5-3]을 보면, 검증결과 12개의 생산요소 가운데 2/3가 70% 이하의 예측성공률을 보였다. 다시 말해, 요소의 순수출이 70% 이상의 성공률을 가지고 예측된 방향으로 이루어지는 국가들의 비율이 1/3에 불과하였다. 이것은 헥셔-오린이 예측하는 방향으로 무역이 종종 일어나지 않는다는 것을 의미한다.

표 5-3 H-O모형의 검증

생산요소	예측성공율
자본(Capital)	0.52
노동(Labor)	0.67
전문직 노동자(Professional workers)	0.78
관리 노동자(Managerial workers)	0.22
서무 노동자(Clerical workers)	0.59
판매 노동자(Sales workers)	0.67
서비스 노동자(Service workers)	0.67
농업노동자(Agricultural workers)	0.63
생산직 노동자(Production workers)	0.70
개간가능한 토지(Arable land)	0.70
목축가능한 토지(Pasture land)	0.52
산림(Forest)	0.70

자료: H.P.Bowen, E.E.Leamer, and Leo Sveikauskas, "Multicountry, Multifactor Tests of the Factor Abundance Theory", *American Economic Review* 77(December 1987), pp.791-809.

(8) 무역에 있어서 기술적 차이의 중요성

1995년 D. Trefler(트레플러)의 연구는, 국가간 기술의 차이가 매우 크다는 것을 보여주었으며, 요소부존도의 차이에 의한 무역은 H−O모형이 예측하는 것보다 현실적으로 훨씬 더 적게 발생한다는 것을 보여주었다.

트레플러에 의하면, "미국의 노동부존량/세계전체의 노동공급량(약 5%) < 미국의 소득/세계전체의 소득(약 25%)"이므로 미국은 노동의 순수입국이다. 따라서 단순한 요소비율이론에 의하면 미국의 무역에 체화된 노동의 수입은 미국 노동력의 약 4배나 되는 막대한 양이 되어야 할 것이다. 그러나 현실적으로는 미국은 적은 양의 노동의 순수입만을 보이고 있다. 왜 그런가? 다시 말해 무역이 왜 축소(missing)되었는가?

이러한 의문을 해결하기 위해서는 H−O이론의 한 가정을 제거하면 해결된다. 즉, 국가간 노동이 동질적이지 않다는 것이다. 미국의 노동자가 다른 나라의 노동자보다 더 효율적이라면, 다시 말해 미국의 기술이 앞서 있다면 미국의 노동공급량은 훨씬 더 많을 것이고 노동의 순수입은 그렇게 많이 발생하지 않을 것이다.

5.7 결론

- 2재 2요소 헥셔−오린 모형은 무역에 있어서 자원의 역할을 강조한다.
- H−O정리는 다음과 같은 무역패턴을 예측한다. 즉, 풍부한 요소를 집약적으로 사용하는 재화를 수출하고, 희소한 요소를 집약적으로 사용하는 재화를 수입한다.
- 어느 한 재화가격의 상승은 그 재화 생산에 집약적으로 사용되는 요소의 실질소득을 증가시키고, 다른 요소의 실질소득은 감소시킨다. 그러므로 일국의 풍부한 요소의 소유자는 무역으로부터 이익을 얻으나 희소한 요소의 소유자는 손해를 본다.
- 재화가격이 주어져 있을 경우, 즉 소국가정하에서 어느 한 요소공급의 증가는 그 요소를 집약적으로 사용하는 재화의 생산을 증가시키고 다른 요소를 집약적으로 사용하는 재화의 생산을 감소시킨다.

- 현실적으로 자원부존량의 큰 차이, 무역장벽의 존재, 기술의 국제적 차이 등으로 인해 완전한 요소가격균등화는 관찰되지 않는다.
- H−O 정리의 경험적 연구결과는 모호하다. 대부분의 연구자들은 자원부존량의 차이 하나만으로는 세계 무역패턴 또는 세계 요소가격을 설명할 수 없다고 믿는다.

동차함수(homogeneous function), 동조함수(homothetic function),
비동조함수(non-homothetic function)

- $\lambda^k Q_i = F(\lambda K_i, \lambda L_i)$

  위 함수를 k차 동차함수(homogeneous function)라 한다.

  가령, $k=1$이면(λ^1) 1차 동차함수(CRS), $k=2$이면(λ^2) 2차 동차함수(IRS), $k=1/2$이면($\lambda^{1/2}$) 1/2차 동차함수(DRS)라고 한다.

- λ^k를 $\Psi(\lambda)$와 같이 일반적인 함수의 형태로 정의하면 동조함수(homothetic function)라 한다. $\Psi(\lambda) Q_i = F(\lambda K_i, \lambda L_i)$. 동차함수는 동조함수의 부분집합으로 볼 수 있다.

- 동차함수와 동조함수의 경우는 요소가격이 변하지 않는 한 생산량이 바뀌어도 요소집약도는 바뀌지 않는다. 즉, 고정된 요소집약도 하에서 생산최적화($w/r = MP_L/MP_K$)가 달성된다.

- 그러나 비동조함수(non-homothetic function)의 경우는 생산량이 바뀌면 요소집약도가 바뀌어야 생산최적화가 달성된다. 즉, 동차함수나 동조함수처럼 생산량을 증가시킬 때 자본(K)과 노동(L)을 같은 비율로 증가시키면 생산비용이 더 많이 들어간다. 따라서 자본(K)과 노동(L)의 결합비율을 바꾸어야 한다. 그 결과 각 항(K항과 L항)의 차수가 동일하게 되지 않는다.

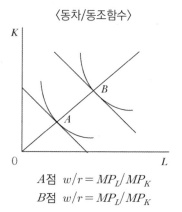

〈동차/동조함수〉

A점 $w/r = MP_L/MP_K$
B점 $w/r = MP_L/MP_K$

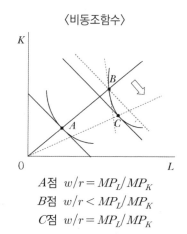

〈비동조함수〉

A점 $w/r = MP_L/MP_K$
B점 $w/r < MP_L/MP_K$
C점 $w/r = MP_L/MP_K$

1. 요소풍부(factor abundance)
2. 한계기술대체율(marginal rate of technical substitution)
3. 요소집약도(factor intensity)
4. 헥셔-오린 정리(Heckscher-Ohlin theorem)
5. 요소가격균등화 정리(factor price equalization theorem)
6. 스톨퍼-사무엘슨 정리(Stolper-Samuelson theorem)
7. 립친스키 정리(Rybczynski theorem)
8. 레온티에프의 역설(Leontief's Paradox)
9. 확대효과(magnification effect)
10. 인적자본(human capital)

▼ 연습문제

1. "A국은 최빈국이라서 수출할 상품이 없다. 자본이나 토지 그 어느 것 하나 풍부하지 않으며, 소국이라 노동력조차도 풍부하지 않다." 이 말이 옳은가? 옳지 않은가? 그 이유는?

2. 2국(A국, B국), 2재(자동차, 직물) H-O모형에서 A국의 K/L이 B국의 K/L에 비해 높다. A국은 자동차를 수출하고, B국은 직물을 수출하고 있다. 어느 재화가 자본집약적이고 어느 재화가 노동집약적인가? 그 이유는?

특정요소모형

6.1 의의

　　무역은 일국내의 소득분배에 상당한 영향을 미친다. 그런데 리카도 모형은 1요소 모형이므로 무역정책에서 수반되는 일국내의 생산요소간의 대내적인 소득분배 문제를 분석할 수 없다. 그러나 각 산업에 특정한 또는 고정된 생산요소를 갖는 특정요소모형(specific factors model, 이하 SF모형)을 이용하면 무역이 대내 소득분배에 미치는 효과를 분석할 수 있다.

　　한편, H−O모형을 이용하면 대내적인 소득분배 문제를 다룰 수 있지만 동 모형은 산업간 생산요소의 이동이 자유로운 장기모형이므로 단기적인 소득분배 문제를 다룰 수 없다. 여기서 장기란 모든 생산요소가 산업간 이동이 자유롭게 될 수 있는 기간을 의미하며, 단기란 적어도 한 요소가 특정산업에 고정되어 있는 기간으로 정의되고 있다. 장기는 분명 중요하며 분석의 대상이 될 만하다. 그러나 대부분의 경제적인 변화는 중대한 단기적인 결과를 가진다. 가령, 관세의 부과나 교역조건의 변화는 보다 단기에 있어서 경제 내의 소득분배에 커다란 영향을 미치게 된다.

　　SF모형은 1931년 J.Viner(바이너)에 의해 최초로 Ricardo모형의 한 변형[39]

---

39) 리카도모형은 1유동요소(노동) 모형이다. R−V모형(즉, 특정요소모형)에는 2산업에 각각의 고정된 요소가 있고, 하나의 유동요소(노동)가 있다. 그러나 R−V모형 역시 하나의 유동요

으로 논의되었다. 그래서 동 모형을 Ricardo—Viner 모형이라고도 한다. 그 후 1971년 R. Jones(존스)는 2재 3요소 모형으로 부르면서 수학적으로 공식화시켰으며, 1974년 Mussa(뭇사)는 기하학적인 방법을 이용하여 모형의 결과를 전개하였다.

6.2 가정

첫째, 의류(C)와 식량(F), 두 재화를 생산한다.

둘째, 2고정 1유동 요소를 가정한다. 자본(K)은 의류산업에 특정요소(spacific factor, 이하 SF)이고, 토지(T)는 식량산업에 특정요소이며, 노동(L)은 두 산업에 모두 사용가능한 유동요소이다.

셋째, 재화시장과 요소시장에는 완전경쟁이 지배적이다.

넷째, 규모에 대한 수확불변(CRS)을 가정한다.

다섯째, 완전고용을 가정한다.

6.3 생산함수

위 첫째와 둘째의 가정으로부터 다음과 같은 생산함수를 구할 수 있다.

$$Q_C = F_C(K, \ L_C)$$
$$Q_F = F_F(T, \ L_F) \tag{6.1}$$

다섯째 가정으로부터 다음 식을 얻는다.

소를 갖는다는 점에서 리카도 모형의 변형으로 해석되었다.

$$L = L_F + L_C \tag{6.2}$$

이윤방정식은 총수익에서 총비용을 공제하면 얻을 수 있다.

$$\Pi_C = P_C \cdot F_C(K, \ L_C) - wL_C - r_k K$$
$$\Pi_F = P_F \cdot F_F(T, \ L_F) - wL_F - r_T T \tag{6.3}$$

이윤극대화조건을 구하기 위해 L_F, L_C로 편미분하면 아래 식을 얻을 수 있다. 즉, 이윤극대화를 위한 기업의 최적고용전략은 임금과 노동의 한계생산물가치(value of marginal product; VMP_L)가 일치하도록 노동을 고용하는 것이다.

$$w = P_F \cdot MP_L^F = VMP_L^F$$
$$w = P_C \cdot MP_L^C = VMP_L^C \tag{6.4}$$

식 (6.1)로부터 노동의 총생산물(TP_L)곡선, 식 (6.4)로부터 노동의 한계생산물(MP_L)곡선과 노동의 한계생산물가치(VMP_L)곡선을 [그림 6-1]과 같이 그릴 수 있다.

생산함수 (6.1)은 CRS를 가정하지만 어느 한 요소를 고정시키고 다른 한 요소의 투입을 증가시키면 그 요소의 한계생산물(marginal product)은 체감한다. [그림 6-1](a)의 노동의 총생산물곡선의 기울기는 노동의 한계생산물인데, 이것은 [그림 6-1](b)에서처럼 체감한다. 즉, (한계)수확체감의 법칙(law of diminishing marginal returns)이 작용한다.

그림 6-1 **노동의** TP_L**곡선**/MP_L**곡선**/ VMP_L**곡선**

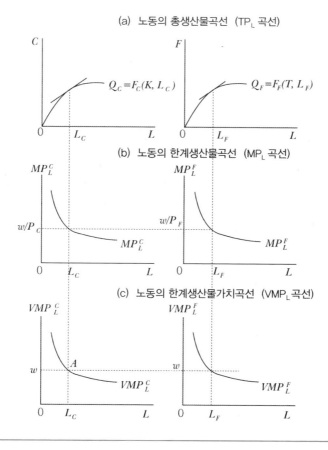

(a) 노동의 총생산물곡선 (TP_L 곡선)

(b) 노동의 한계생산물곡선 (MP_L 곡선)

(c) 노동의 한계생산물가치곡선 (VMP_L 곡선)

6.4 생산가능곡선

SF모형에서는 생산가능곡선이 어떤 모양일까? [그림 6−1](a)의 노동의 총생산물곡선과 일국의 노동부존량을 이용하여 PPF를 그릴 수 있다. [그림 6−2]는 SF모형의 PPF이다.

Ⅱ상한과 Ⅳ상한은 식량과 의류 산업의 노동의 총생산물곡선이며, Ⅲ상한은 일국의 총노동량의 산업간 배분을 나타내는 45°선이다. Ⅰ상한의 생산가능곡

선은 비용체증을 반영한다.

    D점은 모든 노동이 식량 산업에 배분될 경우($0A$) 식량의 최대 산출량이며, F점은 모든 노동이 의류 산업에 배분될 경우($0B$) 의류의 최대 산출량이다. 그리고 생산가능곡선상의 나머지 점들은 노동이 두 산업에 다양하게 배분될 경우 의류와 식량의 산출량을 나타낸다.

    특정요소모형에서 생산가능곡선이 원점에 대해 오목한 이유는 N에서 N'로 의류의 생산이 증가함에 따라 의류 산업의 MP_L^C은 점점 하락하고, 식량 산업의 MP_L^F은 점점 상승한다. 따라서 의류 생산을 증가시킴에 따라 식량 산업에서 보다 많은 노동이 의류 산업으로 유입되어 와야 하는데, 이것은 포기해야 하는 식량의 단위가 점점 더 증가함을 의미한다. 다시 말해, 의류 생산이 증가함에 따라 의류의 기회비용이 체증하므로 원점에 대해 오목한 생산가능곡선이 된다.

그림 6-2 **SF모형의 생산가능곡선**

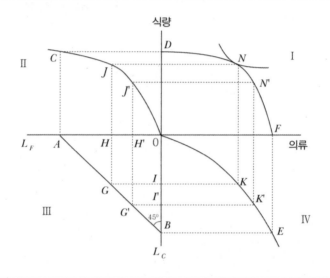

6.5 폐쇄경제하의 소득분배

[그림 6−2]에서 폐쇄경제하의 균형은 무차별곡선과 생산가능곡선이 접하는 N점에서 이루어진다. 노동의 산업간 배분은 Ⅲ상한의 G점에서 이루어진다. 균형요소가격에 대해서는 어떻게 말할 수 있는가? 균형에서 임금수준은 각 산업의 노동의 한계생산물가치(VMP_L)와 같다. 노동의 한계생산물(MP_L)은 식량산업의 경우 J점에서의 기울기이며, 의류산업의 경우 K점에서의 기울기이다. 그리고 의류의 상대가격(P_C/P_F)은 N점에서의 생산가능곡선의 기울기이다.

그림 6-3 **균형임금의 결정과 노동량의 배분**

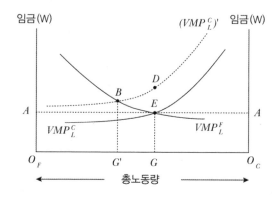

재화의 상대가격과 노동의 한계생산물이 결정되면 노동의 한계생산물가치가 결정된다. [그림 6−3]에서 VMP_L^F은 식량산업의 노동의 한계생산물가치이고, VMP_L^C은 의류산업의 노동의 한계생산물가치이다. 그런데 두 산업의 한계생산물가치가 일치하는 E점에서 산업간 노동의 배분(즉, 식량산업에 $0_F G$, 의류산업에 $0_C G$)과 균형임금(즉, $0_F A = 0_C A$)이 결정된다. 그리고 특정요소인 토지와 자본의 보수는 이들을 고용하고 있는 각 산업의 총수익에서 임금으로 지불하고 난 나머지에 해당한다. 가령, [그림 6−3]에서 식량산업의 총생산물가치 가운데서 임금으로 지불되는 $0_F AEG$를 제외한 나머지 윗부분이 토지의 보수에 해당한다.

6.6.1 자유무역이 소득분배에 미치는 영향

경제가 개방되면 어느 생산요소가 이익을 보고 어느 생산요소가 손해를 보는가? 세계시장에서 의류의 가격이 상대적으로 비싸다고 가정하자. 경제가 개방되면 의류 생산은 증가하고, 식량의 생산은 감소한다. 즉, [그림 6-2]에서 생산점이 N에서 N'로 이동한다.

[그림 6-3]에서 의류가격이 상승할 경우 의류산업의 노동의 한계생산물가치를 나타내는 VMP곡선이 VMP_L^C에서 $(VMP_L^C)'$로 상향 이동한다. 그런데 의류가격의 상승으로 노동의 한계생산물가치가 의류산업에서 높아졌기 때문에 노동이 식량산업에서 의류산업으로 이동한다. 그 결과 의류산업의 노동의 한계생산물가치는 당초(GD)보다는 다소 하락하고(GD에서 $G'B$로), 식량산업의 노동의 한계생산물가치는 상승하여 B점에서 새로운 균형을 이룬다. 따라서 노동은 이제 G'에서 각 산업에 배분되고 경제내의 명목임금은 상승한다.

의류가격의 상승으로 인해 토지, 자본, 노동의 보수가 어떻게 변화하는지 좀 더 구체적으로 살펴보자.

첫째, 의류산업에 특정한 요소인 자본의 소득은 증가한다. 왜냐하면 P_C가 상승할 경우 노동의 유입으로 의류산업의 자본의 한계생산성(MP_K^C)이 상승하므로 자본가의 명목소득은 증가한다(즉, $r_K = MP_K^C \cdot P_C$). 그런데 P_C의 상승보다 명목소득이 더 많이 상승하므로 자본가의 실질소득은 당연히 증가한다.

둘째, 식량산업에 특정한 요소인 지주의 소득은 감소한다. 왜냐하면 P_C가 상승할 경우(P_F는 편의상 불변이라고 가정) 의류산업으로의 노동의 유출로 식량산업의 토지의 한계생산성(MP_T^F)이 하락하므로 식량의 명목소득은 감소한다(즉, $r_T = MP_T^F \cdot P_F$). 그런데 P_F는 불변인데 토지의 명목소득이 감소하므로 실질소득은 당연히 감소한다.

셋째, 유동요소인 노동자의 실질소득은 노동자의 기호패턴에 따라 결정된다. 즉, $w = MP_L^C \cdot P_C = MP_L^F \cdot P_F$이므로 노동자의 명목소득은 증가한다. 그런데 의류를 선호하는 노동자는 의류가격(P_C)의 상승보다 명목임금(w)의 상승폭이 작으므로[40] 실질소득은 감소한다. 그러나 식량을 선호하는 노동자는 식량 가격은 불변인데 명목임금이 상승하므로 실질소득은 증가한다.

지금까지의 분석 결과를 일반화하면 다음과 같이 나타낼 수 있다. 요소부존 량은 불변이나 재화가격이 변할 경우 특정요소의 실질소득은 서로 반대 방향으로 변하며, 유동요소의 실질소득은 비교적 영향을 덜 받는다. 그리고 재화가격의 변화폭에 비해 요소가격의 변화폭이 더 커지는 확대효과(magnification effect)가 나타난다. 즉, $\%\Delta r_K > \%\Delta P_c > \%\Delta w > \%\Delta P_F > \%\Delta r_T$이다.

6.6.2 정책적 함의

법률의 제정이 재화가격과 관련이 있다면 두 특정요소는 서로 정반대의 입장을 취할 것이다. 가령, 19C 영국에 있어서 지주계급이 의회의 다수파를 이루던 때에는 곡물의 수입을 금지한 곡물법(Corn Laws)이 제정되었으며, 자본가들이 의회의 다수 의석을 차지하던 때에는 자유무역이 지배적이었다. 즉, 자유무역은 농산물가격을 하락시키고 공산품가격을 상승시키기 때문이다.

우리나라의 경우에도 토지소유자는 건설 등 서비스산업의 활성화에 찬성하여 왔다. 왜냐하면, 서비스가격의 상승은 서비스산업에 특정한 요소인 토지소유자의 소득을 상승시키기 때문이다. 한편, 자본가 즉, 제조업자는 서비스산업의 활성화 현상에 반대한다. 왜냐하면, 서비스산업의 활성화되면 서비스가격의 상승으로 제조업에 종사하는 노동자들이 서비스산업으로 이동하므로 제조업에 특정한 요소인 자본가의 한계생산물(MP_K)은 하락하여 자본의 보수인 임대료가 하락하기 때문이다.

6.6.3 무역정책은 소득분배에 영향을 미친다

지금까지의 분석을 통해 재화가격의 변화가 다양한 생산요소들의 소득에 불공평한 영향을 미친다는 것을 알았다. 가령, 모든 산업에서 고용될 수 있는 요

---

40) 의류가격(P_C)은 상승하지만 의류산업으로 노동이 유입되어 의류산업의 노동의 한계생산성 (MP_L^C)이 하락하므로 명목임금(w)의 상승폭은 P_C의 상승폭보다 작다.

소(SF 모형에서는 노동)는 교역조건의 변동에 의해 심각하게 영향을 받지 않을 것이다. 그러나 특정요소(이 모형에서는 토지와 자본)는 심각한 영향을 받는다. 상대가격이 하락하는 산업에만 사용되는 요소는 고용을 위해 다른 산업으로의 탈출구를 찾을 수 없다. 이와는 대조적으로 상대가격이 상승한 산업에만 사용되는 요소는 그들의 보수가 상당히 상승함을 발견한다. 이들은 다른 산업의 유사한 요소들과의 경쟁으로부터 보호를 받으며(가령, 직기는 식량산업에서는 사용될 수 없다), 또한 새롭게 이동해 온 요소(즉, 노동) 때문에 그들의 생산성이 올라가서 이익을 얻는다.

그러므로 재화의 상대가격에 영향을 미치는 정부정책(가령, 관세)은 다양한 요소들에 의해 서로 다르게 비춰질 것이다. 가령, 유리해진 산업에 종사하는 요소는 제안된 정부정책을 강하게 지지할 것이다. 그러나 경제의 나머지 부문에만 사용되는 요소는 분명 손해를 입을 것이다. 끝으로, 그런 정부정책에 별로 영향을 받지 않는 세 번째 요소(여기서는 노동)가 존재할 것이다. 사실상, 정치학자들이, 다른 그룹은 그렇지 않은데 일부 그룹들이 어떤 쟁점에 관해 적극적인 투표의사를 나타내지 않는 이유를 설명하고자 할 때 SF모형이 유용할 것이다. 따라서 재화가격에 영향을 미치는 정책치고 모든 그룹으로부터 환영을 받을 것이라고 기대해서는 안 될 것이다.

6.7 소규모개방경제에서 요소공급의 변화

일국의 자원이 정태적일 필요는 없다. 가령, 시간이 경과함에 따라 자본스톡이 증가하고, 토지도 개발되고, 인구성장에 의해 노동력도 증가한다. 여기서는 이러한 요소공급의 변화가 생산패턴과 요소소득에 어떤 영향을 미치는지를 소국 가정(즉, 재화의 상대가격에 변화가 없다는 가정)하에서 분석한다. 이러한 분석은 H−O모형에서는 무역패턴과 국가간 요소공급구성 간의 관계에 대한 논의[41]로

---

41) H−O모형의 Rybczynski 정리에서 노동이 증가하면 노동집약재의 생산이 증가하고 자본집약재의 생산이 감소한다. 이것은 노동이 풍부한 나라는 노동집약재 생산이 유리하므로 노동집약재를 수출하고 자본집약재를 수입하는 무역패턴이 된다는 것을 의미한다.

발전된다.

6.7.1 특정요소가 증가하는 경우

먼저, 생산요소 가운데 식량 생산에 사용되는 특정요소인 토지만 50% 증가하는 경우를 생각해 보자. 이러한 변화는 식량산업의 노동의 한계생산물(MP_L^F)을 증가시키므로 식량산업의 노동의 총생산물곡선[$Q_F = F_F(T, L_F)$]을 상향이동시킨다.

그림 6-4 **특정요소의 증가와 노동의 총생산물곡선의 이동**

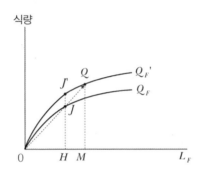

그러면 식량산업의 노동의 총생산물곡선은 어느 정도 상향 이동하는가? [그림 6-4]에서 최초에 식량산업에 0H의 노동이 고용될 경우 식량의 생산량은 HJ이다. 토지가 50% 증가함에 따라 식량생산은 HJ'로 증가한다. J'의 기울기가 J에서의 기울기보다 더 크다는 것은 토지의 증가로 인해 식량산업의 노동의 한계생산물이 증가하였기 때문이다. 이로 인해 노동이 의류산업에서 식량산업으로 이동해 갈 것이다. 만일 식량산업으로 노동도 50% 유입된다면(0H에서 0M으로) 규모에 대한 수확불변(CRS)에 의해 생산량 역시 50% 증가하고(HJ에서 MQ로), 노동의 한계생산물은 변함이 없을 것이다(즉, J의 기울기 = Q의 기울기). 따라서 식량산업의 노동의 총생산물곡선은 Q_F에서 Q_F'로 상향 이동한다.

[그림 6-2]에서 II상한의 식량산업의 노동의 총생산물곡선이 상향 이동함

에 따라 Ⅰ상한의 생산가능곡선은 분명 외곽으로 확대될 것이다. 가령, 노동의 이동이 없을 경우 의류생산은 변화가 없지만 식량생산은 50%의 토지 증가로 인해 [그림 6-4]에서처럼 HJ대신 HJ'로 증가한다. 따라서 새로운 생산가능곡선은 [그림 6-5]의 점선과 같이 외곽으로 확대될 것이다.

그림 6-5 **특정요소의 증가에 따른 PPF의 상향 이동**

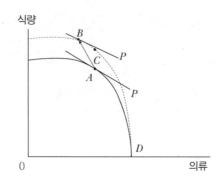

확대된 생산가능곡선의 특성을 다음과 같이 요약할 수 있다.

첫째, 새로운 생산가능곡선은 의류 생산에 완전특화하는 D점을 제외하고는 성장전의 생산가능곡선 외곽으로 확대된다.

둘째, A점이 성장전의 생산가능곡선의 생산점을 나타낸다면 A점에서의 기울기와 동일한 새로운 생산가능곡선상의 B점은 A점의 북서쪽 방향에 위치한다. 그리고 A점에서 B점으로의 경로를 립친스키 라인(Rybczynski line)이라 한다.

두 번째 특성을 이해하기 위하여 50%의 토지 증가가 식량산업의 노동의 한계생산물가치에 미치는 효과를 고려해 보자. 소국가정 하에서 재화가격이 불변인 경우(즉, A의 기울기와 B의 기울기는 같음) 토지의 증가는 [그림 6-3]의 VMP_L^F 곡선을 우측으로 이동시킨다. 따라서 임금은 상승하고, 노동이 의류산업에서 식량산업으로 이동해 감으로써 의류생산은 감소하고 식량생산은 증가한다.

이제 식량산업에 특정요소인 토지의 증가가 소득분배에는 어떤 영향을 미치는지 살펴보기로 하자.

첫째, 재화가격은 불변인데 토지의 한계생산물 하락으로 지주의 명목소득이 감소하므로(즉, $r_T = MP_T^F \cdot P_F$) 지주의 실질소득은 감소한다(즉, r_T/P_F 하락).

둘째, 재화가격은 불변인데 자본의 한계생산물 하락으로 명목임대료가 감소하므로(즉, $r_K = MP_K^C \cdot P_C$) 자본가의 실질소득은 감소한다(즉, r_K/P_C 하락).

셋째, 재화가격은 불변인데 양 산업의 노동의 한계생산물 상승으로 명목임금이 증가하므로(즉, $w = MP_L^F \cdot P_F = MP_L^C \cdot P_C$) 노동자의 실질소득은 증가한다(즉, w/P_F & w/P_C 상승).

6.7.2 노동이 증가하는 경우

이번에는 노동이 증가하는 경우를 보자. 노동의 증가로 인해 [그림 6-2]의 III상한의 45°선이 외곽으로 확대되므로 I상한의 생산가능곡선이 일률적으로 확대된다. 따라서 재화가격이 불변인 경우 두 재화의 생산은 모두 증가한다. 그리고 노동의 증가가 소득분배에 미치는 효과는 다음과 같다.

첫째, 노동자의 실질소득: 노동의 증가로 양 산업의 노동의 한계생산물이 하락하므로 노동자의 명목 및 실질소득은 감소한다.

둘째, 자본가의 실질소득: 노동의 증가로 의류산업의 자본의 한계생산물이 상승하므로 자본가의 명목 및 실질소득은 증가한다.

셋째, 지주의 실질소득: 노동의 증가로 식량산업의 토지의 한계생산물이 상승하므로 지주의 명목 및 실질소득은 증가한다.

6.7.3 정책함의

재화가격은 불변이나 요소부존량이 변할 경우 특정요소의 실질소득은 유동요소의 실질소득과 정반대 방향으로 변화한다.

위의 결과에 의하면 두 특정요소, 가령 자본가와 지주는 정치적 제휴를 하여 이민 유입을 촉진시킬 가능성이 높다. 반대로 노동자들은 이민을 제한하고자 할 것이다. 가령, 1920년대 미국은 노조의 압력으로 이민을 제한하였다. 우리나라도 최근 불법 해외근로자가 증대됨에 따라 제조업자는 찬성하고 노동자는 반대하였다. 지금은 제한적인 범위 내에서 법적으로 근로를 허용하고 있다.

6.8 무역패턴

무역패턴을 결정하는 요인은 무엇인가? 리카도 모형에서 논의한 바와 같이 무역패턴은 무역전 국가간 재화의 상대가격의 차이에 의해 결정된다. 그런데, 재화의 상대가격은 각국의 수요와 공급에 의해 결정되므로 무역패턴은 국가간 수요와 공급의 차이에 달려 있다. 수요와 공급에 영향을 미치는 요인으로는 기호, 기술, 요소부존도 등이 있다.

지금까지 자본과 토지가 특정요소라고 가정하였다. 그러나 이 절에서는 자본 K_1(X재에 특정한 요소)과 자본 K_2(Y재에 특정한 요소)가 특정요소이고, 노동은 유동요소라고 가정하자. 그리고 자국은 자본이 풍부한 나라이고 외국은 노동이 풍부한 국가라고 가정한다.

H−O모형에 의하면 장기적으로는 자국은 자본집약적인 재화를 수출하고 (가령, Y재가 자본집약재이면 Y재를 수출함), 외국은 노동집약적인 재화를 수출할 것이다. 그러나 단기적으로는 자국이 어느 재화를 수출할 것인가는 어느 산업의 K/L 비율이 높은가에 달려있다. 즉, 그 나라가 자본풍부국이든 노동풍부국이든 상관없이 그 나라에 어떤 특정요소가 풍부한가에 달려있다. 왜냐하면, 특정요소가 많은 산업일수록 유동요소인 노동의 투입이 많을 것이고, 유동요소의 투입이 많을수록 생산이 많을 것이기 때문이다.

그러나 서두에서 언급한 바와 같이 SF모형은 단기모형이다. 무역패턴은 일국 경제의 장기적인 현상을 나타내므로 SF모형으로 무역패턴을 설명하는 것은 적절하지 않다.

6.9 네덜란드 병

6.9.1 전통적인 수출부문

70년대와 80년대의 에너지 위기와 이에 따른 몇몇 세계 교역재 및 원자재

가격의 큰 변동은, 가격에 큰 변동이 없었던 다른 수출부문에 갑작스런 침체현상을 야기시켰는데, 유럽에서는 이러한 현상을 "네덜란드 병(Dutch Disease)"이라고 불렀다. 즉, 네덜란드에서는 천연가스 생산부문이 빠르게 발전하여 전통적인 수출부문(즉, 제조업)에 압박을 가했으며, 이와 유사하게 노르웨이와 영국에서는 석유매장량이 개발되었으며 이로 인해 이들 나라의 제조업은 심각한 곤경에 빠졌다.

우리는 6장의 단순모형을 이용하여 네덜란드 병의 중요한 특징들을 나타낼 수 있다. 많은 산업들이 세계시장을 겨냥하여 생산을 하고 있으며, 노동은 산업간 이동이 자유로우며, 노동은 특정요소와 결합되고 공급은 고정되어 있다고 가정한다. 지금까지는 토지와 자본이 특정요소라고 가정하였다. 그러나 이 절에서는 각 산업은 자신의 산업에서만 사용되는 자본장비(및 경영기술)를 가진다고 가정하자. 따라서 그러한 자본이 다른 부문으로 이전되는 데에는 약간의 시간이 경과하여야 할 것이다.

이제 이들 부문 가운데 어느 한 재화의 세계시장가격이 상승한다고 가정하자. 식량과 의류 2모형의 주요 특징들이 쉽게 다(多)부문의 경우로 일반화된다. 특히, 경기가 좋아진 부문에서만 특정하게 사용된 요소의 보수는 재화가격보다 더 큰 폭으로 상승한다. 더욱 중요한 사실로는 임금수준이 상승하며, 이러한 임금상승은 가격상승을 경험하지 않은 다른 모든 교역재 부문을 압박한다는 것이다. 리카도 모형이라면 임금이 상승할 경우 어느 교역재부문이 고정된 세계가격에 직면한다면(즉, 소국가정) 압박받는 산업은 완전히 붕괴되어 버릴 것이다.[42] 그러나 특정요소모형에서는 압박받는 산업의 특정요소의 보수가 낮아질 수만 있다면 그 산업은 생존할 수 있을 것이다. 그리고 경기가 좋아진 부문의 가격상승에 의해 촉발된 임금상승은 여러 다른 교역재 부문의 '이윤'(또는 특정요소인 자본가 및 경영자의 보수)에도 압박을 가한다.

[그림 6-6]은 '네덜란드 병'을 보여주고 있다. 세계시장에서 불변가격 $\overline{P}$에

---

42) 다재 다국의 리카도모형에서는 노동의 한계생산물가치(VMP_L)가 가장 높은 산업의 재화(가령, X재)만 생산된다. 그런데 다른 산업(가령, Y산업)에서 기술진보가 이루어지고 Y산업의 한계생산물가치가 X산업보다 더 높아진다면 이번에는 Y재만 생산되고 X재의 생산은 제로가 된다. 즉, X재에서는 Y산업만큼의 임금(노동의 한계생산물가치)을 줄 능력이 되지 않기 때문에 즉, 임금상승의 압박을 전가시킬 수 없기 때문에 폐업을 하지 않을 수 없다. 이렇듯 리카도모형은 단순하면서도 극적인 모형이다.

직면하는 어느 한 전형적인 전통적 수출부문은, 고정된 자본량에 보다 많은 노동을 결합시켜야만 산출량을 증가시킬 수 있기 때문에 우상향하는 공급곡선을 가진다. 그런데 다른 수출부문에서의 경기활성화는 임금을 상승시키며, 이로 인해 경제의 여타 다른 부문 전체가 비용 상승의 압박을 받는다. 따라서 전통적 수출부문의 공급곡선은 S'로 상향 이동하고, 이 부문의 재화가격이 상승하지 않는 한 특정요소의 보수는 압박을 받으며, 산출량은 $0A$에서 $0D$로 감소한다.

그림 6-6 네덜란드 병

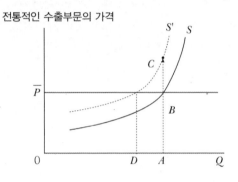

6.9.2 비교역재부문

4장의 리카도 모형에서는 높은 수송비로 인해 교역이 어려운 비교역재부문이 소개되었다. 특정요소 모형에서도 비교역재부문을 모형에 포함시킬 수 있다.

어느 한 수출부문이 확대되면서 임금을 상승시킬 때 비교역재부문 또한 비용 상승을 경험한다. 그러나 비교역재부문은 교역재부문과는 달리 소비자가격이 상승한다.

그림 6-7 **비교역재의 비용 및 가격 변화**

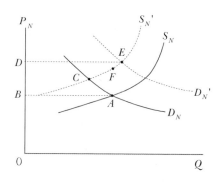

[그림 6-7]에서 비교역재의 공급곡선이 임금상승으로 S_N에서 $S_N{'}$로 상향 이동되었다. 수요의 변화가 없다면 이러한 비용 상승은, 산출량 및 가격을 A에서 C로 변경시키면서 부분적으로 소비자에게 전가된다. 그러므로 비교역재부문은 소비자에게 비용 상승을 전가시킬 수 없는 다른 전통적인 수출부문에 비해 비교적 어려움을 덜 겪는다. 또한 비교역재의 수요가 증가하면 비교역재부문은 더욱 상황이 좋아질 것이다. 가령, 세계가격의 상승에 의해 유발된 수출 붐이 일어날 경우 교역조건이 개선되고 이로 인해 실질소득이 증가한다. 이것은 부분적으로 비교역재의 수요를 증가시킬 수 있다. 더구나 수출재가격의 상승으로 인한 대체효과 때문에 비교역재의 수요가 증가할지 모른다. [그림 6-7]에서는 수요곡선이 소득효과와 대체효과에 의해 D_N에서 $D_N{'}$로 이동한 결과 당초의 비용 상승에 해당하는 부분(즉, AF)보다 더 큰 폭으로 가격이 상승하였다. 이 경우 비교역재의 산출량은 사실상 확대되고, 비교역재부문에 특정한 요소의 보수는 증가할 것이다.

- 90년대 한국경제는 한마디로 "탈제조업-서비스산업화의 경향과 수출정체 현상"으로 표현할 수 있다. 특정요소모형을 이용하여 우리 경제의 이러한 현상과 요소의 소득분배의 변화를 설명할 수 있다.
- 우리경제가 교역재부문(제조업부문)과 비교역재부문(서비스부문)으로 구성되어 있다고 가정해 보자. 1985년의 유가하락 및 1987년 이후의 임금인상은 비교역재 즉, 서비스부문의 가격을 상대적으로 상승시켰다.[44] 비교역재가격의 상승은 노동을 제조업에서 서비스부문으로 이동시켰다. 그 결과 서비스부문에 특정한 요소인 토지소유자의 소득은 상승하고, 제조업부문에 특정한 요소인 자본가의 소득은 하락하였다. 이는 제조업부문의 생산 및 투자를 위축시키고, '탈제조업-서비스산업화'를 야기시켜 결과적으로 수출정체 현상을 초래하였다.
- 당시 재화가격의 변화가 요소소득에 과연 어떠한 영향을 미쳤는지 알아보기 위해 1985~1990간의 요소소득의 변화를 관찰한 결과, 교역재에 특정한 요소인 자본가의 보수(r_T)의 대용변수인 금속제품·기계 및 장비의 도매물가지수가 11.4% 상승하였으며, 임금(w)은 40.3% 상승하였다. 그리고 비교역재에 특정한 요소인 토지 및 건물소유자(r_N)의 대용변수인 평균지가 또는 집세가 56.8% 상승하였다. 여기서도 $\%\Delta r_T < \%\Delta P_T < \%\Delta w < \%\Delta P_N < \%\Delta r_N$와 같은 확대효과가 나타났다(여기서 P_T는 교역재의 가격, P_N은 비교역재의 가격). 따라서 경제내의 단기적인 소득분배의 변화는 특정요소모형의 결과와 일치하고 있음을 알 수 있다.

1991.11 진주신문 칼럼

6.10 결론

- SF모형에서 기초적인 기술적 특성은, H−O모형에서처럼 요소의 집약도가 아니라 요소의 이동성(mobility) 대(vs.) 요소의 특정성(specificity)이다. 생산요소의 구별은 이와 같은 기초위에서 이루어진다. 그리고 특성요소들

---

43) 50년대 이후 한국이 최초로 무역수지흑자를 보인 해가 1986년이었으며, 그 후 4년간 무역수지흑자를 기록하다가 90년 이후 약 7년간 다시 적자를 보였다. 당시 대부분의 경제학자들은 그 이유를 세계경제의 경기침체 현상 때문이라고 하였는데, 당시 수출이 정체된 현상을 SF모형을 이용하여 설명할 수 있다.

44) 임금인상 시 제조업의 경우는 노동을 자본으로 대체하는 것이 용이하나 서비스부문의 경우는 제조업에 비해 자본으로의 대체가 어렵다. 또한 유가의 하락은 제조업의 생산비를 하락시키므로 상대적으로 서비스재의 가격이 상승한다.

이 존재한다는 것은 이들이 경제 내에서 서로 다른 가격을 갖는다는 것을 의미한다.

- H−O모형에서는 요소가격은 재화가격에 의해서만 결정되며 요소의 실질소득은 재화가격이 변화할 경우 예측 가능한 방향으로 변화한다. SF모형에서는 비록 SF의 보수는 재화가격 변화와 분명 관련이 있지만 유동요소인 노동의 보수는 그렇지 않다. 즉, 재화가격의 변화로 노동자가 이익을 얻을 것인지 손해를 입을 것인지는 그들의 소비패턴에 달려 있다.
- 요소부존량의 증가 또한 SF모형에서는 다소 다른 효과를 갖는다. 가령, 특정요소의 증가는 이 요소를 사용하는 재화의 산출량을 반드시 증가시킨다. 그러나 유동요소의 증가는 반드시 두 재화의 생산을 증가시킨다. 이때 어느 재화의 생산이 더 많이 증가하느냐는 생산함수의 특성과 특정요소의 부존량의 크기에 의해 결정될 것이다.[45]
- SF모형은 경제의 단기적인 소득분배 변화를 설명하고 예측하는 데에는 매우 유용한 이론이지만 경제의 장기적인 현상인 무역패턴을 설명하고 예측하는 데에는 다소 부적절한 이론이다.

주요용어

1. 한계생산물가치(VMP)
2. 수확체감의 법칙(law of diminishing returns)
3. 확대효과(magnification effect)
4. 네덜란드 병(Dutch disease)

---

45) 가령, 노동의 생산성이 더 높은 산업의 생산이 더 많이 증가할 것이며, 부존량이 많은 특정요소를 사용하는 산업일수록 산출량이 많을 것이다.

1. H-O모형과 S-F모형의 생산가능곡선은 모두 원점에 대해 오목하다. 즉, 기회비용이 체증한다. 그러나 그 이유는 다르다. 이를 설명하여 보시오.

2. SF모형에서 어느 한 재화가격이 상승한다고 가정하자. 그런데 유동요소인 노동자의 수가 각 산업에 당분간 고정되어 있다고 가정하자. 다음 물음에 답하시오.
   (1) 각 산업의 노동의 한계생산물은 어떻게 변하는가?
   (2) 각 산업의 기업들이 노동자에게 기꺼이 지불하려고 하는 임금은 어떻게 변하는가?
   (3) 이제 노동이 산업간 이동이 자유롭게 이동한다면 어떤 변화가 일어나겠는가?

3. 미국은 1920년대 노동조합의 파워가 강화되면서 이민법이 제정되었다. 그 이유를 SF모형을 이용하여 설명하여 보시오.

4. 자유무역이 소득분배에 미치는 장·단기효과를 H-O모형과 SF모형을 이용하여 설명하시오.

5. 정부가 재화가격에 영향을 미치는 무역정책을 실시할 경우 특정요소와 유동요소는 어떤 반응을 보이겠는가?

6. SF모형에서 교역재부문과 비교역재부문이 존재한다고 가정할 경우 교역재 가격의 상승으로 인해 비교역재의 가격 및 생산은 어떤 영향을 받는가? 다양한 경우를 고려하여 설명하여 보시오.

규모의 경제와 국제무역

7.1 신무역이론

    Ricardo모형이나 H-O모형과 같은 전통적인 비교우위이론들은 완전경쟁 시장구조를 가정하고 있다. 그러나 현실적으로는 독점, 과점, 독점적 경쟁 등과 같이 불완전경쟁 시장구조가 지배적이다. 7장에서는 불완전경쟁 시장구조를 발생시키는 중요한 원인이 되는 규모의 경제하에서의 무역모형을 연구하기로 한다.

    다시 말해, 생산에 있어서 규모의 경제 때문에 생길 수 있는 효율성 개선이 무역 발생을 위한 하나의 중요한 동기가 된다. 비록 경제학자들은 오래전에 규모의 경제 효과에 대해 언급하였지만 1980년대 이후에야 무역모형에 규모의 경제를 도입하였다. 이러한 무역이론을 전통적 무역이론과 구별하여 "신무역이론"으로 분류한다.

7.2 규모의 경제

    규모의 경제(economies of scale)는 내부적 규모의 경제(internal economies of scale)와 외부적 규모의 경제(external economies of scale)로 구분할 수 있다.

내부적 규모의 경제는 개별기업수준(firm level)에서 발생하는 것으로 한 기업의 크기가 커질수록 추가적으로 투입되어야 하는 요소의 투입량, 즉 단위생산비용이 감소하는 현상을 말한다. 반면, 외부적 규모의 경제는 추가적 요소투입의 감소가 개별기업의 크기와는 상관없이 산업의 크기가 커질 때, 즉 산업수준(industry level)에서 생기는 현상을 말한다. 가령, 미국의 실리콘밸리에 집중된 반도체산업, 뉴욕에 집중된 투자은행산업, 할리우드에 집중된 위락산업은 외부적 규모의 경제효과를 누리는 대표적인 사례라고 볼 수 있다.[46]

위 두 가지 형태의 규모의 경제는 시장구조에 대해서 서로 다른 의미를 지닌다. 가령, 내부적 규모의 경제가 있게 되면 기업의 크기가 커질수록 생산에 유리해지므로 재화시장은 하나 혹은 몇몇의 기업에 의해 지배되기가 쉽다. 그러므로 시장은 완전경쟁이 아닌 불완전경쟁의 형태가 되기 쉽다. 이에 반해 순수하게 외부적 규모의 경제가 있는 경우에는 당해 산업 내에서 규모가 큰 기업이라도 작은 기업에 비해 유리할 것이 없으므로 그 산업은 수많은 경쟁적인 작은 기업들로 이루어지게 된다. 그러므로 그 산업의 재화시장은 완전경쟁적인 성격을 지니기 쉽다.

7.3 Kemp 모형

리카도 모형과 헥셔-오린 모형과 같은 전통적인 비교우위이론은 무역발생의 원인을 기술의 차이와 요소부존도의 차이 등과 같이 공급측면이 서로 다른 나라들, 다시 말해, 경제구조가 상이한 나라들 간의 무역을 설명하고 있다. 그러나 현실적으로 공급조건이 유사한 나라들 간에도 무역이 활발히 이루어지고 있는데, 이러한 무역현상을 설명하는 데에는 전통적인 비교우위이론으로는 한계가 있다.

1964년 M. C. Kemp(켐프)는 규모의 경제가 존재하는 경우 동일한 공급조건을 가진 나라들 간에도 무역이 발생할 수 있음을 보여주었다. 자국과 외국은

---

46) 외부적 규모의 경제가 존재할 수 있는 이유로는 ① 전문장비 및 용역의 입수용이, ② 공동 노동시장의 운영, ③ 지식확산의 효과를 들 수 있다.

모든 면에서 동일하다고 가정하자. 따라서 [그림 7-1]에서 두 나라의 생산가능 곡선과 무차별곡선은 동일하다. PPF가 원점에 대해 볼록한 것은 기회비용이 체감하는 것을 의미한다. 이것은 두 산업에 외부적 규모의 경제가 있음을 보여 준다. 다시 말해, 산업의 크기가 커질수록 추가적으로 투입되어야 하는 요소의 투입량이 감소한다.

양국은 모든 면에서 동일하다고 가정하였으므로 무역전 폐쇄경제하에서 양국의 생산점과 소비점은 E_A이며 상대가격은 P_A이다. 양국의 상대가격이 동일하므로 비교우위에 입각한 무역은 발생하지 않는다. 그러나 규모의 경제가 존재하기 때문에 양국이 각기 다른 산업에 특화하여 무역한다면 두 나라 모두 무역으로부터 이익을 얻을 수 있다. 가령, 자국은 X재 생산에 특화하고 외국은 Y재 생산에 특화하면 완전특화가 이루어질 때까지 규모의 경제효과로 인해 생산비가 지속적으로 하락한다.

무역 후 교역조건이 무역전과 동일함에도 불구하고 새로운 소비가능선상의 E_F에서 소비가 가능하므로 두 나라 모두 무역으로부터 이익을 얻을 수 있다.

그림 7-1 **규모의 경제와 국제무역**

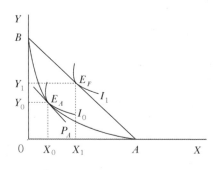

7.4 Krugman의 독점적 경쟁모형

7.4.1 독점적 경쟁과 산업내무역

제품이 동질적이고 완전경쟁시장을 가정하는 전통적 무역모형에서는 비교우위를 갖는 재화는 수출하고 비교열위를 갖는 재화는 수입하는 산업간무역(Inter-Industry Trade)이 이루어진다. 즉, 이종(異種)산업 간에 한 방향의 무역이 이루어진다. 그러나 현실적으로는 제품차별화로 시장이 독점적 경쟁구조를 띠면서 동종(同種)산업 내에서의 양방향 무역, 즉 산업내무역(Intra-Industry Trade)[47]이 활발히 이루어지고 있다. 이러한 무역현상은 제2차 세계대전 이후 세계 각국이 산업화되고 소득수준이 높아지면서 선호가 다양화됨에 따라 그 비중이 더욱 높아지고 있다.

산업내무역의 예는 현실세계에서 쉽게 발견할 수 있다. 가령, 한국은 세계 각국에 자동차를 수출하면서 동시에 외국산 자동차를 수입하고 있다. 이러한 산업내무역의 발생은 국제무역의 발생 원인이 국가간 기술의 차이나 또는 요소부존도의 차이가 아닌 다른 어떤 요인이 있음을 말해 준다. 최근의 연구에 의하면 제품차별화, 선호의 다양성, 규모의 경제 등의 역할이 강조되고 있다.

여기서는 산업내무역 현상을 설명하려는 무역모형 가운데 '(내부적) 규모의 경제' 원리를 차별화된 재화(differentiated commodity)의 무역에 적용한 P. R. Krugman(크루그만)의 독점적 경쟁모형을 소개한다. 그는 1979년(이어서 1980년과 1981년) 독점적 경쟁시장 하에서 제품차별화와 규모의 경제가 산업내무역을 발생시키는 원인임을 주장하였다. 크루그만의 모형은 독점적 경쟁이론의 창시자인 E. H. Chamberlain(챔벌린)의 이름을 따서 신(新)챔벌린모형이라고도 한다.

---

47) 산업내무역은 1960년 P. J. Verdoon에 의해 최초로 연구된 이후 측정, 이론, 검정 3가지 방향으로 연구되어 왔다. 기본적인 산업내무역의 측정방법은 당해산업의 총무역액에서 무역중복액이 차지하는 비중이다. 즉, $IIT_j = 1 - |X_j - M_j|/(X_j + M_j)$이다.

7.4.2 Krugman의 모형: 기하학적인 설명

(1) 가정

첫째, 다수의 기업들이 차별화된 재화를 생산한다.

둘째, 기업의 진입 및 탈퇴가 자유롭다.

셋째, 한 산업내의 각 기업들은 서로 대칭적이라고 가정한다. 즉, 각 기업은 차별화된 재화를 생산하지만 이들 기업의 평균 및 한계비용함수는 동일하며, 이들이 생산한 제품들에 대한 수요곡선 또한 동일하다고 가정한다.

넷째, 생산에 있어서 내부적 규모의 경제가 존재한다. 즉, 조업규모가 확대될수록 기업의 평균비용이 감소한다고 가정한다.

(2) 독점적 경쟁과 폐쇄경제

[그림 7－2]는 독점적 경쟁하에서 무역전 어느 한 기업의 장기균형을 보여주고 있다. 기업은 이윤을 극대화하기 위해 한계수익과 한계비용이 일치하도록 ($MR = MC$) 가격(P_1)과 생산량(Q_1)을 결정한다.

독점적 경쟁하에서 기업은 단기적으로는 초과이윤을 얻을 수 있을지 모른다(즉, $P > AC$). 그러나 장기적으로는 기업의 진입이 자유롭기 때문에 초과이윤은 사라진다. 즉, 기업의 진입이 많아지면 개별기업이 직면하는 시장의 크기는 작아진다.

그림 7－2 **폐쇄경제하의 독점적 경쟁기업의 균형**

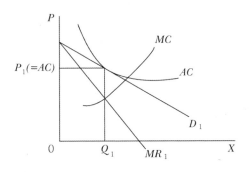

따라서 시장의 크기를 나타내는 수요곡선 D_1이 왼쪽으로 위축되면서 장기적으로는 [그림 7-2]에서처럼 평균비용곡선(AC)과 접하는 점에서 균형이 이루어진다. 다시 말해, 이 기업은 $P_1(= AC)$의 가격에서 Q_1을 생산하며, 더 이상 초과이윤을 얻지 못한다.

(3) 독점적 경쟁과 국제무역

무역이 발생하면 국내시장과 해외시장이 하나가 된다. 차별화된 재화의 생산에 규모의 경제가 존재하므로 각국이 모든 다양성(varieties)을 다 생산할 필요는 없다. 그러므로 산업내특화(intra-industry specialization)가 이루어지며, 산업내무역이 발생한다.

그림 7-3 **자유무역하의 독점적 경쟁기업의 균형**

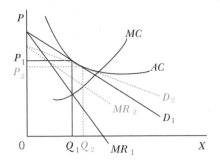

무역 후 소비자에게 입수 가능한 다양성의 증가로 인해 개별기업의 수요곡선은 D_1에서 D_2로 보다 탄력적으로 바뀐다. 소비자들은 선택 가능한 다양성의 숫자가 많아졌으므로 가격변화에 대해 보다 민감한 수요의 반응을 보이기 때문이다.

무역 후 개별기업은 [그림 7-3]에서처럼 $MR_2 = MC$가 되도록 가격과 산출량을 결정한다. 즉, 규모의 경제로 인해 평균비용이 하락하므로 개별기업은 가격을 P_1에서 P_2로 낮추고, 산출량은 Q_1에서 Q_2로 증가시킨다.

크루그만의 모형에서는 개별기업의 산출량은 증가하였지만 산업내특화로 퇴출되는 기업이 생기므로 산업전체의 산출량이 증가하였는지는 정확히 알 수 없다.

7.4.3 Krugman의 모형: 수요함수를 이용한 설명

우리는 전형적인 독점적 경쟁기업이 당면하고 있는 수요를 다음과 같이 설명할 수 있다. 즉, 일반적으로 어느 산업의 생산물에 대한 총수요가 크고, 경쟁기업이 책정한 가격이 높을수록 그리고 산업내 경쟁기업의 수가 적을수록 그 기업의 판매량은 많아질 것으로 예상할 수 있다. 이를 함수의 형태로 나타내면 식 (7.1)과 같다.

$$Q = S \times [1/n - b \times (P - \overline{P})] \tag{7.1}$$

위의 식에서, Q는 기업의 판매량, S는 산업의 총판매량, n은 산업 내의 기업 수, P는 기업이 책정한 가격, $\overline{P}$는 산업의 평균가격, b는 $P - \overline{P}$의 차이가 기업의 판매량에 미치는 반응을 나타내는 상수항($0 \leq b \leq 1$)이다.

(1) 기업의 수와 평균비용

산업에 기업의 수가 많을수록 규모의 경제효과를 상실하여 평균비용은 증가한다. 앞의 세 번째 가정에서 모든 기업은 동일한 수요곡선과 비용곡선을 가진다고 가정하였으므로 균형에서 모든 기업은 동일한 가격을 책정한다. 즉, $P = \overline{P}$이다. 따라서 (7.1)식은 $Q = S/n$가 되므로 평균비용(AC)은 다음과 같다.

$$C = F + cQ$$
$$AC = C/Q = F/Q + c = F(n/S) + c \tag{7.2}$$

위의 식에서 C는 총비용, AC는 평균비용, F는 고정비용, cQ는 가변비용이다.

식 (7.2)에서 기업의 수(n)와 평균비용(AC)과의 관계는 [그림 7-4]의 CC 곡선이 된다. 즉, 기업의 수가(n) 많을수록 평균비용은 높아진다.

(2) 기업의 수와 가격

한 산업에 기업의 수가 많아질수록 경쟁이 치열해져 가격은 떨어진다. 기업

의 수와 가격과의 관계를 알아보기 위해 식 (7.1)을 아래와 같이 바꾸어 보면

$$P = 1/nb + \overline{P} - Q/Sb \tag{7.3}$$

가 되고, 이로부터 이 기업이 얻는 총수입(total revenue; TR)은

$$TR = PQ = (1/nb + \overline{P} - Q/Sb)Q \tag{7.4}$$

가 될 것이다. 따라서 한계수입(marginal revenue; MR)은,

$$
\begin{aligned}
MR = dTR/dQ &= 1/nb + \overline{P} - 2Q/Sb \\
&= (1/nb + \overline{P} - Q/Sb) - Q/Sb \\
&= P - Q/Sb
\end{aligned}
\tag{7.5}
$$

가 된다. 한편, 이윤극대화를 위해 기업은 한계수입과 한계비용(여기서, c)을 같게 놓으므로,

$$MR = P - Q/Sb = c \tag{7.6}$$

가 만족되어야 하고, 이를 정리하면,

$$P = c + Q/Sb \tag{7.7}$$

가 된다. 그런데 모든 기업이 같은 가격을 책정한다면 위에서 언급한 것처럼 개별기업의 판매량은 $Q = S/n$이 될 것이므로 기업의 수와 가격과의 관계는 다음 식과 같다.

$$P = c + 1/nb \tag{7.8}$$

위의 식에서 기업의 수(n)와 가격(P)과의 관계는 [그림 7-4]의 PP곡선처럼 반비례 관계가 된다.

(3) 독점적 경쟁시장의 균형

독점적 경쟁시장에서 기업의 수와 가격은 2개의 관계에 의해 결정된다. 첫째, 기업이 많을수록 경쟁이 치열해져서 가격이 싸진다(PP곡선). 둘째, 기업이 많을수록 각 기업의 판매량이 줄어들므로 평균비용은 높아진다(CC곡선). 가령, $PP > CC$이면 이윤이 많아 새로운 기업들이 진입하므로 E에서 균형을 이루게 되며, $PP < CC$이면 손실이 발생하여 기업들은 산업을 떠나므로 역시 E에서 균형을 이루게 된다.

그림 7-4 **독점적 경쟁과 균형**

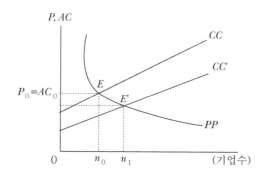

(4) 독점적 경쟁과 무역

무역이 시작되면 시장규모가 증가하는 효과가 발생한다. 식 (7.2)에서 시장규모의 증가로 S가 커지므로 평균비용이 감소한다. 따라서 CC곡선은 CC'곡선이 되면서 가격이 하락하고 기업의 수가 증가한다. 기업의 수가 증가한다는 것은 제품의 다양성(varieties)이 증가함을 의미한다.

완전경쟁시장하의 무역에 비해 독점적 경쟁시장하의 무역은 일반적으로 경제적 효율성의 개선, 즉 생산 및 소비의 효율성 개선으로 인한 무역이익 이외에도 소비에 있어서 다양성의 증가로 인한 이익, 규모의 경제로 인한 이익, 산업내 특화로 인한 구조조정비용의 절약, 그리고 경제그룹들 간의 갈등요인 감소 등의 이익이 추가된다.

첫째, 상품의 다양성이 증가하므로 소비자의 선택의 폭이 넓어진다.

둘째, 자유무역은 시장에서 판매되는 모든 다양성의 가격을 인하시킨다. 즉, 규모의 경제로 인해 각 기업은 보다 낮은 평균비용으로 다양성을 생산하기 때문에 소비자들은 모든 다양성을 무역전보다 더 싼 가격으로 소비할 수 있다.

셋째, 산업내특화가 이루어지므로 산업간특화에 비해 구조조정비용이 적게 든다.

넷째, 산업내특화는 동종산업내의 특화이므로 생산요소들 간에 소득재분배가 발생하지 않는다. 따라서 경제그룹들 간에 갈등의 요인이 크게 나타나지 않는다.

(5) Krugman 모형의 한계

Krugman의 독점적 경쟁모형에서는 무역의 방향이 명확하지 않다. 즉, 크루그만의 모형에서는 소비자들은 하나의 다양성(varieties)보다는 가능한 한 많은 다양성을 소비하려고 하지만 특별히 선호하는 다양성은 없다고 가정한다. 따라서 무역 후 차별화된 재화(differentiated commodity)에 산업내특화를 하면 규모의 경제로 인해 생산비가 하락하고 국내에서 생산되지 않은 차별재를 수입하여 소비할 수 있으므로 무역으로부터 이익을 얻는다. 그러나 어느 다양성을 선호하는지에 대한 정보가 없기 때문에 무역의 방향은 불명확하다. 다시 말해, 일국이 어느 다양성에 산업내특화를 할 것인지 알 수 없다.

7.5 독점적 경쟁하의 기타 모형

7.5.1 Falvey 모형

5장의 헥셔-오린 모형에서는 국가간 요소부존도의 차이가 비교우위를 결정하는 요인이다. 즉, H-O모형은 노동풍부국은 노동집약재를 수출하고, 자본풍부국은 자본집약재를 수출하는 산업간무역(inter-industry trade) 현상을 설명하는데 적합한 무역이론이다.

그런데 1981년 R.E. Falvey(팰비)는 국가간 요소부존도의 차이가 산업간무역과 산업내무역의 발생을 동시에 설명하는 모형을 개발하였다.[48] 즉, 팰비 모형에서는 자본풍부국은 자본집약재를 수출하고 노동풍부국은 노동집약재를 수출하며(산업간무역), 동시에 자본풍부국은 높은 질(우위품질)의 차별재를 수출하고 자본이 희소한 나라는 낮은 질(열위품질)의 차별재를 수출하는 산업내무역(intra-industry trade) 현상을 설명하였다.

그림 7-5 산업간무역과 산업내무역

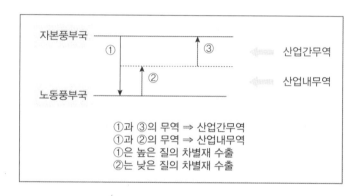

Falvey모형은 두 가지 점에서 H-O모형과 다르다. 첫째, 자본과 노동 2개의 생산요소가 존재하지만 이들 중 자본은 특정요소(specific factor)라고 가정한다. 그러므로 자본은 동일 산업부문내의 기업들 간에는 자유롭게 이동할 수 있지만 다른 산업부문으로의 이동은 불가능하다. 둘째, 적어도 한 산업부문은 동질재(homogeneous commodity)보다는 차별재를 생산한다고 가정한다. 그리고 이 차별재는 수직적으로 차별화된 제품[49]이다. 즉, 질적으로 차별화되어 있다고 가정한다. 그런데 차별재의 질(quality)은 대체로 노동에 대한 자본의 양(quantity)에 의해 결정된다. 따라서 자본풍부국은 우위품질의 차별재에 특화하고 자본희소국은 열위품질의 차별재에 특화한다.

---

48) Falvey모형은 요소부존도의 차이를 강조하므로 신(新)헥셔-오린 모형이라 불린다.

49) Falvey모형은 수직적 차별재(vertical differentiated commodity)를, Krugman모형은 수평적 차별재(horizontal differentiated commodity)를 가정한다.

그리고 서로 다른 질을 가진 다양성에 대한 수요는 질의 가격과 소비자의 소득에 달려있을 것이다. 가령, 한 재화의 다양성이 다양한 질로 구성될 경우 소비자들은 언제나 낮은 질보다는 높은 질을 선호하지만 그 선택은 소득이 제약조건이 된다. 즉, 소득이 높은 소비자들은 높은 질을 선호하고, 소득이 낮은 소비자들은 낮은 질을 선호할 것이다.

결론적으로 말해, Falvey 모형(일명, 新헥셔-오린 모형)에서는 산업내무역의 발생 가능성뿐만 아니라 Krugman의 모형과는 달리 무역의 방향도 명확하다. 즉, 소득이 높은 나라는 우위품질, 소득이 낮은 나라는 열위품질의 제품을 수출한다.

7.5.2 Lancaster-Helpman 모형

독점적 경쟁시장하에서 산업내무역을 설명하는 또 하나의 무역모형이 1980년 K. Lancaster(랑카스터)와 1981년 E. Helpman(헬프만)에 의해 개발되었다.

L-H모형은 Lancaster류의 소비자 선호체계를 가정한다. 즉, L-H모형은 소비자들은 하나의 다양성보다는 가능한 한 많은 다양성(varieties)을 소비하려고 한다는 점에서는 Krugman 모형과 동일하지만 각자 특별히 선호하는 이상적인 다양성을 가진다는 점에서는 다르다. 즉, L-H모형에서 소비자의 효용함수는 비대칭적이다.

L-H모형의 경우 무수히 많은 다양성 가운데서 소비자들이 각자 가장 좋아하는 다양성을 소비할 경우 어떤 소비자는 덜 좋아하는 다양성을 소비할 수밖에 없다는 점에서 호텔링의 입지선정 모형과 유사하다.[50] L-H모형에서 무역은 소비자가 가장 좋아하는 다양성을 얻게 해 줄 기회를 넓힐 뿐만 아니라 규모의 경제로 인한 이익을 얻게 해 준다.

---

50) H. Hotelling(호텔링)은 1929년 입지선정에 미치는 경쟁의 효과를 제안하였다. 그의 이론에 의하면 해변에서 아이스크림을 판매하는 두 상인이 소비자를 최대한 많이 확보하려고 한 결과 최종적으로 두 상인이 해변의 한가운데에서 좌우로 입지하게 된다는 것이다. L-H모형에서, 어떤 소비자가 가장 선호하는 다양성을 이미 다른 소비자가 소비하고 있다면 그 소비자는 자기가 좋아하는 다양성과 가장 가까운 다양성을 소비하려고 할 것이다. 이러한 모양은 마치 호텔링모형에서 아이스크림 상인의 고객은 상인이 선정한 입지로부터 가까운 곳의 소비자들이 된다는 점과 비슷하므로 L-H모형을 '신(新)호텔링 모형'이라고도 한다.

그리고 L−H의 기본모형에서는 양국의 요소부존도의 차이가 없다고 가정하나 확장모형에서는 요소부존도의 차이가 존재한다고 가정한다. 즉, 확장모형에서는 수확불변(CRS)하에서 생산되는 동질재(가령, 농산물)와 수확체증하에서 생산되는 차별재를 생산하는 동일한 2개의 경제가 존재한다고 가정한다. 따라서 확장모형에서는 산업간무역과 산업내무역이 동시에 설명된다. 여기서 최초 두 경제의 요소부존도의 차이가 클수록 산업간무역의 비중은 높아지고, 요소부존도의 차이가 적을수록 산업내무역의 비중이 높아진다.

끝으로, 요소부존도의 차이를 허용하는 확장모형과는 달리 요소부존도의 차이를 허용하지 않는 기본모형의 경우는 무역의 방향은 불명확하다.

7.6 결론

- 규모의 경제(economies of scale)는 내부적 규모의 경제와 외부적 규모의 경제로 구분할 수 있다. 전자는 기업수준(firm level)에서 발생하고, 후자는 개별기업의 크기와는 상관없이 산업수준(industry level)에서 발생한다.
- Kemp는 외부적 규모의 경제가 존재하는 경우 동일한 공급조건을 가진 나라들 간에도 무역으로부터 이익(gains from trade)을 얻을 수 있음을 보여주었다.
- 제2차 세계대전 이후 세계 각국이 산업화되고 소득수준이 높아지면서 선호가 다양화됨에 따라 산업내무역의 비중이 높아지고 있다. 최근의 연구에 의하면 제품차별화, 선호의 다양성, 규모의 경제 등의 역할이 강조되고 있다.
- Krugman은 챔벌린의 독점적 경쟁이론을 이용하여 제품차별화와 규모의 경제가 산업내무역을 발생시키는 무역모형을 개발하였다. Krugman의 모형에서는 무역 후 차별재의 가격이 하락하고 다양성의 수가 증가하지만 무역의 방향이 불명확한 한계가 있다.
- 독점적 경쟁하의 무역은 생산 및 소비의 효율성 개선으로 인한 무역이익 이외에도 소비에 있어서 다양성의 증가로 인한 이익, 규모의 경제로 인한

이익, 산업내특화로 인한 구조조정비용의 절약, 그리고 경제그룹들 간의 갈등요인 감소 등의 이익이 추가된다.

• 독점적 경쟁 하에서 산업내무역을 설명하는 이론으로는 Krugman모형 외에도 Falvey모형, Lancaster—Helpman모형이 있으며, 이외에도 과점시장 하에서 산업내무역을 설명하는 과점모형들도 다수 있다. 우리는 이러한 무역모형들을 전통적 무역이론과 구별하여 '신무역이론'이라 부른다.

주요용어

1. 내부적 규모의 경제(internal economies of scale)
2. 외부적 규모의 경제(external economies of scale)
3. 산업간무역(inter-industry trade)과 산업내무역(intra-industry trade)
4. 산업내특화(intra-industry specialization)
5. 한계비용(marginal cost)과 평균비용(average cost)
6. 수직적 차별재(vertical differentiated commodity)

연습문제

1. 외부적 규모의 경제와 내부적 규모의 경제는 시장구조에 대해서 어떤 의미를 지니는가?

2. 두 나라의 공급 및 수요조건이 완전히 동일한 경우에도 무역이 가능한가? 가능하다면 무역모형을 이용하여 이를 설명하여 보시오.

3. 최근 산업내무역의 비중이 높아지고 있다. Krugman의 독점적 경쟁모형을 이용하여 산업내무역을 설명하여 보시오.

4. Krugman의 독점적 경쟁모형에서의 무역이익은 전통적인 무역모형에서의 무역이익과 어떤 차이가 있는가?

5. Falvey모형을 이용하여 산업간무역과 산업내무역을 동시에 설명하여 보시오.

CHAPTER

08

경험적 연구

8.1 서론

지금까지는 이론적 모형을 소개하였으나 이 장에서는 현실적 모형의 개발을 위해 경험적 연구를 한다. 연구대상은 필자의 비교적 최근 연구인 베트남 섬유산업의 산업내무역을 설명하고 예측하는 모형을 소개하고자 한다.[51]

역사적으로 국제무역은 서로 다른 산업 간에 일어나는 재화의 수출입으로 정의되는 산업간무역의 형태를 띠었다. 그러나 지난 반세기에 걸쳐 동일 산업내의 동시적인 수출입인 산업내무역(Intra−Industry Trade: IIT)이 글로벌 무역량의 빠른 성장과 함께 급속히 확대되었다. 오늘날 세계무역의 상당 부분이 산업내무역으로 구성되어 있다. IIT는 동일산업내의 제품의 다양성을 증가시키고 비교우위의 활용뿐만 아니라 규모의 경제로부터 이익을 얻을 수 있는 비즈니스 기회를 제공하기 때문에 생산자와 소비자 모두에게 유익함이 입증되었다. 더구나 존슨과 터너(Johnson and Turner, 2009)에 의하면 IIT는 당해 산업의 기술혁신을 자극하며 단기적인 경제파동이 왔을 때에도 경제에 도움이 될 수 있다고 한다.

이 절의 목적은 베트남의 직물 및 의류산업의 현 무역패턴을 조사하고,

---

51) 이 장은 산업내무역에 관한 필자의 최근 연구 자료에서 일부 발췌하였다. [Huyen Lung and Keun Jae Kwak (2017), "Patterns and Determinants of Intra−Industry Trade in Vietnam's Textile and Apparel Industry", *Journal of Korea Research of International Commerce*, 17(6): 119−144.]

2010~2015년 기간 동안 베트남과 20개 주요 교역상대국간 IIT의 국별 결정요인을 확인해 보는 것이다. SITC에 의하면 직물 및 의류산업은 실과 직물(SITC 65) 및 어패럴의류(SITC 84)로 구성된다. 베트남의 직물 및 어패럴 산업에 관한 선행연구를 보면 수평적 산업내무역(HIIT)과 수직적 산업내무역(VIIT)의 구분 없이 단순히 IIT의 결정요인에 역점을 두어왔다. 이 절에서는 SITC 2단위와 4단위 수준의 자료를 이용하고 Kandogan(2003a, b)이 제안한 방법을 이용하여 IIT를 HIIT와 VIIT로 구분하였다.[52] 그리고 패널자료를 이용하여 IIT, HIIT 및 VIIT의 국별 결정요인을 임의효과 모형(random effect model)을 사용해서 추정하였다. 연구결과는 베트남의 IIT에 영향을 미치는 중요한 결정요인들뿐만 아니라 베트남의 직물 및 어패럴 산업의 산업내무역의 구조를 이해하고, 베트남과 무역상대국 간의 양자무역을 개선시키기 위한 정책함의를 이끌어 내는데 유익할 것이다.

8.2 산업내무역의 측정

산업내무역을 측정하는 가장 잘 알려진 고전적인 방법은 그루벨-로이드(Grubel-Lloyd, 1975)에 의해 개발된 GL지수이다. GL지수의 공식은 다음과 같다.

$$GL_i = 1 - \frac{|X_i - M_i|}{(X_i + M_i)} \tag{8.1}$$

위 식에서 X_i와 M_i는 특정국가의 i산업의 수출과 수입이다. GL_i값의 범위는 0에서 1 사이다. 0이면 완전한 산업간무역이며, 1이면 완전한 산업내무역이다. 즉, 1에 가까울수록 산업내무역이 활발하다. 총 산업내무역 지수는 국가별 산업별 가중치를 곱하여 합산된다. 즉, 한 산업 또는 한 국가의 IIT는 총무역에서 제품i의 상대적 비중에 따라 계산된다. 이러한 방법은 조정된 GL지수라 불리

---

52) HIIT와 VIIT의 값을 구하는 전통적인 방식의 경우 제품의 단가에 대한 자료가 필요하다. 그런데 개도국의 경우 이 자료를 구하기가 쉽지 않다. 그러나 Kandogan이 제안한 방법(식 8.5)를 사용하면 제품 단가에 대한 정보 없이 간단하게 이들 값을 구할 수 있다.

며, 집계편의(aggregation bias), 즉 단정적 집계(categorical aggregation) 문제를 피하기 위해 사용되어 왔다.

개념 연구
- 집계편의 또는 단정적 집계란 무역통계를 객관적인 분류기준 없이 단정적으로 분류하여 집계한 결과 산업내무역이 과장되게 나타나는 현상을 말한다. 가령, SITC 3단위 집계수준에서 GL지수를 계산하였더니 높게 나왔는데 하위집계수준인 SITC 4단위에서 GL지수를 각각 계산하여 무역량으로 가중평균 하였더니 산업내무역이 현저히 낮게 나왔다면 해당 SITC 3단위의 집계는 잘못된 분류일 수 있다.
- 가령, SITC 423의 하위집계수준인 SITC 4단위(4232, 4233, 4234, 4235, 4239)에서는 대체로 수출이 수입보다 많다. 그런데 4233의 경우는 수입이 압도적으로 많다면 4233 면실유는 사실상 다른 제품군으로 분류되어야 할 것이 423으로 잘못 분류되었을 가능성이 높다. 이것은 요소투입비율이 다른 상품들이 동일한 제품군으로 잘못 분류되어 반대부호의 무역불균형이 나타나 서로 상쇄됨으로써 SITC 423에서 GL지수 값이 과장되게 나타났다고 볼 수 있다. 물론 요소투입비율이 동일하여도 산업내특화로 인해 반대부호의 무역불균형이 나타날 수도 있다.
- 반대부호의 무역불균형이 잘못된 분류로 인해 나타난 것이라면 하위집계수준에서 무역가중평균하여 GL지수를 계산하는 방법 즉, '조정된 GL지수'를 사용하는 것이 유용할 것이다. 그러나 요소투입비율이 동일하여도 산업내특화로 인해 반대부호 무역불균형이 나타난 경우 조정된 GL지수를 사용한다면 산업내무역을 오히려 과소평가할 수도 있다.
- 어느 지수를 사용하는 것이 유용한가의 판단은 연구대상 산업이 자원부존량에 의해 크게 영향을 받는 제품군인가 아니면 소비에 있어서 대체성이 높은 제품군인가에 달려 있을 것이다.[53] 결론적으로 말해, 조정된 GL지수는 계량연구에서 고전적인 GL지수의 대용변수로 사용가능하다.

표 8.1 **특정 상품군에서 GL지수와 조정된 GL지수의 비교**

SITC 423연성불휘발성 식물성기름

		수입	수출
4232	대두기름	$76	$904
4233	면실유	$2,854	$24
4234	땅콩기름	$6	0
4235	올리브기름	$95	0
4239	기타 연성불휘발성 식물성기름	$33	$614
	합계	$3,064	$1,542

전통적인 GL지수: 0.67   조정된 GL지수: 0.06

---

53) 전자의 경우는 비교우위에 의해 무역이 발생될 가능성이 높으므로 반대부호가 나타난다는

그런데 산업내무역은 교역되는 제품의 질에 따라 수평적 산업내무역(HIIT)와 수직적 산업내무역(VIIT) 두 가지 유형으로 나눈다. Greenaway－Hine－Millner(1994, 1995)에 의해 양자를 구분하는 방법이 개발되었다. 이들의 방법은 제품의 질(quality)은 가격에 의해 구분된다는 사고에 근거를 두고 제품의 수출입액에 대한 단위가격(단가)의 비율을 사용하여 HIIT와 VIIT로 구분하였다.

$$\frac{UV_i^x}{UV_i^m} \Rightarrow UV_i^x = \frac{XV_i}{XQ_i} \quad UV_i^m = \frac{MV_i}{MQ_i} \tag{8.2}$$

여기서 UV_i^x와 UV_i^m는 i산업 수출입품의 단위가격이다. XV_i와 MV_i는 i산업 제품의 수출입액이며, XQ_i와 MQ_i는 i산업 제품의 수출입량이다.

수평적 산업내무역: $1 - \alpha \leq \dfrac{UV_i^x}{UV_i^m} \leq 1 + \alpha$

수직적 산업내무역: $\dfrac{UV_i^x}{UV_i^m} > 1 + \alpha$ 또는 $\dfrac{UV_i^x}{UV_i^m} < 1 - \alpha$ $\tag{8.3}$

수직적 산업내무역에서 $\dfrac{UV_i^x}{UV_i^m} > 1 + \alpha$일 경우 수출한 제품의 품질이 수입한 것보다 우수하고, 수직적 산업내분업의 상단에 위치하므로 우위품질 산업내무역(Superior VIIT: SVIIT)으로 표시된다. 그러나 $\dfrac{UV_i^x}{UV_i^m} < 1 - \alpha$일 경우는 수출한 제품의 품질이 수입한 것보다 열등하고, 산업내분업의 하위에 위치하므로 열위품질 산업내무역(Inferior VIIT: IVIIT)로 표시된다. α는 계수로서 일반적으로 0.15부터 0.25까지 사이에서 선정한다.[54]

그러나 Kandogan(2003)은 HIIT와 VIIT를 구분하는 임의의 기준치(thresholds)를 비판하면서 가격이 제품의 질을 나타내는 완벽한 기준이 아니라고 주장하였

것은 잘못된 분류가능성이 높으며, 후자의 경우는 제품차별화에 의한 무역이 발생될 가능성이 높으므로 산업내특화에 의해 반대부호가 나타날 가능성이 높다.

54) Abd－el－Rahman(1991)과 Greenaway, Hine, & Milner(1994)는 15%를 선택하였으며, Blanes & Martin(2000), Fukao et al.(2003), Sohn & Zhang(2006)은 25%을 사용하였다.

다. 또한 개도국을 연구대상으로 할 경우 단위가격에 대한 데이터를 세부집계수준에서 입수하기에는 어렵다는 점도 강조하였다. 그 후 많은 연구자들이 단가 정보에 의존하지 않아도 되며 임의의 기준치를 사용하지 않아도 되므로 Kandogan의 새로운 방법을 사용하여 HIIT와 VIIT를 구분하였다.

어느 한 산업의 총 수출입액을 알기 위해 아래와 같이 당해 산업에 속한 각 제품의 수출입액을 집계하면 된다.

$$X_i = \sum_p X_{ip} \qquad M_i = \sum_p M_{ip} \qquad (8.4)$$

위 식에서 ΣX_{ip}는 i산업에서 수출된 p제품들의 수출액을, ΣM_{ip}는 i산업에서 수입된 p제품들의 수입액을 합친 것이다. 보다 높은 집계수준은 산업을 정의하고, 하위의 집계수준은 각 산업내의 서로 다른 제품들을 정의한다. 각 산업의 총 IIT는 높은 집계수준에서 수입액과 매치되는 수출액(즉, 무역중복액)에 의해 계산된다. 이것은 조정되지 않은 GL지수이다. HIIT는 하위집계수준을 사용해서 어느 한 산업의 각 제품에 있어서 매치되는 무역액에 의해 계산된다. HIIT는 유사한 제품의 무역 즉, 수평적 산업내무역이다. 그리고 IIT에서 HIIT를 제외한 나머지는 한 산업 내에서 서로 다른 생산단계에 있는 제품[55]끼리 매치된 무역액이며, 이것은 VIIT이다. 끝으로, 당해산업의 총 무역액(TT) 중 매치되지 않은 금액은 산업간무역(Inter-Industry Trade: INT)이다.

$$TT_i = \sum_p X_{ip} + M_{ip} = X_i + M_i$$
$$IIT_i = TT_i - |X_i - M_i|$$
$$INT_i = TT_i - IIT_i$$
$$HIIT_i = \sum_p X_{ip} + M_{ip} - |X_{ip} - M_{ip}|$$
$$VIIT_i = IIT_i - HIIT_i \qquad (8.5)$$

---

55) 일반적으로는 수직적 차별재라 함은 '서로 다른 질(qualities)에 의해 차별화되는 제품'을 말한다. 그러나 Kandogan(2003)은 HIIT와 VIIT를 구분할 때 가격을 중시하지 않았기에 수직적 차별재를 '서로 다른 생산단계의 제품'이라고 하였다.

베트남의 직물 및 어패럴 산업의 산업내무역

[표 8-2]는 베트남과 20개 무역상대국 간의 직물 및 어패럴산업에 있어서 산업내무역의 패턴과 전개를 보여준다.

표 8-2 **베트남의 직물 및 어패럴 산업의 국별 IIT 패턴**

Countries	2010			2015		
	IIT	HIIT	VIIT	IIT	HIIT	VIIT
Australia	0.07	0.04	0.03	0.11	0.04	0.07
France	0.12	0.05	0.07	0.09	0.04	0.05
Germany	0.20	0.03	0.17	0.14	0.03	0.12
Italy	0.57	0.08	0.49	0.50	0.19	0.31
Netherlands	0.08	0.01	0.07	0.03	0.01	0.02
Spain	0.03	0.01	0.02	0.03	0.01	0.02
United Kingdom	0.08	0.01	0.07	0.05	0.01	0.03
China	0.28	0.08	0.21	0.47	0.08	0.39
Hong Kong	0.29	0.09	0.20	0.93	0.12	0.80
India	0.66	0.17	0.49	0.89	0.19	0.70
Indonesia	0.94	0.37	0.58	0.83	0.52	0.31
Japan	0.59	0.11	0.48	0.39	0.07	0.32
Korea	0.71	0.12	0.60	0.97	0.10	0.86
Malaysia	0.93	0.32	0.62	0.92	0.21	0.71
Philippines	0.05	0.03	0.02	0.06	0.04	0.02
Singapore	0.52	0.21	0.30	0.27	0.08	0.19
Thailand	0.69	0.29	0.40	0.68	0.34	0.35
Brazil	0.01	0.00	0.00	0.01	0.00	0.01
Canada	0.02	0.00	0.01	0.01	0.00	0.00
USA	0.01	0.01	0.01	0.02	0.01	0.01
World	0.72	0.16	0.56	0.66	0.14	0.52

주: SITC 2단위와 4단위를 사용하여 계산하였음.
자료: Huyen Lung and Keun Jae Kwak (2017), p.132.

조사결과 2010~2015 기간 동안 IIT의 특성은 크게 변함이 없다. 전반적으로 볼 때 IIT는 국별 수준에서 HIIT보다는 VIIT가 지배적이다. 이러한 결과는 대세계 수준에서도 마찬가지이다. 또한 아시아 국가들과의 IIT가 높은 경향이 있으며, 동기간 동안 총 무역액의 비중이 낮은데도 불구하고(한국은 예외) 직물 및 어패럴 산업에서 IIT의 비중이 항상 높은 편이다. 2015년 한국과의 산업내무역이 가장 활발하며(0.97), 홍콩(0.93), 말레이시아(0.92), 인도(0.89), 태국(0.68)이 그 뒤를 잇고 있다. 아시아 국가들과의 높은 IIT는 지역경제통합, 지리적 인접성, 무역수지균형 등에 의해 설명이 가능하다. 미국과 중국과의 IIT는 무역수지 불균형에 크게 영향을 받는다. 즉, 미국은 직물 및 어패럴 산업에서 베트남의 가장 큰 무역수지 흑자국이며, 중국은 가장 큰 적자국이다. 그러므로 이들과의 IIT 지수는 낮게 나타날 것이다.[56]

2015년 한국(0.86), 홍콩(0.80), 말레이시아(0.71), 인도(0.70)의 경우 베트남과 가장 높은 VIIT 지수 값을 보여주고 있으며, 2010~2015년 동안 VIIT 지수가 크게 증가하였다. 이것은 소득과 요소부존량에 있어서 상이한 국가들 간에 VIIT가 높다는 이론을 뒷받침한다. 이와 대조적으로 경제발전 단계가 비슷한 국가 간에는 HIIT가 활발함을 보여준다. 가령, 2015년 HIIT 지수가 가장 높은 국가는 인도네시아(0.52)와 태국(0.34)이다.

요약하면, 베트남의 직물 및 어패럴 산업에 있어서 한국, 홍콩 등 선진국과의 무역은 서로 다른 생산단계의 제품 즉, 중간재의 무역(VIIT)을 강하게 반영하며, 반면 인도네시아, 태국 등 경제발전단계가 비슷한 개도국과의 무역은 속성에 의해 차별화되는 제품의 무역(HIIT)을 강하게 반영하고 있다.

---

56) Grubel & Lloyd(1975)에 의하면 일국의 총 무역수지가 불균형 상태에 있을 경우 경제전체의 GL지수는 하향편향을 보인다고 지적하면서 총무역수지불균형이 조정된 GL지수를 제안하였다. 한편, Aqino(1978)는 GL의 조정방법은 단일산업수준에서의 무역수지불균형으로 인한 왜곡을 반영하지 못한다고 비판하고 무역수지불균형 효과가 모든 산업에 동등한 비율로 영향을 미친다는 가정하에서 개별산업수준에서도 경제전체의 총무역수지불균형의 영향이 고려되어야 한다고 주장하였다. 그러나 Kol & Mennes(1983)는 무역수지불균형이 모든 산업에 동등한 효과를 갖는다는 가정은 지나치게 임의적이라고 비판하였다. Greenaway & Milner(1981)는, 무역수지가 불균형이더라도 다국 간의 전체적인 무역수지가 균형을 이룬다면 거시적 측면에서 무역수지는 균형을 이루기 때문에 양국 간의 무역수지불균형은 조정할 필요가 없다고 주장하였다. 결론적으로 말해, 무역수지불균형으로 인해 야기되는 산업내무역지수의 왜곡은 앞서 살펴본 산업의 정의 및 분류와 관련하여 나타나는 집계편향 또는 단정적 집계 문제에 비하면 그 중요도가 떨어진다고 볼 수 있다.

8.4.1 추정모형

이 연구는 2010~2015년 기간 베트남과 20개 무역상대국 간의 직물 및 어패럴 산업의 IIT, HIIT, VIIT의 결정요인을 설명하기 위해 아래 모형을 추정한다.

$$\log IIT_{VF} = \beta_0 + \beta_1 \log AGDP_{VF} + \beta_2 \log DGDP_{VF} + \beta_3 \log DPCI_{VF}$$
$$+ \beta_4 \log TIMB_{VF} + \beta_5 \log DHUM_{VF} + \beta_6 \log WDIST_{VF}$$
$$+ \beta_7 FTA + \epsilon_{VF} \tag{8.6}$$

위 식의 각 변수에 대한 설명과 기대부호는 다음과 같다.

IIT_{VF}는 종속변수이며, 베트남과 F국간의 IIT_{VF}, $VIIT_{VF}$ 또는 $HIIT_{VF}$ 지수이다. 지수의 형태는 더미변수인 FTA를 제외하고는 모두 자연로그 형태를 취하였다.

$AGDP_{VF}$는 베트남과 F국간의 평균 GDP이다. 기대부호는 IIT, HIIT, VIIT와 모두 정(+)의 관계이다.

$DGDP_{VF}$는 베트남과 F국간의 GDP의 차이다. 기대부호는 IIT와 HIIT와는 부(−), VIIT와는 정(+)의 관계이다.

$DPCI_{VF}$는 베트남과 F국간의 일인당 소득수준의 차이다. 기대부호는 IIT와 HIIT와는 부(−), VIIT와는 정(+)의 관계이다.

$TIMB_{VF}$는 베트남과 F국간의 무역수지불균형이다. 기대부호는 3개의 종속변수와 모두 부(−)의 관계이다.

$DHUM_{VF}$은 베트남과 F국간의 인적개발지수(Human Development Index: HDI)의 차이다. 기대부호는 VIIT와는 정(+)의 관계이며, IIT와 HIIT와는 부(−)의 관계이다.

$WDIST_{VF}$는 베트남 수도와 F국 수도간의 직선거리이다.[57] 지리적 거리

---

[57] 본 연구에서는 (특정국과의 평균GDP/Σ20개국과의 평균GDP)를 가중치로 하여 거리(Distance)에 곱하였다. 수송비 및 정보비용과 시장규모와는 정비례관계에 있다는 것을 전제로 한 것이다.

는 수송비와 정보비용을 나타내는 대용물이므로 기대부호는 IIT, HIIT, VIIT와 모두 부(−)의 관계이다.

*FTA*는 더미변수이다. 즉, 베트남과 무역당사국간 자유무역협정을 체결하였으면 1, 체결하지 않았으면 0이다. 기대보호는 IIT, HIIT, VIIT와 모두 정(+)의 관계이다.[58]

8.4.2 추정방법

본 연구는 2010~2016년 기간 동안 베트남과 무역상대국간 직물 및 어패럴 산업에 있어서 IIT, HIIT 및 VIIT의 결정요인을 추정하기 위해 패널자료를 이용하였다.

패널자료는 횡단면자료와 시계열자료의 특성을 모두 갖추고 있다. 패널자료는 개체들의 미관찰 이질성(unobserved heterognenity)을 통제할 수 있기 때문에 횡단면자료와 시계열자료와 비교해 볼 때 몇 가지 이점이 있다. 즉, 관측되지 않은 개별효과(unobservable individual effect)를 무시하면 편의(偏倚) 추정 결과가 나타날 수 있다. 패널자료는 또한 보다 많은 변동성과 보다 많은 자유도를 허용하며, 설명변수간의 공선성 문제를 완화할 수 있다. 그러므로 보다 효율적인 계량경제학적 추정이 가능하다. 게다가 패널자료는 횡단면자료와 시계열자료에서는 탐지할 수 없는 효과를 확인할 수 있다(Baltagi, 2005).

패널 추정은 합동 OLS(pooled ordinary least square), 고정효과(fixed effect) 및 임의효과(random effect)를 사용해서 이루어질 수 있다. 합동 OLS는 단일 세트의 계수들과 하나의 공통의 절편(상수)이 존재한다고 가정한다. 그러므로 합동 추정은 여러 국가에 걸쳐 관찰되지 않은 개별 이질성을 무시하기 때문에 합동 이질성은 편의된 결과를 낳게 한다. 국가간 양자무역에 영향을 미칠 수 있는 법률, 문화, 제도와 같은 개별 요인들이 있다. 개별 효과들을 고려하기 위해 패널 추정에서 가장 자주 사용되는 모형은 고정효과(fixed effect: FE) 모형과 임의효과(random effect: RE) 모형이다. RE는 개(체)별 이질성(individual heterogeneity)은

Balassa & Bauwens(1987, p.928), Tran & Tran(2016, p.13) 참조.

58) 산업간무역(INT)과도 정(+)의 관계이겠지만 차별화된 제품의 경우 가격변화에 대해 수출입이 동질적인 제품에 비해 더 탄력적으로 변할 것이다.

무작위(random)이며, 설명변수들과는 상관관계가 없다고 가정한다. FE는 각 개체와 기간에 대해 절편을 다양하게 함으로써 각국의 영향을 통제하고 분리시킨다. FE는 회귀모형에서 오차항(ϵ_{VF})은 개체와 시간에 대해 독립적이고 동일하게 분포된다고 가정한다. 그러나 모형 (8.6)의 FTA와 같이 시간이 경과하여도 변하지 않는 변수들은 모형에서 바로 추정될 수 없다. 결점을 보완하기 위해 Cheng & Wall(2005)은 시간불변(time-invariant) 변수에 미치는 국가별 개별효과(ϵ_{VF}에 의해 포착 가능)에 대해 부가적인 회귀식을 추정하였다.

$$IE_{VF} = \alpha_{0} + \alpha_{1}FTA + \epsilon_{VF} \tag{8.7}$$

위 식에서 IE_{VF}는 개별효과이며 ϵ_{VF}는 오차항이다.

우리는 가장 적합한 회귀모형을 선택하기 위해 몇 가지 통계적 검증을 한다. HIIT와 VIIT뿐만 아니라 IIT에 대한 추정 결과가 [표 8-3]에 나와 있다. 먼저 RE 모형과 합동 OLS 간의 안정성을 검증하기 위해 Breusch-Pagan(BP) 검증이 수행된다. 귀무가설은 회귀분석에서 무작위항(random term)이 무시될 수 있다는 것이다. 즉, RE 모형을 사용할 필요가 없다. 3개의 추정치에 대한 BP 검증의 결과는 귀무가설을 강력하게 기각한다. 귀무가설은 합동 OLS가 편의된 결과를 제공한다는 것을 나타내며 RE모형이 적절하다는 것을 확인한다.

다음 단계는 FE모형을 사용할 것인지 RE모형을 사용할 것인지를 결정하는 것이다. 국가별 개별효과가 일치추정량이며 설명변수와 상관관계가 없다는 귀무가설하에서 Hausman 검증이 사용된다. 국가별하에서 Hausman 검증이 사용된다. Hausman 검증 결과는 우리가 귀무가설을 기각할 수 없다는 것을 제안한다. 따라서 RE 모형이 FE모형보다 더 낫다.

8.4.3 추정결과

IIT, HIIT 및 VIIT의 비율에 미치는 평균 GDP($AGDP_{VF}$)의 정(+)의 유의미한 효과는 Krugman(1985), Balassa & Bauwen(1987)의 연구와 일치한다. 연구결과는, 시장규모가 클수록 수요의 중복 및 규모의 경제가 크다는 것을 확인한다.

이와 대조적으로 시장규모의 차이($DGDP_{VF}$)는 IIT와 HIIT에 예상외의 결과를 가져온다. 이 변수는 VIIT에 대해 정(+)의 관계에 있을 뿐만 아니라 IIT 및 HIIT와도 동일한 부호를 나타낸다. 요소부존량과 수요의 차이는 수직적 차별재의 교환을 증대시키나 IIT와 HIIT의 확률은 감소시킨다. 이것은 IIT는 전적으로 수직적 차별재라는 사실에 의해 설명가능하다. 그러므로 IIT와 VIIT에 미치는 $DGDP_{VF}$의 효과는 다소 유사하다. HIIT의 경우 상기 결과가 나온 이유는 설명변수간의 높은 상관관계 때문일 수 있다. 이런 관계가 IIT의 회귀모형에서 종종 발생한다.

소득수준의 차이($DPCI_{VF}$)는 IIT 등에 부(-)의 영향을 미치는 것 같다. 그러나 통계적으로 유의미하지는 않다. 이것은 $DPCI_{VF}$가 베트남의 직물 및 어패럴 산업에서 IIT의 중요한 결정요인이 아님을 암시한다.

표 8-3 베트남 직물 및 어패럴 산업의 IIT의 결정요인

Independent Variables	IIT	HIIT	VIIT
$\log AGDP_{VF}$	0.831	0.646	0.964
	$(4.063)^{***}$	$(2.838)^{***}$	$(4.308)^{***}$
$\log DGDP_{VF}$	1.241	1.105	1.303
	$(3.778)^{***}$	$(3.025)^{***}$	$(3.629)^{***}$
$\log DPCI_{VF}$	−0.043	−0.076	−0.057
	(-0.361)	(-0.577)	(-0.441)
$\log TIMB_{VF}$	−0.599	−0.414	−0.667
	$(-6.121)^{***}$	$(-3.804)^{***}$	$(-6.225)^{***}$
$\log DHUM_{VF}$	0.138	−0.025	0.278
	$(1.841)^{*}$	(-0.295)	$(3.377)^{***}$
$\log WDIST_{VF}$	−1.039	−0.941	−1.125
	$(-5.685)^{***}$	$(-4.633)^{***}$	$(-5.632)^{***}$
FTA	0.461	0.685	0.373
	$(1.687)^{*}$	$(2.252)^{**}$	(-1.249)
BP test: Chi-square X^2	3.935^{**}	3.994^{**}	4.380^{**}
Hausman test: Chi-square X^2	0.516	6.526	5.248

주: ***, **, *는 1%, 5%, 10% 수준에서 유의함. ( )안은 z-통계량.

무역수지불균형($TIMB_{VF}$)과 IIT간의 부(−)의 효과는 조정되지 않은 GL지수 하에서 언급되었다. 예상대로 $TIMB_{VF}$는 IIT, HIIT 및 VIIT에 유의미한 부(−)의 영향을 미친다. 그런 결과가 예상되는 것은, 베트남의 IIT가 미국과 중국과의 무역에서 부(−)의 효과에 노출되기 때문이다. 즉, 양방향 무역(즉, 산업내무역)은, 각 국이 수출주도형 성장정책을 추구하기 때문에 왜곡될 것이다. 이러한 결과는 Li et.al(2003)의 선행연구 결과와도 일치한다.

HDI(인적개발지수)의 차이($DHUM_{VF}$)는 예상대로 VIIT에 유의미한 정(+)의 영향을 미친다. IIT의 추정계수는 VIIT와 동일한 방향이나 통계적으로는 10%수준에서 유의하다. 한편, HIIT에는 부(−)의 영향을 미친다. 그러나 통계적으로는 유의하지 않다. 높은 수준의 HDI를 가진 국가들은 삶의 수준과 R&D 활동을 개선시키기 위하여 인적 능력에 집중적으로 투자한다. 그 결과 그들은 첨단 산업과 고가의 상품에 비교우위를 갖는다. 대조적으로 낮은 수준의 HDI를 가진 국가들은 낮은 삶의 수준을 가지며 저임금을 통해 저가의 상품에 비교우위를 갖는다. 이 같은 비교우위의 차이는 중간재의 무역비중을 높인다. LDC 국가들은 저부가가치의 부품을 생산하고 보다 많은 노동을 투입한다. 한편, 선진국들은 R&D와 기타 고부가가치 활동에 집중한다. 그러므로 산업내무역(IIT)의 대부분이 VIIT가 된다는 것이 놀랄 만한 일은 아니다.

수송비의 대용변수인 가중거리($WDIST_{VF}$)는 IIT, HIIT, VIIT 모두에 부(−)의 유의미한 영향을 미친다.[59] 본 연구에서 $WDIST_{VF}$ 계수는 다른 계수에 비해 보다 큰 절대 값을 갖는다. 그래서 지리적 거리는 산업내무역의 주요 장벽임을 암시한다. 이것은 다른 선행연구와는 일치하지는 않지만 베트남의 직물 및 어패럴 산업에서는 아시아 국가들과 산업내무역의 비중이 매우 높다는 것이 입증되었다. 밀접한 근접성은 수송비를 감소시키며 시장구조와 문화의 유사성을 증가시켰기 때문이다.

FTA는 IIT, HIIT 및 VIIT와 정(+)의 관계에 있다. 그러나 그 계수는 IIT와 HIIT 추정에서만 유의미하다. 이러한 결과는 지역경제통합이 무역량을 증대시키며 무역장벽을 완화시켜 IIT의 성장을 촉진시킨다는 것을 확인한다.

---

59) 산업간무역(INT)에도 부(−)의 영향을 미치겠지만 차별화된 재화의 경우 대체재가 많아 가격변화에 더욱 민감하게 반응하므로 IIT가 INT보다 수송비에 더 민감할 것이다.

베트남 섬유산업의 IIT에 관한 연구에서는 현행 섬유산업의 무역패턴뿐만 아니라 베트남과 20개 주요 교역대상국간의 직물 및 의류산업에 있어서 IIT의 국별 특성 결정요인을 분석하였다. 분석 결과, 전적으로 VIIT이긴 하나 상당한 수준의 IIT가 발생하였다. 이것은 베트남의 섬유무역은 중간재 무역에 집중되어 있기 때문일 것이다. 또한 IIT 지수는 아시아 국가 간에서 매우 높게 나타났다.

이 연구에서는 Random effect(RE) 모형을 이용해서 IIT, HIIT 및 VIIT의 주요 결정요인을 추정하였다. 추정결과 IIT, HIIT 및 VIIT는 경제규모의 평균과 경제규모의 차이와 정(+)의 관계에 있으며, 무역수지불균형과 거리와는 부(−)의 관계에 있다. 일인당 소득수준의 차이는 IIT, HIIT 및 VIIT에 유의미한 부(−)의 영향을 미친다. HDI의 차이는 IIT와 VIIT에 정(+)의 유의미한 영향을 미친다. 그러나 HIIT에는 부(−)의 영향을 미치나 유의미하지는 않다. 끝으로 FTA에의 참여는 IIT와 HIIT의 비중을 증가시킨다.

결론적으로, 베트남 직물 및 의류산업의 IIT를 증가시키기 위해 베트남은 FTA 협상을 가속화시켜야 하며, 인적자원에 투자하고, 중간재를 공급하는 국내 기업 뿐만 아니라 R&D 활동과 첨단산업 분야를 적극 지원해야 할 것이다.

주요용어

1. 산업내무역(IIT)
2. 집계편의(aggregation bias)
3. 수직적 산업내무역(VIIT)와 수평적 산업내무역(HIIT)
4. 패널자료(pannel data)
5. Breusch-Pagan 검증

연습문제

1. 지리적 인접성이 산업간무역(INT)보다 산업간무역(IIT)에 더 민감한 이유는 무엇인가?

2. HIIT와 VIIT를 나타낼 때 상품의 단가에 의존하는 고전적인 방식보다 Kandogan 방식이 더 유리한 점이 무엇이며, 어떻게 나타내는가?

3. 패널자료를 이용한 다중회귀분석 시 사용하는 고정효과 모형(fixed effect model)과 임의효과 모형(random effect model)은 무엇인가?

PART 02

무역정책

CHAPTER 09

무역정책의 개념적 연구

9.1 무역정책의 개념

무역정책이란 정부가 특정의 경제목표를 추구하기 위하여 대외경제거래에 직접적으로 개입하는 정책적 조치를 말한다.

여기서 일국의 경제목표는 ① 완전고용, ② 물가안정, ③ 국제수지 개선, ④ 경제성장의 촉진, ⑤ 소득분배의 개선, ⑥ 특정산업의 보호, ⑦ 교역조건의 개선, ⑧ 자원의 효율적 배분을 들 수 있다. 완전고용과 물가안정 그리고 국제수지의 개선은 일국의 대내외적 균형이므로 대부분의 나라에서 가장 중요한 경제정책의 목표가 된다. 그런데 이들 경제정책의 목표는 시대와 국가에 따라 그 중요도 및 달성의 용이함이 달라질 수 있다. 여기서 대외경제거래란 상품거래, 서비스거래, 자본거래 등을 말하며, 간접적인 개입 또한 무역의 흐름에 영향을 미칠 수는 있으나 직접적으로 영향을 미치는 정책적 조치를 무역정책이라 한다.

무역정책의 목표를 달성하기 위해서는 정책수단이 필요하다. 즉, 관세정책, 비관세정책, 환율정책, 투자정책 등이 있다. 이 장에서는 재화와 서비스의 이동을 제한하거나 촉진시키는 관세와 비관세정책에 역점을 둔다.

끝으로, 무역이론과 무역정책론은 어떤 관계에 있는가? 무역이론에서는 여건이 주어진 것으로 간주되고 무역현상이 미지의 것이 된다. 가령, 자유무역이 지배적인 분위기에서 재화가격은 기술이나 요소부존량 또는 수요에 의해 주어진다고 가정하자. 우리가 알고자 하는 것은 무역패턴, 수출입량, 소득분배, 자원배분 등이다. 이에 반해 무역정책론에서는 정책목표가 주어진 것으로 간주되며 정책수단이 미지의 것이 된다. 가령, 바람직한 소득분배라는 정책목표를 달성하기 위해 어떤 무역정책을 실시하는 것이 효과적인가? 무역정책론에서는 이러한 것을 연구한다. 따라서 무역이론과 무역정책은 앞뒤 순서가 뒤바뀌어 있다. 즉, 도치(倒置)의 관계에 있다.[1]

> **무역정책과 통상정책의 개념적 차이**
> - 무역정책과 통상정책은 비슷한 개념이지만 약간의 차이가 있다. 무역은 국가 간에 발생하는 상품거래, 서비스거래, 자본거래 등을 말하며, 무역정책이란 특정의 경제목표를 추구하기 위해 이들 '국제 상거래에 국가가 직접적으로 개입하는 정책적 조치'를 의미한다. 한편, 通商(commerce)이란 국제 상거래가 원활하게 이루어지도록 제약요인을 완화하는 과정 또는 활동을 의미하며, 통상정책이란 '국제 상거래에 대한 제약요인을 완화(경우에 따라서는 규제)하기 위해 국가가 개입하는 정책적 조치'를 의미한다.
> - 과거에는 상품거래의 제약요인을 완화하는 데에만 치중하였으나 오늘날에는 서비스 거래의 자유화분만 아니라 생산요소(노동과 자본 등)의 국가 간 자유로운 이동을 위해서도 노력하고 있다. 더구나 환경보호, 노동기준, 부패문제 등 과거에는 국제적 경제활동과 무관하다고 생각했던 분야에 대해서도 국제규범을 설정하고 있다.
> - 여기서 환경보호, 노동기준, 부패문제는 상거래 자체가 아니고 거래를 제약하는 요인이다. 다시 말해, 무역정책은 상거래에 직접 개입하는 것이고, 통상정책은 상거래의 제약요인을 완화(또는 규제)하는 것이다. 따라서 상품 및 서비스거래 등의 제약요인을 완화(또는 규제) 한다는 점에서는 무역정책과 통상정책은 동일한 의미를 갖지만 통상정책은 환경문제나 부패문제 등과 같은 비거래 분야에도 개입하여 상거래를 원활히 하려고 한다는 점에서 통상정책의 범위가 넓다.

---

1) 이를 등반이론과 등반정책에 비유할 수 있다. 가령, 지리산 천황봉 등반에는 다양한 코스가 있다. 이들 코스의 안전성 및 등반시간 등을 연구하는 것이 등반이론이다. 반면, 천황봉에 가기 위해 가장 안전한 코스는 어느 것인지, 가장 빠른 코스는 어느 것인지 등을 연구하는 것이 등반정책이다. 즉, 등반이론과 등반정책은 도치의 관계에 있다.

9.2 무역이론의 교훈

일반적으로 무역이론의 학습에서 얻을 수 있는 가장 흥미롭고 가치 있는 교훈을 든다면 다음 여섯 가지로 요약된다. 이들 교훈은 비직관적이며, 때로는 대중적인 견해에서 벗어나기도 한다. 이 중 마지막 두 가지는 무역정책의 주요 쟁점이다.

첫째, 자유무역은 경제적 효율성을 개선시키기 때문에 자유무역에 대한 지지가 발생한다. 여기서 경제적 효율성(economic efficiency)이란 생산의 효율성(production efficiency)과 소비의 효율성(consumption efficiency)을 말한다. 무역이론에서 리카도 모형, 헥셔–오린 모형, 크루그만의 독점적 경쟁모형 등을 통해 자유무역이 경제적 효율성을 개선시킨다는 것을 학습하였다.

둘째, 자유무역으로 손해를 보는 집단이 발생한다. 개인 간의 거래에서는 손해를 입는 당사자가 있다면 거래가 이루어지지 않을 것이다. 그러나 국가 간의 거래에서는 많은 개인들이 존재하므로 이익을 보는 개인과 손해를 보는 개인이 생긴다. 경제학자들은 장기적으로는 모두가 이익을 보지만 단기적으로는 생산요소의 이동이 자유롭지 않기 때문에 수입경쟁산업에 종사하는 요소들은 손해를 볼 것이라고 한다. 물론 장기적으로도 모두가 이익을 보는 것은 아니다. 가령, 리카도 모형에서는 자유무역으로 모두가 이익을 보지만 헥셔–오린 모형에서는 손해를 보는 집단이 발생한다. 케인즈도 인간은 일찍 죽거나 일찍 은퇴하는 경우가 생기므로 단기의 손해가 곧 장기의 손해가 될 수 있다고 하였다. 그럼에도 불구하고 경제학자들은 손해를 보는 집단이 있는 경우에도 적절한 보상정책(compensation policy)이 자유무역의 잠재적 손실을 막아준다고 믿는다.

셋째, 일국은 자국의 모든 산업이 다른 나라에 비해 비효율적이어도 자유무역으로부터 이익을 얻을 수 있다. 일국 내에서 동종의 두 기업이 존재할 경우 이들 중 보다 효율적인 기업이 생존할 것이다. 이러한 논리를 국제경쟁에 적용해 보자. 가령, 자국의 모든 산업이 외국에 비해 덜 효율적일 경우 무역이 발생하면 자국의 모든 산업이 축출당할 것인가? 리카도의 비교우위이론이 이를 해결해 준다. 즉, 리카도는 일국 내에서 효율적이지 못한 기업이라도 국제시장에서 외국기업들과 경쟁할 수 있다는 놀라운 사실을 입증하였다. 바꾸어 말해 덜 효율적인 국가라도 자유무역을 하면 일국내의 모두의 후생을 높일 수 있다는 것이다.

넷째, 국내의 어느 한 기업이 세계에서 가장 저비용생산자라 하더라도 국제 경쟁에서 도태될 수 있다. 다시 말해, 리카도의 비교우위이론에 의하면 일국 내에서 가장 효율적인 기업이라도 세계여타국과 자유무역을 하면 도태될 수 있다고 한다. 그리고 이 경우에도 일국은 자유무역으로부터 후생이 향상된다는 것이다. 그렇다고 해서 효율적인 산업이 모두 소멸될 경우 후생이 개선된다는 것을 의미하지는 않는다. 다만, 어느 한 효율적인 산업이 무너진다고 해서 국가전체가 나빠지지는 않는다는 것을 의미한다.

다섯째, 보호무역이 일국을 이롭게 할 수도 있다. 사실상 보호무역을 옹호하는 경제적 논리는 무수히 많지만 대체로 두 가지 범주로 나눌 수 있다. 즉, 첫번째 범주는 자국의 후생은 증대시키나 세계의 후생은 감소시키는 보호무역정책이다. 이를 근린궁핍화정책(beggar−thy−neighbor policy)이라 부른다. 가령, 교역조건개선론, 고용증대론, 덤핑방지론 등을 들 수 있다. 두 번째 범주에 속하는 정책으로는 자국의 후생도 증대시키고 세계의 후생도 증대시키는 보호무역정책이다. 즉, 시장이 불완전하거나 왜곡이 존재하는 경우 이를 시정하기 위한 보호무역정책이 여기에 해당한다. 가령, 유치산업보호론, 해외시장에 독점이 존재하는 경우의 보호무역정책, 국가안보를 위한 보호무역정책 등을 들 수 있다. 여기에 대해서는 나중에 자세히 언급할 것이다.

여섯째, 보호무역이 이로울 수 있지만 여전히 자유무역옹호론이 지배적이다. 일반적으로 정치가들은 자유무역의 이점만을 강조하며 부정적인 측면을 말하지 않는다. 즉, 반대의 논리는 정적들에 의해 이용당할 수 있기 때문이다. 그러나 정치가들이 말하는 것처럼 자유무역과 보호무역 간의 선택이 단순한 것은 아니다. 경제학자들은 자유무역의 단점도 강조하지만 종합적으로 볼 때 자유무역이 좋다고 결론을 내린다. 가령, 공평한 소득분배를 달성하기 위해 보호무역정책을 실시하면 좋은 경우에도 자유무역을 실시하면서 동시에 직접적인 소득분배정책을 실시하는 것이 더 실용적이라고 주장한다.

9.3.1 개관

자유무역(free trade)에 개입하는 무역정책의 수단(instruments of trade policy) 은 [그림 9-1]과 같이 다양하다. 가령, 무역을 제한하는 수단이 있는가 하면, 무역을 확대시키는 수단이 있다. 관세와 같이 가격메커니즘을 통해 수입을 간접 적으로 제한하는 수단이 있는가 하면, 수입할당과 같이 수량이나 금액을 정하여 수입을 직접적으로 제한하는 수단이 있다.

그림 9-1 **무역정책의 수단**

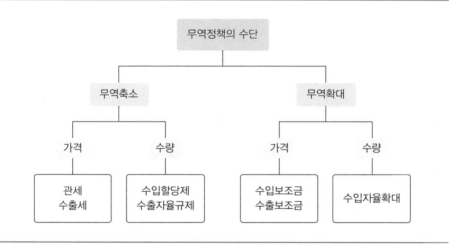

또한 관세 이외의 무역정책 수단을 비관세장벽(Non-Tariff Barriers; NTBs)이 라 하는데, GATT/WTO의 다자간 무역체제에서 관세수준이 낮아짐에 따라 비관 세장벽의 상대적 중요성이 높아졌다. 그러나 비관세장벽의 특성인 선별성, 복잡 성, 불확실성, 계량곤란성으로 인해 철폐 및 완화의 곤란성이 따른다.

비관세조치(Non-tariff measures; NTMs)[2]는 교역량이나 가격(또는 두 개 모

---

2) 비관세조치(NTMs)는 비관세장벽(Non-tariff barriers; NTBs)을 포함하는 상위 개념으로 UNCTAD의 설문조사에 의하면 비관세조치의 70% 정도가 통관절차상 실제 무역 흐름을

두)을 변화시키면서 상품무역에 잠재적으로 경제적 영향을 미칠 수 있는 관세 이외의 정책 조치이다.

UNCTAD는 2006년 7월 비관세조치의 중요성을 인식하고 7개의 국제기구와 함께 MAST(Multi-Agency Support Team)3)를 구성하여 전세계 86개국에 대한 비관세조치 DB를 구축하였다. [표 9-1]의 MAST의 비관세조치 분류체계는 UNCTAD(2012)를 따르며, 비관세조치를 A부터 P까지 총 16개의 장으로 나누어 분류하고 있다.4) 이 중 위생 및 식물위생조치(Sanitary and Phytosanitary Measures; SPS)5)를 포함하는 A장, 무역기술장벽(Technical Barriers to Trade; TBT)6)을 포함하는 B장, 선적 전 검사(Pre-Shipment Inspection; PSI)7)와 그 외 절차를 다루는 C장은 기술적 조치로 분류된다. 그 외 D장부터 O장까지는 수입관련조치 중 비기술적 조치로 분류되며, 수출 관련 모든 조치는 P장으로 분류된다.

이 절의 목적은 무역정책의 가능한 효과를 설명하려는 것이 아니라 각 정책수단이 어떻게 사용되고 있으며, 그 개념이 무엇인지를 설명하고자 한다.

저해하는 비관세장벽으로 작용하고 있는 것으로 나타났다.

3) MAST는 UN-FAO, IMF, ITC, OECD, UNCTAD, UNIDO, World Bank, WTO로 구성되어 있다.

4) 비관세장벽은 UNCTAD, WTO, GATT 등과 같은 세계기구와 Ingo Walter, Richard Baldwin 등과 같은 경제학자들에 의해서도 다양하게 분류되고 있다.

5) 사람과 동식물의 생명과 건강을 보호하기 위한 위생 및 검역 조치인데 경우에 따라서는 NTMs으로 기능할 수 있다. 따라서 WTO SPS는 무역자유화라는 WTO 기본취지에 맞추어 동 조치가 무역제한적으로 기능하는 것을 방지하기 위한 규정들을 포함하고 있다.

6) 무역기술장벽(TBT)은 기술규제, 표준 및 특정제품이 기술규정에 부합하는지 여부를 판정하는 적합성평가절차가 국가간 교역에 불필요한 장애를 형성하는 것을 의미한다. 주요 피해 유형으로는 제품 검사 시간·비용 과다 소요, 국제인증을 획득하였음에도 이를 인정치 않아 발생하는 중복검사, 과도한 안전기준, 인증획득 과정에서 지재권 침해, 국내 공인시험소 검사결과 불인정, 복잡한 인증제도 등을 들 수 있다.

7) 선적 전 검사(pre-shipment inspection: PSI))란 수입상 또는 수입국 정부의 요청에 의해 수출물품을 선적하기 전에 물품이 계약물품과 동일 또는 적합한지의 여부를 선적지에서 확인·검사하는 활동을 말한다. 주로 후발개도국이 수입 시 이용하는 제도로 복잡하고 까다로운 선적전 검사 절차, 선적전 검사수수료 과다, 지나치게 높은 감정가격으로 현지 관세부담의 가중, 현지 검사와의 중복 등이 비관세장벽의 역할을 한다.

표 9-1 MAST의 비관세조치 분류체계

		A	위생 및 식물위생조치(SPS)
	기술적 조치	B	무역기술장벽(TBT)
		C	선적 전 검사와 그 외 절차
수입관련조치	비기술적 조치	D	조건부 무역보호조치 (반덤핑, 상계관세, 세이프가드 등)
		E	수량제한조치
		F	가격통제조치(부가세와 부가요금 포함)
		G	금융조치
		H	경쟁관련 조치
		I	무역관련 투자조치8)
		J	유통제한
		K	판매 후 서비스 제한
		L	보조금(수출보조금 제외)
		M	정부조달 제한
		N	지적재산권9)
		O	원산지규정
수출관련조치		P	수출관련조치

자료: UNCTAD(2012). http://unctad.org/en/PublicationsLibrary/ditctab20122_en.pdf

---

8) 무역관련 투자조치(Trade Related Investment Measures; TRIMs)란 외국인투자와 관련하여 무역흐름을 제한하거나 왜곡시키는 투자유치국의 조치(규제 또는 인센티브 부여)를 의미한다. 이러한 무역왜곡·제한 효과를 방지하기 위하여 1994년 WTO TRIMs협정이 체결되었다. 이 협정의 핵심은 상품무역관련 투자이행의무(투자유치국에서 요구하는 이행의무를 의미)의 부과 금지로 요약된다. 즉, ① 내국민대우와 ② 수량제한 금지(가령, 국산부품 사용의무, 생산제품의 일정량 수출의무, 외환규제를 통한 수입제한 등을 금지), ③ 개도국 우대조치(개도국은 ①과 ②의 의무로부터 일시적 일탈을 허용함), ④ 통보 및 경과조치(각 회원국은 WTO TRIMs협정 발효 후 90일 이내에 본 협정과 어긋나는 모든 TRIMs를 WTO 사무국에 통보하고 통보된·TRIMs를 발효일로부터 선진국은 2년, 개도국은 5년, 최빈개도국(LDC)은 7년 이내에 철폐함. 즉, 선진국에 비해 개도국에게 유리한 유예기간을 허용함)를 주요 내용으로 하고 있다.

9) 지적재산권(특허권, 실용신안권, 디자인권 및 상표권 등)은 인간의 지적 창작물 중에서 법으로 보호할 만한 가치가 있는 것들에 대하여 법이 부여하는 권리이다. 지적재산권의 보호가 효과적으로 이루어지지 않을 경우 창작자의 창작 의욕을 감퇴시키는 결과가 초래된다.

MAST는 다음 8개의 국제기구로 구성되어 있다.
- UNCTAD(UN Conference on Trade and Development): 1964년 개도국 경제개발과 남북문제의 격차 해소를 위해 설립된 UN의 정부간 협의체이다.
- WTO(World Trade Organization): 무역흐름을 부드럽게, 예측가능하게, 자유롭게 할 것을 보장하기 위해 1994년 12월에 설립된 국제무역기구이다.
- UNFAO(Food and Agriculture Orgnization of the UN): 약칭 FAO(식량농업기구)이며, 1945년에 설립된 세계 식량안보 및 농촌 개발에 중추적 역할을 수행하는 국제기구이다.
- IMF(International Monetary fund): 1945년 12월에 설립되었으며, 환율과 국제수지를 감시함으로써 국제금융체계를 감독하도록 위임받은 국제기구이다.
- OECD(Organization for Economic Cooperation and Development): 1948년 Marshall Plan에 의해 지원받은 16개국 OEEC(유럽경제협력기구)가 시초이며, 1961년 미국과 캐나다가 합쳐서 경제성장, 개도국 원조 및 무역확대를 목적으로 탄생된 국제기구이다. 지금은 회원국이 36개국이며, 한국은 1996년 12월에 가입하였다.
- ITC(International trade Centre): 1964년 WTO와 UNCTAD가 공동으로 설립한 기구로, 무역진흥을 통한 빈곤 퇴치를 목적으로 개도국의 중소기업들이 수출에 성공할 수 있도록 무역 개발 솔루션을 제공한다.
- UNIDO(UN Industrial Development Organization): 1986년 개도국 경제발전과 산업기반 지원을 목적으로 설립된 UN산하 기구이다.
- World Bank: 1946년 8월 개도국에 대부금을 제공하는 국제금융기관으로 발족하였으며, 1944년 7월의 브레튼 우즈 협정에 기초하여 설립되었다.

9.3.2 관세

(1) 개념

관세(tariff)는 경제정책의 목표, 특히 재정수입의 확보나 산업보호 등을 달성하기 위하여 국가가 관세선을 통과하는 수입물품에 대하여 법률이나 조약에 의거하여 부과하는 조세(租稅)이다. 이러한 정의에서 관세는 다음과 같은 특성을 갖는다.

첫째, 관세는 국세(國稅)이다. 즉, 관세 징수의 주체는 지방자치단체가 아니고 국가이다.

둘째, 관세는 재정수입확보 및 산업보호를 주요 목적으로 한다. 그러므로 관세는 대외통상정책의 가장 중요한 수단이다.

셋째, 관세율의 변경 및 설정은 조세법률주의 원칙에 따라 국회의 동의를 얻어야 한다. 조세법률주의 원칙이란 국민의 기본권인 재산권을 침해하는 행위는 법률에 근거해야 한다는 것이다.

넷째, 관세선과 국경선은 별개의 개념이다. 가령, 수출을 목적으로 자유무역지대에 반입되는 물품은 관세가 면제되기도 한다. 따라서 자유무역지대는 국경선 안에 있지만 관세선 밖에 위치한다.

다섯째, 관세는 물품세이다. 그런데 물품세는 간접세이다. 즉, 관세를 납부하는 납세자와 관세를 부담하는 담세자가 다르다. 따라서 관세는 전가(轉嫁)된다. 가령, 국내소비자에게 전가되면 내전(內轉) 또는 전전(前轉)이라 하며, 외국의 수출업자 나아가 외국의 생산자에게 전가되면 역전(逆轉) 또는 외전(外轉)된다고 한다.

여섯째, 관세는 조세(tax)이다. 즉, 수수료와 같은 반대급부적인 성격을 갖지 않는다.

(2) 종류

관세는 분류 방법에 따라 그 종류가 다양하다.

첫째, 과세입법에 의한 분류로 국정관세와 협정관세가 있다. 국정관세는 일국의 법률에 의해 부과하는 관세이며, 협정관세는 일국이 타국과의 조약에 의해 부과하는 관세이다. [표 9-2]와 같이 국정관세에는 기본관세, 잠정관세, 탄력관세가 있으며, 협정관세에는 국제협력관세와 일반특혜관세가 있다.

둘째, 과세표준에 의한 분류로 종가세, 종량세, 혼합세가 있다. 종가세(ad valorem tariff)는 수입품의 금액에 대한 고정된 백분비(%)로 부과된다. 즉, 과세표준이 가격이며, 장점으로는 ① 관세부담이 수입품의 가격에 맞추어 균등하고 공평하게 적용되며(공평한 세부담), ② 시장가격의 등락에도 불구하고 과세부담의 균형 유지가 가능하다. 그러나 단점으로는 ① 과세표준으로서의 적정한 가격의 포착이 곤란하며, ② 과세가격을 확정하는 데 번잡한 절차와 다액의 경비가 필요하다.

이에 반해, 종량세(specific tariff)는 수입품 단위당 고정된 금액으로 부과된다. 즉, 과세표준이 수량 또는 중량이며, 장점으로는 과세방법이 간단하여 행정상 편리하다. 그러나 과세의 공평성이 결여되어 있고 인플레하에서 재정수입확보가 어렵다는 점을 들 수 있다.

혼합세(mixed tariff or compound tariff)는 선택세(alternative tariff)와 복합세

(double tariff)가 있는데, 선택세는 수입물품에 대해 종가세 및 종량세를 선택적으로 적용하며, 복합세는 수입물품에 대해 종가세와 종량세를 동시에 적용한다. 이들은 종가세와 종량세의 단점을 보완하려는 목적이 있다.

셋째, 과세방향에 의한 분류로 수입세, 수출세, 통과세가 있다. 물품이 관세선을 통과하는 방향에 따라서 수입세, 수출세, 통과세로 나눌 수 있다. 오늘날은 무역을 촉진시키기 위하여 특별한 경우를 제외하고는 수출세를 부과하는 나라가 별로 없으며, 중개무역을 장려하기 위해 통과세를 부과하는 나라도 없다. 따라서 일반적으로 관세라 함은 수입세(import tariff)를 지칭한다.

[표 9-2]는 과세입법에 의한 관세의 종류를 국정관세와 협정관세로 분류한 것이며, 이하 ①~⑬과 각주 10~14에서 이들 개념을 자세히 설명하고 있다.

표 9-2 과세입법에 의한 분류

대분류	중분류	소분류
국정관세	기본관세(49조, 50조)	
	잠정관세(49조, 50조, 세법시행령 57조)	
	탄력관세	덤핑방지관세(51조-56조)
		상계관세(57조-62조)
		보복관세(63조-64조)
		긴급관세(65조-67조)
		특정국물품 긴급관세(67조 2)
		농림축산물에 대한 특별긴급관세(68조)
		조정관세(69조, 70조)
		할당관세(71조)
		계절관세(72조)
		편익관세(74조, 75조)
협정관세	국제협력관세(73조)	WTO 일반협정세율
		WTO 개도국협정세율
		ESCAP[10)협정세율[11)
		개도국간 특혜무역제도[12) 양허관세
		특정국가와 쌍무협정에 의한 양허관세
	일반특혜관세[13)(76조,77조)	한국의 최빈개도국에 대한 특혜관세 (48개 국가의 80개 품목에 대하여 GSP 공여)

① 기본관세(관세법 제49조, 제50조)

기본관세란 모든 수입물품에 원칙적으로 적용되는 관세로 우리나라 국회에서 법률의 형식으로 제정한 관세를 말한다. 기본관세율은 관세법 별표 관세율표상에 품목별 세율이 기재되어 있다.

② 잠정관세(관세법 제49조, 제50조, 관세법시행령 제57조)

잠정관세란 특정물품에 대하여 기본세율과는 다른 세율을 잠정적으로 적용하기 위하여 마련된 관세로서 잠정세율은 관세율표상 기본세율과 함께 규정되어 있다. 잠정세율 역시 기본세율과 마찬가지로 국회의 의결을 거쳐 제정된다. 그러나 기본세율과는 달리 잠정세율의 적용 정지 또는 기본세율과의 세율차를 좁히도록 개정(인상 또는 인하)하는 것은 국회의 의결을 거치지 않고도 대통령으로 가능하다. 현재 적용되는 잠정세율은 없다.

③ 탄력관세

관세율의 변경은 국민의 기본권의 하나인 재산권을 침해하므로 조세법률주의 원칙에 따라 국회의 의결을 거쳐 변경되어야 한다. 그러나 급변하는 국내외 경제환경에 신속히 대처하기 위하여 조세법률주의에 대한 예외로써 행정부가 입법부로부터 일정.범위 내에서 관세율을 변경할 수 있는 권한을 위임받아 관세

---

10) 아시아태평양 경제사회위원회(Economic and Social Commission for Asia and Pacific; ESCAP)는 UN 경제사회이사회(UN Economic and Social Council; ECOSOC) 산하에 있는 5개 지역경제위원회 가운데 하나로 아태지역을 포괄하는 정부 간 기구로서 역내 경제사회분야의 개발 및 협력을 위한 역할을 수행함. 현재 53개 회원국(준회원국 포함 62개국)을 가짐.

11) ESCAP협정세율은 1976년 ESCAP 회원국 중 아시아 5개국(한국, 인도, 스리랑카, 방글라데시, 라오스)간 무역특혜에 관한 협정인 방콕협정이 체결되었으며(중국은 2002년에 가입), 2006년 9월 APTA(아시아태평양무역협정)으로 명칭이 바뀌면서 양허품목이 확대되고 원산지결정기준이 완화됨.

12) GSTP(Global System of Trade Preference among Developing Countries)는 UNCTAD 지원 하에 개도국 상호간에 관세 및 비관세장벽을 완화하여 무역증진을 도모하기 위한 개도국간 특혜무역제도이며, 현재 43개국이 협정국이며, 1988.4. 발효됨(한국은 1989.6 발효).

13) 개도국의 수출확대 및 공업화 촉진을 위해 선진국이 개도국으로부터 수입하는 농수산물과 공산품에 대하여 무관세 또는 저율의 특혜를 부여하는 관세를 말한다. 여기서, 일반적이라 표현한 것은 기존특혜(예, 영연방특혜)처럼 특정국에 국한되지 않고 범세계적이라는 의미이며, FTA처럼 역내국간에는 상호주의적이며 역외국에 대해서는 차별적 특혜가 아니라는 의미이다.

율을 탄력적으로 운용할 수 있도록 만들어진 관세를 탄력관세라 하며, 그러한 제도를 탄력관세제도라 한다. 탄력관세에는 이하 덤핑방지관세에서 편익관세까지 10가지 종류가 있다.

④ 덤핑방지관세(관세법 제51조-제56조)

외국의 덤핑판매에 대하여 국내산업을 보호할 필요가 있을 경우 부과하는 관세이다.

⑤ 상계관세(관세법 제57조-62조)

외국에서 보조금 또는 장려금을 받은 물품의 수입으로 인한 국내산업의 피해방지를 위하여 부과하는 관세이다. 상쇄관세라고도 한다.

⑥ 보복관세(관세법 제63조, 제64조)

우리나라의 무역이익을 침해하는 나라로부터 수입되는 물품에 대하여 피해상당액의 범위 안에서 부과하는 관세이다.

⑦ 긴급관세(관세법 제65조-제67조)

긴급수입제한조치(safeguard)[14]라고 하며, 특정물품의 수입증가로 인하여 국내 동종물품이 심각한 피해를 받거나 받을 우려가 있을 경우 필요한 범위 내에서 관세를 추가하여 부과할 수 있다.

최근 세계 통상환경은 긴급수입제한조치와 기술장벽 등 비관세 분야를 중심으로 수입규제가 강화되고 있다. 세계의 세이프가드 조사 건수를 보면 2001년에 53건이었던 것이 2002년에는 116건으로 약 2배 이상 증가하였다. 국가별로는 선진국의 경우는 기술장벽을, 개도국의 경우는 세이프가드 조치를 적극 활용하고 있다. 가령, 칠레가 19건, 유럽연합이 16건, 헝가리와 폴란드가 각 14건, 중국과 체코가 각 11건이었으며, 철강제품의 비중이 80%을 차지하였다.

---

14) GATT/WTO의 면책조항(escape clause)으로 GATT 6조의 덤핑방지관세 및 상계관세, GATT 12조의 국제수지상의 이유로 인한 수입제한조치, GATT 19조의 긴급수입제한조치(safeguard)가 있다.

⑧ 특정국물품 긴급관세(관세법 제67조2)

GATT의 8번째 다자간협상인 UR에서 수출자율규제(VER)를 없애는 대신 GATT의 기본원칙인 무차별원칙에서 벗어나는 선별성을 긴급수입제한조치(세이프가드)에 두기로 하였다. 이에 따라 발동조건이 충족될 경우 국내산업을 보호하기 위하여 특정국 물품에 대해 선별적으로 부과할 수 있는 관세를 특정국물품 긴급관세라 한다.

⑨ 농림축산물에 대한 특별긴급관세(68조)

WTO 협정을 이행함에 따라 국내외 가격차에 상당한 율로 양허한 농림축산물의 수입물량이 급증하거나 수입가격이 하락하는 경우 적용기준이 충족될 때에는 양허한 세율을 초과하여 부과하는 관세를 말한다.

⑩ 조정관세(69조, 70조, 관세법시행령 91조)

조정관세(tariff adjustment)란 수출국이 공정가격으로 수출을 하더라도 수입국의 산업에 큰 피해를 줄 경우 한시적으로 관세를 부과하여 수입국의 생산자 또는 소비자를 보호해주는 제도이다.

현행 관세법에서는 다음과 같은 경우 일시적으로 일정 기간 동안 세율을 조정하여 관세를 부과할 수 있다. 가령, ① 산업구조의 변동 등으로 물품간의 세율이 현저히 불균형하여 이를 시정할 필요가 있는 경우, ② 국민건강·환경보전·소비자보호 등을 위하여 필요한 경우, ③ 농림축수산물 등 국제경쟁력이 취약한 물품의 수입증가로 국내시장이 교란되거나 산업기반을 붕괴시킬 우려가 있어 이를 시정 또는 방지할 필요가 있는 경우, 기본관세에서 100% 이내의 관세를 더 부과 할 수 있다.

조정관세를 발동하면 수입억제효과는 즉시 나타나지만 물가상승을 자극하고 외국과의 통상마찰을 야기할 소지가 있으므로 면책조항 등을 활용하는 편이 바람직할 것이다.15)

---

15) 한국은 1990년 OECD국가에 가입함으로써 국제수지상의 이유로 수입을 제한할 수 없으며, 원칙적으로 수출입 이행에 수량제한을 할 수 없게 되었으며, 국내산업보호를 위해서만 관세를 인정한다는 GATT 11조국이 됨. 따라서 GATT가 허용하고 있는 예외 및 면책조항 등을 적극 활용하고 외국과의 불필요한 통상마찰을 야기할 소지가 있는 조정관세의 사용은 가능한 자제해야 한다.

⑪ 할당관세(71조)

할당관세(tariff quota)란 수입수량을 직접규제하지 않고 관세율의 조작에 의해 수입수량을 간접적으로 규제하는 제도이다. 가령, 기본세율에서 ±α를 한다.

선진국의 경우는 GSP에 대응하는 비관세장벽으로 활용하였다. 우리나라의 경우는 물가안정, 산업경쟁력 강화, 국내 물자수급의 원활화 등을 위해 기본관세율에서 40%포인트를 가감한 범위 내에서 운용되는 탄력관세제도이다.

⑫ 계절관세(72조)

가격이 계절에 따라 현저하게 차이가 있는 물품으로서 동 물품의 수입으로 국내시장이 교란되거나 생산기반이 붕괴될 우려가 있는 때에는 당해물품의 국내외가격차에 상당하는 비율의 범위 안에서 기본세율보다 높게 부과하거나 40% 범위 내에서 기본세율을 감하여 부과할 수 있다.

한국에 쏟아지는 수입규제
- 미국 Trump 행정부가 들어서면서 보호무역주의에 대한 경계경보가 발동되고 있다. 미국은 수입규제 수단으로 가장 빈번히 사용하는 반덤핑(AD)과 상계관세(CVD) 조치를 강화할 뿐만 아니라 2001년 이후 처음으로 한국산 태양광 전지와 세탁기에 대해 긴급수입제한조치(SG)를 발동하였다.
- AD, CVD, SG는 대표적인 무역구제(trade remedy)라고 하는데 그 이유는 수출국의 덤핑이나 보조금 지급 행위가 수입국 산업에 피해를 주었다는 사실이 입증되었을 때에만 그 피해를 구제하기 위해 부과되는 조치이기 때문이다. 세이프가드의 경우는 수출국의 불공정무역 행위가 없어도 갑작스런 수입의 증가로 수입국 산업이 피해를 입을 경우 수입을 한시적으로 규제하는 무역구제 조치이다.
- WTO 집계에 따르면 2016년 전 세계 AD, CVD, SG 조사 개시 건수는 2002년 이후 최대 수치인 345건을 기록하였다. 한국무역협회 수입규제 통합지원센터의 집계에 따르면 2017년 10월 현재 한국에 대한 AD, CVD, SG의 조치 또는 조사 중인 건수가 190건에 달하고 있다. 국가별로는 인도와 미국이 각각 31건으로 큰 비중을 차지하고 있으며, 산업별로는 철강제품에 수입규제가 집중되어 있다. 특히, 미국의 반덤핑 및 상계관세 조사 건수가 최근 들어 빈도가 높아지고 있으며, 대상 품목 범위가 확대되고 있다는 점에 주목할 필요가 있다.
- 우리의 전체 수출에서 수입규제조치로 영향을 받는 수출의 비중만 본다면 그 심각성이 크지 않은 것 같지만 규제를 당한 개별 기업의 입장에서는 수출감소와 법률적·회계적 비용부담 등 치명적일 것이다. 일단 조사가 시작되면 조사 당국의 요구에 충실히 응해야 하겠지만 WTO 협정에 위배되는 경우가 발생하면 WTO 분쟁해결 절차를 통해 해당 수입국을 상대로 협정 위반에 대한 소를 제기해야 할 것이다.

⑬ 편익관세(74조)

관세에 관한 조약에 의한 편익을 받지 못하는 국가의 물품으로 우리나라에 수입되는 물품에 대하여 이미 체결된 외국과의 조약에 의한 편익의 한도 내에서 관세에 관한 편익을 제공하는 관세이다(아프가니스탄, 부탄, 라오스; 이란, 이라크, 레바논, 서사모아, 소말리아, 모나코 등).

(3) 관세율 적용순위(관세법 제50조)

관세율은 크게 기본세율, 잠정세율, 탄력세율, 양허세율로 구분할 수 있으며, 이를 다시 세분하면 18종류의 관세율이 있다. 그러나 모든 수입물품은 이 가운데 하나의 세율만 적용되는데, 관세법 제50조(세율적용의 우선순위)에 의하면 다음과 같이 적용된다. [표 9-3]을 보면 일반적으로 탄력관세, 협정관세, 국정관세의 순서로 적용됨을 알 수 있다.

표 9-3 **관세율 적용순위**

순위	세율종류	유의사항
1	덤핑방지관세, 상계관세, 보복관세, 긴급관세, 특정국긴급관세, 농림축산물특별긴급관세	관세율의 높낮이에 관계없이 최우선 적용
2	국제협력관세, 편익관세	3,4,5,6보다 낮은 경우 적용
3	조정관세, 할당관세, 계절관세	할당관세는 일반특혜관세보다 낮은 경우 우선 적용
4	일반특혜관세	
5	잠정세율	
6	기본세율	

(4) 품목분류 방식

세계적으로 널리 사용되고 있는 HS(hamornized system) 방식은 관세협력위원회(CCC) 즉, 오늘날의 세계관세기구(WCO)에서 상품의 가공단계를 기준으로 제정한 품목분류 방식이다. 이것은 세관에서 관세행정의 목적으로 사용하는 것 이외에도 무역통계, 운임, 보험료 등의 다양한 분야에서 세계 각국이 공통적으로 사용할 수 있도록 만들어진 상품분류체계이다.

HS code는 총 10자리로 구성되어 있으며, 이중 6자리까지는 모든 나라가 동일하게 사용하며, 나머지 7~10자리까지는 각 국가마다 조금씩 다르다. 한국(HSK)과 미국은 10단위, EU는 8단위, 일본은 9단위를 사용한다.[16]

HS code를 부여하는 단계는 ① 2단위의 류(chapter)를 결정, ② 류(類)내에서 4단위인 호(heading)를 결정, ③ 호(號)내에서 6단위인 소호(sub-heading)를 결정, ④ 최종적으로 HSK 10단위를 결정한다.[17]

HS 방식과 더불어 세계적으로 널리 사용되고 있는 표준국제무역분류(standard international trade classification: SITC) 방식이 있다. 이것은 관세협력위원회(CCC)가 무역통계의 집계 및 무역통계의 국제적 비교를 용이하게 하기 위하여 상품을 종류별로 분류한 품목분류 방식이다.

(5) 소결

UR 이후 수입자유화가 급속히 진행되고 있으며, 특히 최근 FTA와 같은 지역무역협정에 의해 무역자유화가 확산됨에 따라 우리나라의 공산품 평균관세율은 선진국 수준에 육박하고 있다. 선진국의 공산품 평균관세율은 5% 미만인 반면, 개도국의 평균관세율은 26%로 파악되고 있으며, 우리나라는 8% 미만이다.

이렇게 관세율이 낮아지자 각국은 수입을 제한할 목적으로 탄력관세제도에 대한 의존율을 높이고 있다. 그러나 탄력관세에 대한 의존율이 높아질 경우 통상마찰이 발생될 수 있으므로 기본관세(WTO 협정세율이 있을 경우는 협정세율)로 전환해야 할 것이다. 특히, 탄력관세 가운데서 조정관세의 활용은 가능한 짧은 기간 내에 그쳐야 할 것이다.

---

16) 관세청 홈페이지 우측 Quick Menu의 "품목분류→세계HS→HS비교"에 들어가면 세계 각국의 관세율표를 볼 수 있다. (http://www.customs.go.kr)

17) 2017년 현재 21개 Section(부), 97개 Chapter(류), 1,222개 Heading(호), 5,387개 Subheading(소호), 12,232개 HSK가 있다.

9.3.3 수입할당제(Import Quota)

(1) 개념

수입할당제(IQ) 또는 수입쿼터란 수입을 양적으로 또는 금액으로 제한하여 수입을 직접 규제하는 무역정책 수단이다. 제한은 보통 개인 또는 기업에 대해 수입허가증(licenses)을 발급함으로써 이루어진다. 허가증의 소지자는 수입품을 구입하여 국내시장에서 보다 높은 가격으로 판매할 수 있다. 수입허가증의 소지자들이 받는 이윤을 일종의 초과이윤에 해당하는 쿼터렌트(quota rents)라고 부른다.

(2) 종류

수입쿼터의 종류는 다양하다. 가령, 자유무역수준 이하로 수입을 제한하는 쿼터를 제한적 쿼터(binding quota)라 하며, 자유무역수준 또는 그 이상으로 수입을 제한하는 쿼터를 비제한적 쿼터(nonbinding quota)라 한다. 그리고 일정기간 특정수준으로 수량을 제한하는 쿼터를 절대적 쿼터(absolute quota)라 하며, 쿼터별로 서로 다른 관세율을 적용하는 쿼터를 할당관세(tariff quota) 또는 저율관세할당(TRQ)[18]이라 한다. 끝으로, 국가를 제한하지 않는 쿼터를 총량쿼터(global quota)라 하며, 보통 선착순(first-come, first served basis)으로 쿼터가 관리된다. 그리고 국가별로 수입량을 할당하는 쿼터를 국별쿼터(allocated quota)라 한다.

수입할당은 1931년 프랑스에서 시작되었다. 당시 밀 생산이 흉작이어서 호주로부터 밀을 수입하고 있었는데 높은 관세에도 불구하고 계속 수입되자[19] 밀 수입량을 양적으로 제한한 것이 유래가 되었다. 그 후 다른 나라로 그리고 다른 재화로 확산되어 가장 강력한 수입제한 수단이 되었다.

---

18) TRQ(Tariff Rate Quota)란 FTA 체결 시 정부가 허용한 일정 물량에 대해서 저율관세율이 부과되고, 이를 초과하는 물량에 대해서는 높은 관세율이 부과되는 것으로 저율관세할당 물량으로 불린다. 할당관세(Tariff Quota; TQ) 또는 관세할당제도와 비슷한 개념이다.

19) 호주의 밀 수출공급곡선이 완전비탄력적이기 때문이다. 이 경우 밀 가격이 하락하여도 수출이 감소하지 않으므로 프랑스의 관세는 거의 대부분 호주의 밀 수출업자 나아가 밀 생산자에게 전가된다.

9.3.4 수출자율규제(VER)

(1) 개념

수출자율규제(Voluntary Export Restraint: VER)는 수출쿼터(export quota)의 일종으로 수출국과 수입국의 합의에 의해 수출국으로 하여금 수출물량을 일정수준으로 제한하도록 하는 쌍무협정이다.

VER은 특정수출국으로부터 수입물량이 과다하게 수입될 때 수입국이 수입경쟁산업을 보호하기 위한 하나의 수단으로 이용하는 보호무역정책이다. 즉, 수출국이 수입국을 달래고 수입국의 가능한 무역제한조치를 회피할 목적으로 수출국에서 사용한다. 따라서 VER은 완전히 자발적인 것은 아니다. 그래서 '양의 탈을 쓴 늑대(a wolf in sheep's clothing)'라는 별명을 갖는다.

(2) GATT와 VER

VER은 회색지대(grey area)이다. 즉, 선별성 때문에 선진국이 가장 선호하였던 비관세장벽(NTB)이다. 그러나 1994년 UR협상에서 VER을 사용하지 않기로 타결하였다. 단, GATT 제19조 safeguard 조항에 GATT/WTO 기본원칙의 예외인 선별성을 넣는 것을 조건으로 하였다. 이에 근거하여 우리나라도 관세법 67조 2항에 특정국물품에 대해 긴급관세를 부과할 수 있도록 규정하고 있다.

(3) VER의 사례

VER은 1950년대 미·일 간의 면직물 VER[20])이 시초였지만 유명한 것은 미·일 자동차 수출자율규제가 유명하다.

1981년 미국은 2차 석유파동의 충격을 겪고 있었다. 즉, 석유가격의 상승으로 연료의 효율성이 높은 일본차에 대한 수요가 급증하였다. 당시 미국의 자동차 메이커인 크라이슬러가 미국정부의 보조금으로 간신히 위기를 모면하면서 도산 직전에 있었다. 크라이슬러는 미국 국제무역위원회(ITC)에 면책조항(escape clause)을 요구하였다. 즉, GATT 19조의 긴급수입제한조치(safeguard)를 요구하였

---

20) 1950년대 면직물 VER→1974년 다자간섬유협정(MFA)→1994.12월 UR 타결로 MFA 폐지, 이 듬해 1월부터 직물의류협정(ATC)으로 명칭이 변경됨.

다. 그러나 ITC는 심각한 피해를 발견하지 못하였다는 이유로 기각하였다. 당시 미국은 자동차산업의 수요격감으로 인해 심각한 경기침체에 직면하고 있었다.

그 후 미국무역대표부(USTR)는 일본자동차산업에 자발적으로 수출을 제한할 것을 여러 차례 요구한 결과 1981년 미·일 자동차 VER이 실시되었다. 일본은 당시 미국으로 연간 약 190만대를 수출하고 있었는데, 1981~1983년 VER협상으로 연간 168만대로 수출을 제한하였다.

미·일 자동차 VER 이후 일본은 다음과 같은 전략을 통해 난국을 피해 갔다.

첫째, 고급화효과(upgrade effect)를 추구하였다. VER은 수량제한이지 가격제한은 아니다. Robert C. Feenstra의 연구에 의하면 1981~1984년 VER 실시 결과 자동차의 수입가격은 크게 상승하였다. 가격상승은 통상 공급감소, 생산비증가, 고급화효과(upgrade 효과)에 기인한다. 그런데 당시 자동차가격 상승의 2/3가 고급화효과에 의한 것임을 입증하였다.

둘째, 현지조립공장을 건설하였다. VER 이후 일본의 자동차 생산회사인 혼다. 도요다, 닛산. 마쯔다, 미츠비시 등이 미국으로 진출하였다.

셋째, 제3국으로의 녹다운수출에 의한 우회수출을 하였다. 당시 한국의 현대자동차는 미츠비시로부터 부품을 수입하여 조립 후 미국으로 자동차를 수출하였다.

9.3.5 수출세

수입관세와 수출세는 대칭적이다. 즉, 수출세를 부과하면 수출재의 국내가격이 하락하므로 수입재의 가격이 상대적으로 상승한다. 그 결과 자원이 수출산업에서 수입경쟁산업으로 이동한다. 또한 수출국이 대국일 경우 교역조건개선효과가 발생한다. 따라서 수입관세와는 대칭적인 관계에 있다.

그러나 무역수지효과 면에서 볼 때 수출세의 부과는 무역수지를 악화시킨다. 그리고 수출의 감소는 승수효과에 의해 국민소득을 감소시킨다. 그러므로 특별한 경우 외에는 수출세를 잘 사용하지 않는다.

9.3.6 수출보조금

정부는 국내산업을 보호하고 발전시킬 목적이 있을 경우에는 무역을 제한하지 않는다. 그러므로 관세와 상호보완적이면서 국내생산을 촉진시킬 수 있는 또 다른 정책으로 해외에 자국의 상품을 판매하기 위하여 자국 산업에 인센티브를 제공할 필요가 있다. 수출보조금은 바로 그러한 인센티브이다. 즉, 수출보조금은 특정상품의 수출을 촉진시킬 목적으로 해외에 그 상품을 수출하는 개인 또는 기업에 대해 정부가 지불하는 보조금이다. 수출보조금이 지불되면 수출업자는 수출상품의 국내가격이 보조금액만큼 외국가격을 초과하여도 수출이 가능하다.

UR의 보조금 및 상계조치에 관한 협정에서는 보조금을 [표 9-4]와 같이 분류하였다. 여기서 수출보조금은 수출성과에 따라 공여되는 보조금으로 규정하였으며, 금지보조금에 속한다.

표 9-4 **보조금의 종류별 의무 및 규제 사항**

종류	내용	사용의무	규제
금지보조금 (red subsidy/ prohibited subsidy)	수출보조금, 수입대체보조금	원칙적 사용금지, 유예기간내 철폐	• 의무 불이행시 WTO/DSB에 제소 가능 • 상계관세 부과 가능
상계가능보조금 (yellow subsidy/ actionable subsidy)	특정성 있는 보조금	사용가능	• 상대국에 불리한 효과를 줄 경우 WTO/DSB에 제소 가능 • 상계관세 부과 가능
허용보조금 (green subsidy/ non-actionable subsidy)	연구, 환경, 지역개발보조금	사용가능	• 상대국에 심각하게 불리한 효과를 줄 경우 위원회에 제소 및 대응조치 가능 • 상계관세 부과 불가

9.3.7 기타의 무역정책 수단

(1) 정부조달

정부조달정책(National Procurement Policies)은 정부나 지방자치단체가 물품을 구입할 때 외국산품보다 국산품의 구입을 특정 비율로 할 것을 요구한다.

(2) 건강 및 안전기준

미국은 의약품과 같은 특정 제품의 사용을 관리하는데 다른 나라에 비해 더 많은 규제를 한다. 이러한 규제는 동 정책이 무역의 변화에 영향을 미칠 것을 염두에 두고 마련된 것은 아니지만 결과적으로 무역패턴에 영향을 미칠 수 있다.

(3) 행정장벽

행정장벽(Red-Tape Barriers)은 행정적인 정책의 차이로 거래가 이루어지지 않는 경우를 의미한다. 즉, 행정장벽은 외국제품을 수입하는 데 필요한 행정절차로 인한 비싼 비용을 말한다. 가령, 과거 한국의 대외무역법이 특정 자격을 갖춘 자만이 대외무역을 할 수 있도록 규제한다든지 특정 국가와는 거래를 못하게 제한한 것은 좋은 예라 할 수 있다. 또는, 어떤 제품이 수입되기 전에 수많은 허가를 받아야 한다면 행정장벽이 발생할지 모른다.

〈대외무역법의 개정과 무역업의 규제 완화〉
- 1967년 4월 1일 GATT 가입을 계기로 '무역거래법'이 시행되면서 무역업은 등록제에서 '허가제'로 강화되었다.
- 1987년 7월 1일 다양하고 복잡한 무역관련법(3개)이 통폐합되어 '대외무역법'이 제정되면서 무역업은 허가제에서 '등록제'로 변경되었다. 이 시기 처음으로 무역수지 흑자를 기록한 해이다.
- 1997년 3월 1일. 대외무역법이 개정되면서 무역업은 등록제에서 '신고제'로 변경된다.
- 2000년 1월 1일. 무역업은 신고제에서 사업자등록증만 있으면 누구나 무역업을 할 수 있도록 '완전 자유화'되었다. 다만, 통계목적상 수출입신고시 무역업고유번호를 기재해야 한다. 동 번호는 한국무역협회에 신청하면 얻을 수 있다.

9.4.1 평균관세율(Average Tariff Rates)

일국의 보호의 정도를 측정하는데 사용되는 하나의 방법으로 평균관세율이 있다. 관세는 일반적으로 외국제품의 수입을 감소시키므로 관세율이 높을수록 일국의 수입경쟁산업(import-competing industries)에 대한 보호효과는 커진다. 한때는 관세가 가장 공통적으로 사용된 무역정책이었다. 많은 나라들이 관세를 정부예산의 주요 재정적 근원으로 사용하였다. 그러나 20세기 후반 무역자유화가 진전됨에 따라 다양한 형태의 비관세장벽(NTBs)의 중요성이 높아졌다.

표 9-5 **특정 국가의 평균관세율(2016년)** 단위: %

국가	전체상품(비농산품)
미국	3.5(3.2)
캐나다	4.1(2.2)
EU	5.2(4.2)
일본	4.0(2.5)
한국	13.9(6.8)
멕시코	7.0(5.7)
칠레	6.0(6.0)
아르헨티나	13.7(14.3)
브라질	13.5(14.1)
태국	11.0(7.7)
중국	9.9(9.0)
이집트	17.9(10.7)
필리핀	6.3(5.7)
인도	13.4(10.2)
케냐	12.8(11.6)
가나	12.2(11.5)

자료: WTO Data. Retrieved from http://data.wto.org

[표 9-5]는 2016년도 특정 국가들의 HS 6단위로 나타낸 종가세 또는 종가세 상당치(Ad Valorem Equivalent; AVE)의 평균관세율이다. 이것은 각국에서 실제 적용된 MFN 관세율을 단순 평균한 것이다. (   ) 안의 값은 비농산물의 평균관세율이다. 즉, 공산품의 관세율이라고 보면 된다. 이들 국가의 일인당 국민소득은 대체로 높은 순서로 정리되어 있다.

일반적으로 말해서, 평균관세율은 농업국의 경우가 조금 더 높은 편이지만 대부분의 나라에서 20% 이하이다. 대체로 선진국의 평균관세율은 5% 내외이다. 그러나 한국의 경우는 전체상품은 후진국 수준이나 비농산물의 경우는 비교적 낮은 관세율을 갖는다. 이는 농산물에 대한 높은 관세 때문일 것이다. 평균적으로 후진국들은 높은 관세장벽을 유지한다. 그러나 최근 WTO에 가입한 많은 국가들이 WTO 가입을 위해 상당히 큰 폭으로 관세율을 인하시켰다.

9.4.2 무역가중평균관세(trade-weighted average tariff)

일국의 보호수준을 측정하기 위해 평균관세를 사용할 경우 생기는 첫 번째 문제는 평균관세율을 계산하는 방법이 몇 개 된다는 것이며, 각 방법은 보호의 수준을 서로 다르게 나타낼 수 있다는 것이다.

가령, [표 9-5]는 단순평균으로 계산하였다. 이러한 비율을 계산하기 위해서는 모든 관세율을 단순히 더한 후 수입품의 숫자로 나누면 된다. 그런데 이 방법으로 평균관세율을 계산할 경우 한 가지 문제가 발생한다. 가령, 일국이 관세가 영인 몇몇 상품에 무역이 집중되어 있고, 수입을 해도 크게 이익이 없는 대다수 범주의 상품에 높은 관세가 부과되고 있는 경우 단순평균관세는 일국의 보호 정도를 과대평가하는 경향이 있다.

이러한 문제는 무역가중평균관세를 계산한다면 어느 정도 피할 수 있다. 이 것은 총수입품에 대한 각 수입품의 비중을 해당 수입품의 각 관세율에 가중시킨다. 그러므로 일국이 어느 한 수입상품에 매우 낮은 관세율을 갖고 다른 많은 수입상품의 경우 관세는 높고 수입은 발생하지 않을 경우 무역가중관세율로 계산한다면 보호의 수준이 낮게 나타난다.

무역가중평균관세율을 계산하는 단순한 방법으로는 총관세수입액을 총수입액으로 나누면 된다. 이러한 자료들은 입수가 용이하므로 각국은 이 방법을 이용하여 무역가중평균관세를 쉽게 얻을 수 있다(예시 참조).

단순평균관세와 무역가중평균관세의 차이를 비교해 보자. 가령, 2009년 미국의 단순평균관세율은 3.6%였다. 같은 해 미국의 총관세수입은 292억 달러였고, 총수입액은 2조 1,260억 달러였다. 따라서 미국의 무역가중평균관세는 1.4%에 불과하였다. 동일한 방법으로, 2016년의 미국의 단순평균관세는 3.4%인데, 같은 해의 무역가중평균관세는 2.4%이다. 한국의 경우도 2016년 단순평균관세는 13.9%인 데 반해 무역가중평균관세는 9.0%이다. 이와 같이 무역가중평균관세로 나타낼 경우 보호의 수준이 과대평가되는 문제를 피할 수 있다.

그러나 무역가중평균관세를 사용한다고 해서 문제가 없는 것은 아니다. 가령, 한 국가가 여러 범주의 수입품에서 금지적 관세(무역을 제거할 정도의 높은 관세)를 부과하고 있어서 무역이 별로 발생하지 않는다고 가정하자. 이 경우 상대적으로 낮은 관세율을 갖는 몇몇 수입품 범주에서 무역이 조금만 발생하여도 무역가중평균관세율은 상대적으로 낮을 것이다. 따라서 무역장벽이 매우 높은 나라가 관세율이 낮은 나라로 보도될 수 있다. 이 경우에는 단순평균관세로 보호수준을 나타낸다면 평균관세율이 높아지게 되므로 단순평균관세가 일국의 보호수준을 더 잘 나타내는 지표가 될 수 있다.

물론 보호의 정도를 과대평가하는 가장 좋은 방법은 유세품(dutiable imports)에 대해 평균관세율을 계산하는 것이다. 이 방법은 실제로 관세가 부과되는 수입품만을 고려하며 관세가 0인 품목은 배제된다. 오늘날 대부분의 국가들이 관세가 0인 무관세 품목이 많기 때문에 이와 같은 측정은 다른 방법에 비해 평균관세율을 높일 것이다.

보호의 정도를 측정하기 위해 평균관세율을 이용할 경우 나타나는 두 번째 문제는, 관세가 유일한 무역정책이 아니라는 것이다. 대부분의 국가들은 쿼터, 수입허가, VER, 수출세, 수출보조금, 정부조달, 국산품애용 등과 같은 수많은 비관세장벽들을 사용하고 있다. 이외에도 대국의 경우 무역의 흐름에 영향을 미칠 수 있는 다양한 국내 규제들이 존재한다. 수출입에 영향을 미치는 이러한 규제, 제한, 또는 무역장벽들은 평균관세를 측정할 때 전혀 포함되지 않는다. 그럼에도 불구하고 이들 비관세장벽들은 관세에 비해 무역에 훨씬 더 큰 영향을 미칠 수 있다.

무역가중평균관세 계산 예시

수입액	관세율	관세수입	
A재화	1,000원	10%	100원
B재화	200원	50%	100원
	1,200원 (총수입액)	30% (평균관세율)	200원 (총관세수입)

A재화 = 1,000/1,200 = 83.3%
B재화 = 200/1,200 = 16.7%

무역가중평균관세율:
{(10%×0.833) + (50%×0.167)} = 16.7%

간단한 계산법:
무역가중평균관세율 = 총관세수입/총수입액 = 200/1,200 = 0.167

주요용어

1. 경제적 효율성(economic efficiency)
2. 근린궁핍화정책(beggar-thy-neighbor policy)
3. 관세의 전가(轉嫁)
4. 종가세(ad valorem tariff)와 종량세(specific tariff)
5. 조정관세(tariff adjustment)
6. 할당관세(tariff quota)
7. 제한적 쿼터(binding quota)
8. 무역가중평균관세(trade-weighted average tariff)

1. safeguard란 무엇이며, 오늘날 국제무역협상에서 어떻게 이용되고 있는가?

2. 국제무역협상에서 비관세장벽(NTBs)을 철폐 또는 완화시키기 어려운 이유는 무엇인가?

3. 탄력관세제도란 무엇이며, 오늘날 세계 각국은 이를 어떻게 활용하고 있는가?

4. 단순평균관세와 무역가중평균관세란 무엇이며, 이들의 장단점을 설명하시오.

무역정책의 분석방법

10.1 부분균형분석

일반적으로 경제의 분석방법에는 두 가지가 있다. 즉, 부분균형분석(partial equilibrium analysis)과 일반균형분석(general equilibrium analysis)이다. 전자는 경제내의 한 산업부문에만 미치는 무역정책의 효과를 분석한다. 수요와 공급곡선으로 균형을 설명하고, 생산자잉여와 소비자잉여로 후생을 측정한다. 반면, 일반균형분석은 경제내의 2부문(다수부문의 가장 단순한 형태임)에 미치는 무역정책의 효과를 분석한다. 일반균형분석에서는 오퍼곡선21)을 이용하여 균형을 설명하며, 사회후생함수를 이용하여 후생을 측정한다.

부분균형분석에 의해 무역정책의 경제적 효과를 분석하기 위하여 우리는 다음과 같은 기본적인 가정을 설정한다.

첫째, 2국(한국과 미국)이 존재한다고 가정한다. 분석을 좀 더 일반화시키기 위해 나머지 한 국가를 세계여타국(rest of the world)으로 가정할 수 있다.

둘째, 각국은 교역재인 밀(wheat)의 생산자와 소비자가 있다고 가정한다. 공산품, 농산품, 서비스 등과 같이 보다 넓은 범주의 제품을 가정하면 분석을 좀

---

21) 오퍼곡선(offer curve)은 일국의 후생을 극대로 하는 수출입 조합을 의미한다. 미이드(J. E. Meade)는 이를 고안하여 고전파 학자들이 관심을 가졌던 교역조건의 결정과 무역균형을 설명하여 1977년 노벨경제학상을 수상하였다.

더 일반화시킬 수 있다.

셋째, 밀은 동질재(homogeneous goods)[22]이다. 즉, 한국산이든 미국산이든 소비에 있어서 완전대체재(perfectly substitutable goods in consumption)임을 가정한다.

넷째, 시장은 완전경쟁이며, 왜곡이 없다고 가정한다.

10.2 자유무역의 균형분석

10.2.1 대국과 소국

완전경쟁시장[23]하에서의 무역정책의 가격 및 후생효과를 대국과 소국으로 구분하여 분석한다. 무역정책의 효과는 국가의 크기에 따라 상당히 다르게 나타난다. 대국과 소국을 구분하는 기준은 시장점유율(market share)이다. 세계시장의 점유율이 높을 경우 수출입의 증감은 당해 재화의 세계시장가격에 영향을 미친다. 즉, 가격인도자(price maker)가 된다. 반면에 시장점유율이 낮은 소국일 경우 수출입의 증감은 당해 재화의 세계시장가격에 영향을 미치지 못한다. 즉, 가격순응자(price taker)가 된다.

이 절에서는 수요와 공급곡선을 이용하여 수입수요곡선과 수출공급곡선을 도출한다. 그리고 수입수요곡선과 수출공급곡선을 결합하여 대국과 소국의 자유무역균형을 분석한다.

10.2.2 자유무역의 균형: 대국 경우

[그림 10-1]의 왼쪽 그림은 미국의 밀 시장에서의 밀의 공급 및 수요곡선

---

22) 차별화된 재화(differentiated goods)를 가정하면 독점적 경쟁시장이 된다.
23) 완전경쟁시장이란 생산자와 소비자가 다수이며, 제품이 동질적이며, 정보가 완전한 시장을 의미한다. 여기서는(13장까지) 완전경쟁시장과 더불어 시장왜곡이 존재하는 않는 상황하에서 무역정책의 경제적 효과를 분석한다.

을 나타낸다. 공급곡선은 미국의 밀 생산자들이 다양한 잠재적 가격에서 기꺼이 생산하고자 하는 생산량을 나타내며, 수요곡선은 미국의 밀 소비자들이 다양한 잠재적 가격에서 기꺼이 소비하고자 하는 수요량을 나타낸다. 두 곡선의 교점은 미국의 폐쇄경제(autarky) 하의 균형가격(P_{Aut}^{US})이 된다.

그림 10-1 **폐쇄경제하의 균형**

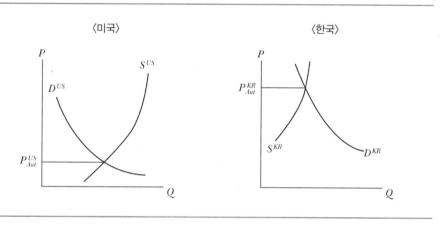

[그림 10-1]의 오른쪽 그림은 한국의 밀 시장에서의 밀의 공급 및 수요곡선을 나타낸다. 공급곡선은 한국의 밀 생산자들이 다양한 잠재적 가격에서 기꺼이 생산하고자하는 생산량을 나타내며, 수요곡선은 한국의 밀 소비자들이 다양한 잠재적 가격에서 기꺼이 소비하고자 하는 수요량을 나타낸다. 두 곡선의 교점은 한국의 폐쇄경제하의 균형가격(P_{Aut}^{KR})이 된다.

각 곡선들은 미국의 폐쇄경제 가격이 한국의 폐쇄경제 가격보다 낮게 결정되도록 그려져 있다. 이것은 양국이 폐쇄경제에서 자유무역으로 이동할 경우 미국이 한국에 밀을 수출할 것임을 의미한다. 일단 시장이 개방되면 보다 높은 한국의 밀 가격은 이윤을 추구하는 미국의 밀 생산자들로 하여금 한국 시장에 밀을 판매하도록 유인할 것이다. 밀이 한국 시장에 유입됨에 따라 한국 시장에는 밀 공급이 증가하여 밀 가격이 하락할 것이다. 한편, 미국 시장에서는 밀의 수출로 인해 밀 공급이 감소하여 밀 가격이 상승할 것이다. 이와 같은 가격 변화는 양국 시장의 가격이 균등하게 될 때까지 계속될 것이다. 그 결과 밀의 자유무역 가격은 양국 모두 P_{FT}가 된다.

자유무역의 가격과 무역량을 구하기 위하여 우리는 미국의 밀 수출공급곡선과 한국의 밀 수입수요곡선을 유도한다.

[그림 10-1]에서 미국의 폐쇄경제하의 밀 가격보다 높은 가격에서는 밀 초과공급이 발생한다. 이를 방정식으로 나타내면 다음과 같다.

$$XS^{US}(P^{US}) = S^{US}(P^{US}) - D^{US}(P^{US}) \qquad (10.1)$$

위 식에서 XS^{US}는 미국의 밀 수출공급함수이며, S^{US}는 미국의 밀 공급함수이며, D^{US}는 미국의 밀 수요함수이다. 이들 함수는 미국의 밀 가격(P^{US})에 의존한다.

그림 10-2 **미국의 수출공급곡선**

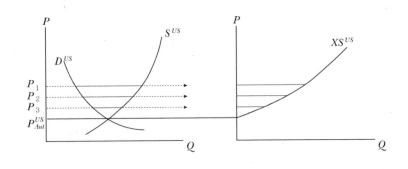

위 (10.1) 식을 그림으로 나타내면 [그림 10-2]와 같다. 즉, 수출공급은 특정가격에서 일국이 수출하고자하는 재화의 양이다. [그림 10-2]의 수출공급곡선(export supply curve)은 폐쇄경제하의 가격보다 높은 모든 가격에서 공급곡선과 수요곡선 간의 수평거리이다. 다시 말해, 수출공급곡선은 미국이 폐쇄경제하의 가격보다 높은 가격에 직면할 경우 미국이 기꺼이 수출하고자 하는 수출량을 나타낸다.

앞의 [그림 10-1]에서 한국의 폐쇄경제하의 밀 가격보다 낮은 가격에서는 밀 초과수요가 발생한다. 이를 방정식으로 나타내면 다음과 같다.

$$MD^{KR}(P^{KR}) = D^{KR}(P^{KR}) - S^{KR}(P^{KR})$$

$$(10.2)$$

위 식에서 MD^{KR}는 한국의 밀 수입수요함수이며, D^{KR}는 한국의 밀 수입함수이며, S^{KR}는 한국의 밀 공급함수이다. 이들 함수는 한국의 밀 가격(P^{KR})에 의존한다.

그림 10–3 **한국의 수입수요곡선**

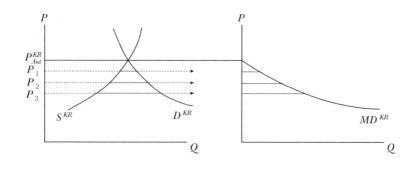

위 (10.2) 식을 그림으로 나타내면 [그림 10–3]과 같다. 즉, 수입수요는 특정가격에서 일국이 수입하고자 하는 재화의 량이다. [그림 10–3]의 수입수요곡선(import demand curve)은 폐쇄경제하의 가격보다 낮은 모든 가격에서 수요곡선과 공급곡선 간의 수평거리이다. 다시 말해, 수입수요곡선은 한국이 폐쇄경제하의 가격보다 낮은 가격에 직면할 경우 한국이 기꺼이 수입하고자 하는 수입량을 나타낸다.

이제 미국의 수출공급곡선과 한국의 수입수요곡선을 하나의 공간에 나타내면 자유무역의 균형가격 P_{FT}와 균형교역량이 Q_{FT}가 결정된다. 여기서, $Q_{FT} = XS^{US}(P_{FT}) = MD^{KR}(P_{FT})$이다.

그림 10-4 **자유무역의 균형: 대국 경우**

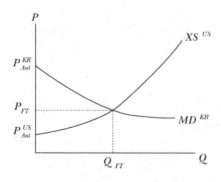

[그림 10−4]는 자유무역의 균형을 보여주고 있다. 자유무역가격 P_{FT}는 미국의 밀 수출공급과 한국의 밀 수입수요를 균형시키는 가격이다. 자유무역의 균형을 함수의 형태로 나타내면 다음과 같다.

$$XS^{US}(P_{FT}) = MD^{KR}(P_{FT}) \tag{10.3}$$

위 (10.3) 식은 미국의 밀 초과공급과 한국의 밀 초과수요가 균형을 이룬다는 것을 의미한다.

$$S^{US}(P_{FT}) - D^{US}(P_{FT}) = D^{KR}(P_{FT}) - S^{KR}(P_{FT}) \tag{10.4}$$

위 (10.4) 식은 또한 밀의 세계총공급이 밀의 세계총수요와 일치한다는 것을 의미한다.

$$S^{US}(P_{FT}) + S^{KR}(P_{FT}) = D^{US}(P_{FT}) + D^{KR}(P_{FT}) \tag{10.5}$$

10.2.3 자유무역의 균형: 소국 경우

지금까지는 대국을 가정하였으나 이제 수입국이 소국이라고 가정한다. 수출공급곡선과 수입수요곡선을 이용하여 자유무역의 균형을 설명하려면 수출공급곡선을 수평선으로 그려야 한다. 수입국이 소국일 경우 수입업자의 관점에서 볼 때 세계가격은 외생변수(exogenous variable)이다. 즉, 세계시장가격은 주어져 있다. 수출업자의 관점에서 볼 때 주어진 세계시장가격에서 수입업자가 원하는 만큼 해당 재화를 얼마든지 공급할 수 있다. 그러므로 [그림 10−5]에서처럼 수출공급곡선은 수평선으로 그려져야 한다.

그림 10−5 **자유무역의 균형: 소국 경우**

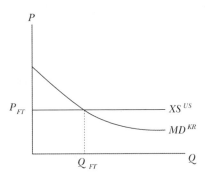

[그림 10−5]에서 자유무역가격 P_{FT}는 세계의 밀 수출시장에서 결정된 가격이다. 소국의 수입량은 우하향하는 수입수요곡선과 수평의 수출공급곡선이 교차하는 Q_{FT}가 된다.

10.3 후생효과 분석방법

부분균형모형에서 무역정책의 경제적 후생효과를 분석하기 위해서는 생산자와 소비자에게 생기는 생산자잉여와 소비자잉여의 개념을 알아야 한다. 즉, 부분균형모형에서 일국의 후생(welfare)의 변화를 측정하려면 소비자잉여와 생산자잉여 그리고 정부의 재정수입을 합계해야 한다. 재정수입의 경우는 국민들에게 공공재의 형태로 지출되거나 경제내의 누군가에게 재분배되기 때문이다.

10.3.1 소비자잉여

소비자잉여(consumer surplus)란 소비자가 한 단위의 재화를 얻기 위해 기꺼이 지불하려는 가격과 시장에서 실제로 지불한 가격과의 차이다. 가령, [그림 10−6]에서 시장가격이 P일 경우 P_1이면 구입할 의사가 있는 소비자의 잉여는 CS_1이며, P_2이면 구입할 의사가 있는 소비자의 잉여는 CS_2이며, P_3이면 구입할 의사가 있는 소비자의 잉여는 CS_3이다. 따라서, 시장가격이 P일 경우 소비자잉여를 모두 합치면 $CS_1 + CS_2 + CS_3 + \cdots + 0$이 된다. 즉, 시장가격에서 그린 수평선과 수요곡선 사이의 삼각형부분이 총소비자잉여에 해당한다. 그런데, 공급의 증가로 인해 공급곡선 S가 우측으로 이동하여 시장가격이 하락하게 되면 총소비자잉여는 증가하게 된다.

그림 10−6 **소비자잉여**

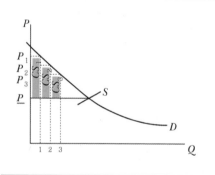

그림 10−7 **생산자잉여**

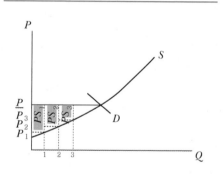

10.3.2 생산자잉여

생산자잉여(producer surplus)란 생산자가 한 단위의 재화를 시장에 팔 때 시장에서 실제로 받는 가격과 생산자가 받았으면 하는 가격과의 차이다. 가령, [그림 10−7]에서 시장가격이 P일 경우 P_1이면 생산하겠다는 생산자의 잉여는

PS_1이며, P_2이면 생산하겠다는 생산자의 잉여는 PS_2이며, P_3이면 생산하겠다는 생산자의 잉여는 PS_3이다. 따라서, 시장가격이 P일 경우 생산자잉여를 모두 합치면 $PS_1 + PS_2 + PS_3 + \cdots + 0$이 된다. 그런데, 소비의 증가로 인해 수요곡선 D가 우측으로 이동하여 시장가격이 상승하게 되면 생산자잉여는 증가하게 된다.

10.3.3 생산자잉여의 다른 해석

생산자잉여는 당해 산업의 고정요소에게 돌아가는 수익(revenue), 즉 고정비용(fixed cost)과 기업의 이윤(profit)으로 해석될 수 있다. 이것은 공급곡선이 당해 산업의 한계비용을 나타내기 때문이다. 완전경쟁시장하에서 기업은 재화의 가격이 한계비용과 일치하는 수준에서 생산량을 결정한다. 그러므로 [그림 10-8]의 생산량 Q에서 한계비용과 가격 P는 일치한다. 한계비용(marginal cost)은 추가되는 한 단위 생산의 비용을 의미한다. 즉, 한 단위의 생산이 추가될 때마다 부가되는 가변비용(variable cost)을 나타낸다.

그림 10-8 **생산자잉여의 다른 해석**

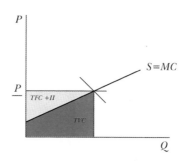

[그림 10-8]에서 시장가격이 P이고 기업의 생산량이 Q이라면 기업의 총수익(TR)은 $P \times Q$이며, 총가변비용은 TVC가 된다. 따라서 총수익에서 총가변비용을 공제하고 남는 총고정비용(즉, 고정요소의 수익)과 기업의 이윤이 생산자잉여가 된다. 다시 말해, 고정비용은 기업이 투자한 자본의 보수이며, 이윤은 기업경영자의 소득이 된다. 가변비용은 노동자를 고용하거나 원재료 및 중간재를

구입하는 비용으로 지출되므로 생산자잉여가 아니다.

Ricardo의 지대(地貸)의 해석

- D. Ricardo는 우리에게 비교우위설을 주창한 경제학자로 널리 알려져 있지만 당시에는 지대, 즉 토지임대료(rent)의 해석으로 유명하였다고 한다.
- 산업혁명 시기에 지대가 갑자기 증가한 이유에 대해 당시 대부분의 학자들은 지가(地價), 즉 토지가격이 상승하였기 때문이라고 해석하였다. 그런데 D. Ricardo는 지대의 상승은 곡물가격(穀價)의 상승 때문이라고 주장하였다. 즉, 산업혁명 당시 인구의 급속한 증가로 인해 곡물의 수요가 증가함에 따라 곡가가 상승하였기 때문에 지대가 상승하게 된 것이라고 해석하였다.
- 가령, 식량생산을 위해 A급지의 비옥한 토지만 경작되다가 식량부족으로 B급지가 개간되면 A급지의 지대는 상승하게 된다. A급지의 지대는 A급지의 생산성과 B급지의 생산성과의 차이가 될 것이다. B급지의 토지는 비옥한 A급지에 비해 생산성이 낮다. 그리고 개간할 수 있는 B급지의 토지는 주변에 풍부하므로 지대를 받을 수 없을 것이다. 계속되는 인구의 증가로 곡가도 계속 증가함에 따라 C급지의 토지를 개간해야만 곡물의 수요를 충족시킬 수 있게 되었다. 이제 A급지의 지대는 더욱 상승하고 B급지의 토지도 지대가 발생하게 된다. 물론 C급지의 토지는 주변에 풍부하여 지대가 없다.
- 이처럼 곡물 수요의 증가로 인해 곡물 가격이 상승함에 따라 척박한 토지의 개간이 필요하며, 기존의 비옥한 토지의 지대는 계속 상승하게 된다고 Ricardo는 주장하였다. 오늘날 우리는 토지소유자의 여분의 소득인 지대(rent)를 생산자잉여라고 한다.

주요용어

1. 부분균형분석과 일반균형분석
2. 수출공급곡선과 수입수요곡선
3. 생산자잉여와 소비자잉여
4. 고정비용과 가변비용

연습문제

1. 부분균형분석과 일반균형분석의 차이점을 설명하시오.

2. 경제분석에서 대국과 소국을 구분하는 기준은 무엇인가?

3. 부분균형분석에서 일국의 후생변화를 측정하려면 무엇을 고려해야 하는가?

관세의 경제적 효과

11.1 관세의 가격효과

관세의 부과는 한 나라의 경제에 보호효과, 소비효과, 재정수입효과, 소득재분배효과, 교역조건개선효과, 경쟁효과, 국제수지개선효과, 고용효과 등 여러 가지 영향을 미친다. 그러나 이러한 효과들은 근본적으로 가격의 변화에서 생기는 것이므로 여기서는 관세의 가격효과와 후생효과에 초점을 맞추어 분석한다.

관세부과국이 대국인 경우 관세의 부과가 수입국과 수출국의 가격에 어떤 영향을 미치는가? 가령, 한국이 수입재인 밀에 대해 관세를 부과하면 밀의 수입 비용이 관세로 인해 높아지기 때문에 한국의 밀 가격[24]은 상승하고, 이에 따라 한국의 밀 수입수요가 감소한다.

한편, 한국이 대국일 경우 한국의 밀 수입수요가 감소함에 따라 수출국인 미국시장에서는 밀의 초과공급 현상이 나타난다. 이에 따라 미국의 밀 가격은 하락하고, 밀의 수출공급이 감소하게 된다. 따라서 수입국이 대국인 경우 관세 부과는 수입재의 가격을 하락시키는 교역조건개선효과를 발생시키는데, 이것은 수입국이 국제무역에서 독점력(monopsony power)[25]을 가지고 있기 때문이다.

---

24) 수입재와 수입경쟁재는 완전대체재라고 가정하기 때문에 수입 밀과 국내생산 밀 가격 모두 상승한다.

25) 'monopsony power'는 수요에 있어서의 독점력을 의미하며, 공급에 있어서의 독점력은 'monopoly power'로 나타낸다.

관세부과 후의 새로운 균형은 아래 2가지 조건이 충족될 때 이루어진다.

$$P_T^{IM} = P_T^{EX} + T$$
$$XS^{EX}(P_T^{EX}) = MD^{IM}(P_T^{IM}) \qquad\qquad (11.1)$$

위 식에서 T는 관세(여기서, 종량세)이며, P_T^{IM}는 관세부과 후의 수입국 가격이며, P_T^{EX}는 관세부과 후의 수출국 가격이다.

첫 번째 조건은 수출국 가격과 수입국 가격 간의 가격 차이가 관세에 해당한다는 것을 나타낸다. 두 번째 조건은 새롭게 하락한 가격에서 수출국이 수출하고자하는 수출량과 새롭게 상승한 가격에서 수입국이 수입하고자하는 수입량이 동일함을 나타낸다. 즉, 두 번째 조건은 세계 밀의 공급은 세계 밀의 수요와 일치함을 보여준다.

이번에는 관세부과 후의 균형을 [그림 11–1]과 같이 기하학적인 방법으로 나타낼 수 있다. T의 관세부과로 인해 한국의 밀 가격은 P_{FT}에서 P_T^{KR}로 상승하며, 이것은 수입수요를 Q_{FT}에서 Q_T로 감소시킨다. 두 시장 간의 가격 차이는 종량세에 해당한다.

그림 11–1 **관세의 가격효과**

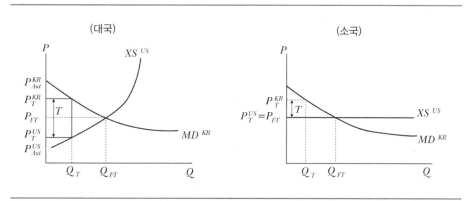

모든 잠재적인 관세율에 대해 균형조건을 충족시키는 한 쌍의 가격, P_T^{KR}와 P_T^{US}가 존재한다. 이때 관세 T가 클수록 두 가격 차이가 커진다. 금지적 관세(prohibitive tariff)를 부과할 경우 두 가격은 양국의 폐쇄경제 하의 가격이 된다. 즉, $T_{pro} \geq P_{Aut}^{KR} - P_{Aut}^{US}$ 이다.

만일 관세부과국이 소국이면 수입가격은 P_{FT}로 고정된다. 즉, P_{FT}가 관세부과 후의 미국의 수출가격(P_T^{US})이며, 동시에 한국의 수입가격이다. 관세부과후의 한국의 국내가격은 관세(T)를 포함한 P_T^{KR}이 된다.

11.2 관세의 후생효과

[그림 11-2]에서 관세부과국이 대국인 경우 관세의 부과가 수입국(자국)과 수출국(외국)의 후생에 어떤 영향을 미치는지 알아보자.

그림 11-2 **관세의 후생효과: 대국 경우**

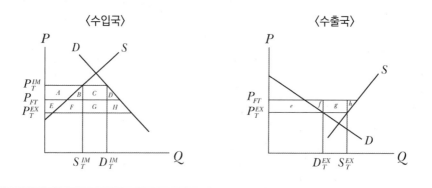

관세를 부과하면 자국(수입국)의 소비자잉여가 $-(A+B+C+D)$ 감소한다. 그러나 이 가운데서 A는 생산자에게 재분배되고, C는 재정수입이 되어 일반국민에게 재분배된다. 그러나 B와 D는 경제 내의 그 누구에게도 귀속되지 않는 사중손실(deadweight loss)이 된다. 즉, B는 비교열위에 있는 수입경쟁재의 생산증가로 인한 생산왜곡비용이며, D는 소비의 감소로 인한 소비왜곡비용이다. 따라서, 생산왜곡비용과 소비왜곡비용은 관세의 보호비용이 되며 일국의 후생을 하락시킨다.

그러나, 관세부과국이 대국이므로 관세수입 $+(C+G)$ 가운데 G는 교역조건개선으로 인한 이익이다. 따라서 국가전체의 후생을 측정할 때 $G>B+D$이면 자국의 후생은 증가하고, $G<B+D$이면 후생이 감소한다. 물론, 관세부과국이 소국이면 P_{FT}가 고정되어 있으므로 G의 교역조건개선효과가 발생하지 않는다. 따라서 관세의 부과는 수입국의 후생을 감소시킨다. 그런데 수출국의 가격에는 아무런 영향을 미치지 않음으로 수출국의 후생효과에는 변화가 없다.

한편, 수출국인 외국의 경우는 가격이 하락하므로 수출국 소비자들은 좋아지고 생산자는 나빠진다. 그리고 국가후생은 g의 교역조건악화의 손실과 f와 h의 생산 및 소비왜곡비용이 발생하기 때문에 나빠진다.

끝으로, 세계전체의 후생은 나빠진다. 즉, 수출국의 교역조건악화 손실 g는 수입국의 교역조건개선 이익 G이므로 세계전체로 보아서는 소득의 국가간 재분배에 해당한다. 따라서 양국의 생산 및 소비왜곡비용이 세계전체의 손실이다.

표 11-1 **관세의 후생효과**

	수입국(자국)	수출국(외국)
소비자잉여	$-(A+B+C+D)$	$+e$
생산자잉여	$+A$	$-(e+f+g+h)$
정부재정수입	$+(C+G)$	0
국가후생	$+G-(B+D)$	$-(f+g+h)$
세계후생	$-(B+D)-(f+h)$	

수입국과 수출국의 후생효과를 요약하면 [표 11-1]과 같다. 마이너스 부호는 부(負)의 효과, 플러스 부호는 양(陽)의 효과를 나타낸다.

11.3.1 최적관세의 개념

관세를 부과하면 사중손실 즉, 생산왜곡비용과 소비왜곡비용이 발생한다. 한편, 관세부과국이 대국인 경우 교역조건이 개선되는 효과가 발생한다. 따라서 교역조건개선이익과 사중손실과의 차이를 최대로 하는 관세를 최적관세(optimal tariff)라 하며, 이때의 관세율을 최적관세율이라 한다.

11.3.2 관세율과 국가후생

부분균형분석에서 일국의 후생은 생산자잉여, 소비자잉여, 재정수입을 합친 것이다. 관세를 부과하면 세 변수의 수준이 변하면서 일국의 후생 또한 변한다. [그림 11-3]은 다양한 관세율과 국가후생과의 관계를 나타낸 것이다.

TR곡선은 관세수입의 변화를 보여준다. 관세수입은 관세율이 증가함에 따라 증가하다가 최대수입관세(maximum revenue tariff)를 지나면서 감소하다가 금지적 관세를 부과하면 제로가 된다. PS곡선은 생산자잉여의 변화를 보여준다. 생산자잉여는 관세율이 증가함에 따라 증가하며, 폐쇄경제 즉, 자급자족경제가 되면 더 이상 생산이 증가하지 않으므로 생산자잉여의 증가는 멈추게 된다. CS곡선은 소비자잉여의 변화를 보여준다. 소비자잉여는 관세율이 증가함에 따라 소비가 감소하므로 소비자잉여는 감소한다. 폐쇄경제가 되면 더 이상 소비가 감소하지 않으므로 소비자잉여의 감소는 멈추게 된다. 소비자잉여의 감소가 생산자잉여의 증가보다 급격히 변화한다. 이것은 앞의 [그림 11-2]에서도 확인할 수 있을 것이다.

그림 11-3 **최적관세의 도출: 대국 경우**

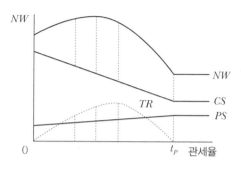

이제 TR, PS, CS의 변화를 모두 합치면 국가후생의 변화를 보여주는 NW곡선이 도출된다. [그림 11-4]의 곡선은 관세수준과 국가후생과의 관계를 보여준다.

다양한 관세율과 국가후생(NW)과의 관계를 요약·정리하면 다음과 같다. 관세율이 제로인 경우는 자유무역을 의미하며, 국가후생은 NW_{FT}이다. 관세율이 제로와 t_C 사이이면($0 < t < t_C$) 교역조건개선이익이 보호비용(즉, 사중손실)보다 더 크다. t_{opt}는 국가후생이 최대가 되는 최적관세율이다. 관세율이 t_C와 t_P 사이이면($t_C < t < t_P$) 교역조건개선이익보다 보호비용(즉, 사중손실)이 더 크다. 따라서 자유무역보다 후생이 떨어진다. 끝으로 관세율이 t_P이거나 그 이상이면 금지적 관세율이며, 국가후생은 폐쇄경제하의 후생(NW_{Aut})이다.

그림 11-4 **최적관세: 대국 경우**

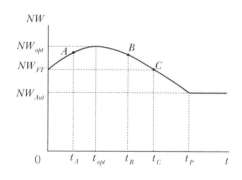

끝으로, [그림 11-3]의 최대수입관세율보다 [그림 11-4]의 최적관세율이 조금 더 낮다. 그 이유는, 관세율이 높아짐에 따라 관세수입의 증가 및 생산자잉여의 증가보다 소비자잉여의 감소가 더 크기 때문이다.

11.3.3 무역자유화의 후생효과

소국의 경우 무역자유화는 후생을 증가시키지만 대국의 경우 무역자유화는 후생을 증가시키거나 감소시킨다. 가령, 일국이 무역자유화를 추진할 때 관세율이 t_B에서 t_{opt}로 하락하면 국가후생(NW)은 증가한다. 그러나 관세율이 t_{opt}에서 t_A로 하락하면 국가후생은 감소한다. 따라서 대국의 경우 무역자유화가 반드시 국가후생을 개선시키지는 않는다.

11.4 보복과 무역전쟁

11.4.1 게임이론을 이용한 설명

우리는 게임이론을 이용하여 일국의 무역정책의 실시와 이에 대한 타국의 대응에 대해 설명할 수 있다. 이 절에서 우리는 경제적 게임을 설명하기 위한 주요 구성요소들—가령, 경기자, 전략, 목표 및 균형 개념을 확인하고, 경제적 게임에서 비협조적 및 협조적 균형을 결정한다.

앞 절의 부분균형분석에서 대국이 상대적으로 낮은 율의 관세를 부과하거나 또는 최적관세를 부과한다면 그 나라의 후생은 증가하고,[26] 외국의 후생은 감소하며, 세계후생은 감소하였다.

이제 일국이 후생증가를 위해 최적관세를 부과할 경우 외국이 보복을 한다고 가정하자. 최적관세로 일국의 후생은 증가한다. 그러나 일국의 후생은 외국

---

26) 여기에는 외국이 어떠한 반응을 보이지 않는다고 가정하고 있다. 즉, 외국은 자유무역을 한다는 전제가 깔려 있다.

의 후생감소로 처음보다는 적게 상승할 것이다. 더구나 외국이 보복적인 무역정책을 실시한다면 자국의 후생은 더욱 감소할 것이다. 만일 외국도 대국일 경우 보복적으로 최적관세를 부과한다면 외국의 후생손실은 상쇄되고 자국의 후생은 더욱 감소할 것이다.

단순한 게임이론을 이용하여 보다 공식적으로 최적관세와 보복의 효과를 분석해 보자. 게임이론[27])이란 한 경쟁자의 행위가 다른 경쟁자의 행위에 상호의존적이고 전략적인 상황에서 의사결정이 어떻게 이루어지는가를 연구하는 이론이다. 이 경우 경쟁자는 사람일 수 있고 기업이나 국가가 될 수도 있다.

이 게임에서 경기자는 2국(한국과 미국)의 정부라고 가정한다. 미국은 한국으로부터 일련의 재화(A, B, C 등)를 수입하며, 한국은 미국으로부터 다른 일련의 재화(X, Y, Z 등)를 수입한다고 가정한다. 우리는 각국 정부가 2개의 서로 다른 정책들 즉, 자유무역정책과 최적관세 가운데 하나를 선택해야 한다고 가정하자. 각 정책의 선택은 게임전략이다. 만일 미국이 자유무역을 선택한다면 A, B, C 등의 수입에 어떠한 관세도 부과하지 않는다. 만일 미국이 최적관세를 선택한다면 각 수입시장에 준해서 관세를 부과한다. 한국 또한 동일한 집합의 입수 가능한 정책선택을 가진다고 가정한다.

[그림 11-5]에서 미국의 전략은 2개의 열(column)에 나타나며, 한국의 전략은 2개의 행(row)에 나타난다. 각 칸의 숫자는 각국에 주어지는 보상(payoffs) 즉, 후생의 수준을 나타낸다. 가령, 미국이 자유무역을 선택하고, 한국이 최적관

그림 11-5 **무역정책 게임**

미국 / 한국	자유무역	최적관세
자유무역	100 / 100	120 / 70
최적관세	70 / 120	90 / 90

---

27) 게임이론은 1944년 폰 노이만(Von Neumann)과 오스카 모겐스턴(Oskar Morgenstern)에 의해 주창되었으며, 존 내쉬(John Nash)에 의해 계승 발전되었다.

세를 선택한다면 보상은 좌측 아래쪽 박스에 나타난다. 즉, 한국의 보상은 120 이며, 미국의 보상은 70이다. 여기서 숫자의 크기 자체보다는 다른 숫자와의 관계가 중요하다.

먼저 양국이 자유무역을 선택할 경우 각각 100의 보상을 얻는다고 가정하자. 다음 단계에서 각국이 선택할 수 있는 시나리오는 어떤 것이 있겠는가? 모두 4가지 시나리오가 있을 것이다.

- 시나리오 1: 양국 모두 자유무역 – 양국의 보상은 각각 100, 세계후생은 200.
- 시나리오 2: 한국은 최적관세, 미국은 자유무역 – 한국은 100에서 120으로 증가, 미국은 100에서 70으로 감소, 세계후생은 200에서 190으로 감소함.
- 시나리오 3: 미국은 최적관세, 한국은 자유무역 – 미국의 보상은 120, 한국은 70, 세계후생은 190.
- 시나리오 4: 양국 모두 최적관세 – 양국 보상은 각각 90, 세계후생은 180 으로 좀 더 감소함.

이 게임에서 양국 정부는 어떤 전략을 선택할 것인가? 각 경기자(여기서, 국가)의 목표와 협력의 정도를 확인해야 한다. 먼저, 각국 정부는 자신들의 국익을 극대화하는 데에만 관심이 있으며 상호 협력하지 않는다고 가정한다. 11.4.4에서는 양국 정부가 협력하는 경우도 가정한다.

11.4.2 비협조적 해(내쉬균형)

비협조적 解(noncooperative solution)는 각국이 다른 나라에 의해 선택된 전략하에서 자국의 후생을 극대화시키려는 일련의 전략들이다. 만일 한국이 전략 s를 선택할 때 미국의 전략 r이 미국의 후생을 극대화시킨다면 전략집합(s, r)은 이 게임에서 비협력적 해이다. 비협조적 해를 내쉬균형(Nash equilibrium)이라고도 한다.

11.4.3 내쉬균형을 찾는 방법

두 경기자 중 한 경기자의 전략을 선택함으로써 그리고 다음과 같은 일련의 물음에 답함으로써 단순한 두 경기자가 게임하는 2개의 전략 게임에서 내쉬균형을 결정할 수 있다.

1. 첫 경기자의 정책선택이 주어질 경우, 두 번째 경기자의 최적정책은 무엇인가?
2. (위 1의 단계에서) 두 번째 경기자의 정책선택이 주어질 경우, 첫 번째 경기자의 최적선택은 무엇인가?
3. (위 2의 단계에서) 첫 경기자의 최적선택이 주어질 경우, 두 번째 경기자의 최적선택은 무엇인가?

어떤 경기자도 자신의 전략을 더 이상 변경시키지 않을 때까지 계속 위의 물음에 답할 경우 도달하게 되는 전략이 바로 내쉬균형이다.

무역정책 게임에서 내쉬균형은, 모든 경기자가 다른 경기자에 의해 이루어진 선택이 주어질 때 모든 경기자가 그 자신의 이익을 동시에 극대화하는 균형을 의미한다. [그림 11-5]의 게임에서 비협조적 해, 즉 내쉬균형은 (최적관세, 최적관세)의 전략집합이다. 왜 그런가?

첫째, 미국이 자유무역을 선택한다고 가정하자. 한국의 최적정책은, 미국의 선택(자유무역)이 주어질 경우 최적관세(optimal tariff)이다. 둘째, 한국이 최적관세를 선택하면 미국의 최적정책은 최적관세이다. 왜냐하면, 미국이 최적관세를 선택할 경우 후생은 70에서 90으로 증가하기 때문이다. 끝으로, 미국이 최적관세를 선택하면 한국의 최선의 선택은 최적관세이다.

11.4.4 협조적 해(解)의 함의와 해석

게임에서 협조적 해(cooperative solution)[28]는 경기자들에게 생기는 이익의 총합을 극대화시키는 일련의 전략들이다.

---

28) Robert Aumann(로버트 아우만)과 Thomas Schelling(토머스 셸링)은 존 내쉬의 게임이론을 발전시켜 이 이론이 실제 협상과정에서 어떻게 적용되는지 설명한 공로로 다시 말해, 게임이론 분석을 통해 갈등과 협력에 대한 이해를 증진시킨 공로로 2005년 노벨경제학상을 수상하였다.

무역정책의 게임에서 협조적 해는 (자유무역, 자유무역)의 전략집합이다. 협조적 해의 결과 세계전체의 후생은 200이 된다.

먼저, 비협조적 해(최적관세, 최적관세)에서 각국은 자신의 최선의 이익에 따라 행동하였지만 협조적 해(자유무역, 자유무역)에 비해 양국의 이익은 적다. 즉, 양국이 최적관세를 실시한 결과 각국은 90단위의 후생을 얻는다. 반면, 양국이 자유무역을 추구한다면 각국은 100단위의 후생을 얻는다. 이런 종류의 결과를 죄수의 딜레마(prisoner's dilemma)라고 한다. 즉, 죄수의 딜레마는 자신의 이익을 추구한 결과 두 참여자의 이익이 더 나빠지는 결과가 발생한다는 것이다.

그러나 협력이 없다면 양국이 보다 우월한 자유무역 결과를 실현하는 것이 어려울지 모른다. 양국이 자유무역에서 출발하지만 각국은 자유무역에서 벗어나 최적관세를 실시하려는 유인이 생긴다. 그리고 어느 한 나라가 자유무역에서 이탈하면 상대국은 후생적 손실을 경험하게 되며, 손실의 일부를 회수하기 위해 보복적인 관세 부과로 대응할 것이다. 타국의 무역정책에 반응하여 일국이 보복을 하는 이러한 시나리오를 우리는 무역전쟁(trade war)이라 부른다.

이러한 스토리는 1930년 미국에서 Smoot–Hawley 관세법이 통과된 이후 나타난 사건들과 아주 비슷하다. 상기 관세법은 미국 수입품의 관세를 평균 60%나 증가시켰다. 비록 미국의 관세는 최적관세는 아니었지만 외국의 수출을 감소시키고 외국기업들에게 손해를 입혔다. 미국의 관세에 대응해서 보복관세를 부과한 외국 국가의 숫자가 60개국이나 되었다. 순효과는 세계의 후생을 상당히 감소시켰는데, 이는 대공황의 기간연장과 심각성에 상당한 기여를 하였다.

제2차 세계대전 이후 미국과 동맹국들은, 높은 무역제한은 세계경제의 성장에 유해하다고 믿었다. GATT는 동맹국들간 무역자유화를 촉진시키는 데 솔선하였다. GATT가 선택한 방법은 다자간 관세인하 '라운드'였다. 각 라운드에서 회원국들은 수입품 전체에 대해 일괄적으로 평균관세율을 낮추는 것에 동의하였다. 비록 GATT 협정이 모든 회원국들에 의한 자유무역으로의 이동을 달성하지는 못하였지만 동 협정은 자유무역 방향으로의 이동을 나타내었다.

어떤 의미에서 GATT는 모든 회원국들을 위해 수립된 자유무역전략을 향한 이행을 촉진시키는 국제협력협정이다. 만일 어느 한 GATT 회원국이 관세율 인하를 거부한다면 다른 회원국들도 관세율 인하를 거부할 것이다. 만일 어느 한 회원국이 이전에 동의한 수준 이상으로 어떤 제품에 대한 관세율을 상승시킨다면 다른 회원국들은 GATT 협정에 근거하여 보복관세를 부과할 수 있다. 이처럼 모든 회원국들은, 자유무역 방향으로 이동하고자 하는 커다란 유인을 가지며, 자국의 관세를 일방적으로 높임으로써 타국을 이용하고자 하는 의욕을 상실한다.

그러므로 단순한 '죄수의 딜레마' 무역정책 게임은, GATT 또는 WTO와 같은 국제기구가 왜 필요한지를 설명해 준다. 다시 말해, 이들 협정들은 교역상대국들 간에 협력적 해를 달성하는 방법을 보여준다.

죄수의 딜레마: Nash의 비협조적 균형의 한 예

두 명의 공범자 1, 2를 형사가 검거하였으나 그 형사는 심증만 있는 상태라서 범인들의 자백 없이는 기소가 불가능하였다. 그러나 그는 한 가지 방법을 생각해 냈다. 피의자를 각각 독방에 격리시켜 놓고 다음과 같은 사항을 알려 주었다. "만약 당신이 자백을 하지 않았는데, 다른 한 명이 자백을 하면 자백한 사람은 특전으로 풀려나지만 당신은 10년의 징역을 살게 됩니다. 반대로 당신만 자백을 하게 되면 당신이 특전의 혜택을 받게 됩니다. 만약 둘 다 자백하는 경우에는 각각 5년형을 언도 받을 것이며, 둘 다 자백하지 않으면 각각 1년형을 언도받게 될 것입니다."

위의 상황에서 공범자 1과 2는 각각 자백하는 것이 지배적인 전략 균형이 된다. 그 결과 두 용의자는 모두 5년씩 징역을 살게 된다. 이 결과를 살펴보면 서로에게 불만족한 해를 얻는다는 문제를 발견할 수 있는데, 그것은 둘 다 자백하지 않으면 1년씩만 징역을 살면 되는데 두 사람에게 서로 좋은 결과를 마다하고 5년 징역을 살게 되는 것이 최선의 대응이라는 결과가 나오는 까닭에 "딜레마"이다.

11.5 관세의 실효보호율

11.5.1 의의

대부분의 국가에서 관세는 특정산업을 보호하는 중요한 수단으로 사용되고 있다. 그런데 앞 절의 분석에서 명목관세의 부과가 과연 어느 정도 산업을 보호하는지 또는 관세율이 높을수록 보호효과가 큰지 정확히 알 수 없었다. 일반적으로는 관세율이 높을수록 보호효과가 크겠지만 어떤 경우는 명목관세율이 낮아도 보호효과가 클 수 있다. 이 절에서 우리는 관세의 실효보호율이란 개념을 통해 이러한 궁금증을 어느 정도 해결할 수 있을 것이다.

관세의 실효보호율(effective rate of tariff)이란 최종재와 중간재에 각각 명목관세(nominal tariff)가 부과될 경우 최종재 산업이 관세에 의해 보호되는 정도를 말한다. 다시 말해, 보호의 기준을 부가가치(value added)의 증가로 나타낼 경우 실효보호율은 최종재 산업의 부가가치의 증가 정도를 백분비(%)로 나타낸 것이다.

여기서 중간재란 투입물(input)로 사용될 목적으로 생산된 재화이며, 부가가치란 최종재의 가치에서 투입물의 가치를 뺀 가치이다. 즉 부가가치란 노동과 자본과 같은 기초적 생산요소(primary factor)에게 돌아가는 요소소득을 의미한다.

11.5.2 실효보호율의 도출

수입재와 완전 대체관계에 있는 어느 한 수입경쟁재의 시장가격이 수입재에 관세가 부과되기 전에 100원이라고 가정하자. 그런데 이 재화(최종재)를 생산하는 데 60원의 중간재가 투입된다고 가정하자. 그러면 최종재의 가치 100원에서 다른 산업에서 생산된 또는 타국에서 수입된 중간재의 가치 60원을 공제하면 최종재의 부가가치는 40원이 된다. 즉, 이 재화를 생산하는데 투입된 최종재 산업의 기초적인 생산요소에게 돌아간 소득이 40원이다. 다시 말해, 최종재 산업에서 40원의 부가가치(value-added)가 발생한 것이다.

이제 이 산업을 보호하기 위해 최종재에 20%의 명목관세가 부과되고, 중간재에는 10%의 관세가 부과된다고 가정하자. 그러면 관세로 인해 최종재의 국내 시장가격은 120원이 되고, 중간재는 관세로 인해 국내 시장가격이 66원이 된다. 따라서 최종재 산업의 부가가치는 54원이 된다. 앞서 정의한 바와 같이 부가가치의 증가를 백분비로 나타낼 경우 실효보호율은 $(54-40)/40 = 0.35$가 된다. 즉, 최종재 산업의 부가가치가 35% 증가하였다.

실효보호율(e)을 좀 더 일반적인 방법으로 도출하면 다음 식과 같다.

$$
\begin{aligned}
e &= \frac{V'-V}{V} = \frac{[(1+t_j)P_j - (1+t_i)a_{ij}P_j] - P_j(1-a_{ij})}{P_j(1-a_{ij})} \\
&= \frac{t_j - a_{ij}t_i}{1-a_{ij}} = \frac{t_j - \sum a_{ij}t_i}{1-\sum a_{ij}}
\end{aligned}
\tag{11.2}
$$

$t_j = $최종재의 명목관세

$t_i = $중간재의 명목관세

$a_{ij} = $최종재$j$ 1단위의 생산비에서 input i의 생산비가 차지하는 비중

$P_j = $최종재$j$의 가격

$V = P_j - a_{ij}P_j = P_j(1 - a_{ij})$

$V^{'} = (1 + t_j)P_j - (1 + t_i)a_{ij}P_j$

11.5.3 실효보호율의 성질

위의 (11.2)식에서 우리는 다음과 같은 실효보호율의 성질을 확인할 수 있다.

첫째, 최종재의 명목관세율과 중간재의 명목관세율이 동일하면 실효보호율도 동일하다. 즉, $e = t_j = t_i$이다.

둘째, 최종재의 명목관세율이 중간재의 명목관세율보다 크면 실효보호율은 최종재의 명목관세율보다 더 크다. 즉, $e > t_j > t_i$이다. 두 번째 성질로부터 경사관세구조(escalation of tariff)가 나온다. 다시 말해, 최종재에서 원재료로 갈수록 낮은 명목관세율을 갖는 관세구조일 때 최종재 산업의 보호효과가 그만큼 커진다는 것이다.

셋째, 중간재의 명목관세율이 최종재의 명목관세율보다 크면 실효보호율은 중간재의 명목관세율보다 더 적다. 즉, $e < t_j < t_i$이다.

넷째, 최종재j 1단위의 생산비에서 input i의 생산비가 차지하는 비중에 중간재의 명목관세율을 곱한 값($a_{ij}t_i$)이 최종재의 명목관세율(t_j)보다 더 크면 실효보호율은 영보다 적은 값($e < 0$)을 갖는다. 즉, $a_{ij}t_i > t_j$이면, $e < 0$이다.

주요용어

1. 독점력(monopsony power)
2. 사중손실(deadweight loss)
3. 최적관세(optimal tariff)
4. 내쉬균형(Nash equilibrium)
5. 협조적 해(cooperative solution)
6. 관세의 실효보호율(effective tariff rate)

1. 한 나라의 수출이 세계시장에서 차지하는 점유율이 상당히 클 때 그 나라는 어떠한 힘(power)을 가졌다고 하는가?

2. 관세부과국이 대국인 경우 관세부과로 인해 후생이 증가하려면 어떤 조건이 충족되어야 하는가?

3. 아래 그림은 2개의 대국 즉, 한국과 일본 정부 간의 무역정책 게임을 나타낸 것이다. 두 나라는 대국이며, 양국 간 효과는 대칭적이라고 가정한다. 빈칸을 채우시오.

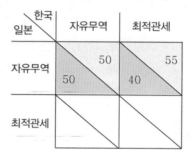

(1) 4개의 시나리오 가운데서 한국과 일본이 가장 선호하는 선택을 하였을 경우의 후생은? 한국(,) 일본(,)
(2) 어떠한 선택이 내쉬균형(또는 비협조적 해)인가? (,)
(3) 협조적 균형(50,50)의 선택을 위해서는 세계적 차원에서 어떠한 노력이 필요한가?

4. 자국이 아래 표의 첫째 줄에 열거된 무역정책을 실시한다고 가정한다. 왼쪽 첫째 란에 열거된 변수에 미치는 각 정책의 효과를 부호(+, −, 0, A)를 이용하여 빈 칸에 나타내시오. 여기서 A는 모호하다는 의미이다. 그리고 부분균형모형을 이용 하며, 수요와 공급곡선은 정상적이며, 왜곡이 없는 완전경쟁시장을 가정한다.

	대국에 의한 관세부과 (최초 자유무역)	최적관세에서 관세인하: 대국
국내시장가격		
국내소비자후생		
국내생산자후생		
정부의 재정수입		
국가후생		
외국의 가격		
외국의 소비자후생		
외국의 생산자후생		
외국의 국가후생		

비관세정책의 경제적 효과

관세 이외의 무역정책을 비관세장벽(NTBs) 또는 비관세정책이라 하며, 수입할당, 수출보조금, 수출자율규제 등이 있다. 이 절에서는 NTBs 가운데 가장 대표적인 수입할당의 경제적 효과를 분석한다.

12.1 수입할당의 경제적 효과

관세는 가격메커니즘을 통해 수입을 간접적으로 제한하는 무역정책수단이며, 수입할당(Import Quota: IQ) 또는 수입쿼터는 수입을 양적으로 제한하여 직접적으로 규제하는 무역정책수단이라는 점에서 관세와 근본적으로 다르다. 그러나 일반적인 경제적 효과는 관세와 거의 비슷하지만 쿼터를 관리하는 문제 및 관세수입에 해당하는 부분의 행방에 관한 문제 등에서 몇 가지 차이점이 있다.

12.1.1 수입할당의 가격효과

한국이 수입재인 밀에 대해 수입할당을 실시하면 밀수입이 제한되므로 밀의 초과수요가 발생한다. 따라서 수입재인 밀의 가격이 상승한다. 한편, 한국이 대국일 경우 한국의 수입감소는 미국에서는 밀수출이 제한되므로 수출재인 밀의 초과공급이 발생하여 밀의 가격이 하락한다. 따라서 밀의 수출공급이 감소한다.

그림 12-1 **수입할당의 균형: 대국 경우**

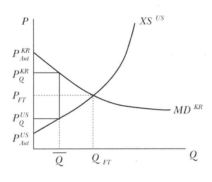

[그림 12−1]에서 자유무역하의 균형가격은 P_{FT}이며, 균형무역량은 Q_{FT}이다. 이때 자국이 $\overline{Q}$의 수입할당을 실시할 경우 한국의 국내가격은 P_Q^{KR}, 미국은 P_Q^{US}가 되며, 균형무역량은 $\overline{Q}$가 된다. 즉, 수입할당 후의 새로운 균형은 아래 2가지 조건이 충족될 때 이루어진다.

$$P_Q^{KR} = P_Q^{US} + QR$$
$$MD^{KR}(P_Q^{KR}) = XS^{US}(P_Q^{US}) \tag{12.1}$$

위의 첫 번째 식에서 QR은 수입국가격과 수출국가격의 차이에 해당하는 쿼터렌트이다. 두 번째 식에서 P_Q^{KR}의 가격에서 한국의 수입수요는 P_Q^{US}의 가격에서 미국의 수출공급과 일치한다.

관세와 마찬가지로 수입국이 대국인 경우 수입할당 후 수입국의 교역조건은 개선되었으며, 수출국의 교역조건은 악화되었다. 만일 수입할당을 실시하는 나라가 소국이라면 수입가격이 P_{FT}로 고정되어 있기 때문에 수입국의 교역조건개선 효과는 나타나지 않는다.

12.1.2 수입할당 관리

수입할당을 실시하는 경우 관세와는 달리 초과이윤에 해당하는 쿼터렌트(Quota Rent: QR)가 발생한다. 즉, QR은 수입국시장가격과 수출국시장가격의 차이에 해당하며, 관세부과의 경우 이것은 관세수입에 해당한다. 다시 말해, 수입업자는 수출국시장가격(P_Q^{US})으로 수입하여 국내소비자에게는 수입국시장가격(P_Q^{KR})으로 판매할 수 있으므로 수입재 단위당 QR을 얻게 된다.

수입제한을 수입할당으로 실시할 경우 수입국 정부가 쿼터를 어떻게 할당하느냐에 따라 QR의 행방이 달라진다.

첫째, 선착순방법이 있다. 이 방법의 경우 QR은 수입업자에게 귀속된다. 그리고 쿼터가 조기에 소진될 가능성이 높으며, 연중 수입품의 가격파동이 심하게 나타날 수 있다.

둘째, 경매방법이 있다. 즉, 정부가 쿼터티켓을 수입업자에게 경매에 의해 판매하는 것이다. 그러면, 최고의 입찰가는 QR만큼 될 것이다. 그렇게 되면 QR은 정부의 재정수입이 되며, 관세와 효과가 같아진다.

셋째, 배분방법이 있다. 즉, 수입업자의 시장점유율 등을 고려하여 배분하거나 또는 정치적 지지자에게 배분하는 방법이 있다. 이 경우에도 QR은 수입업자에게 귀속될 것이다.

12.1.3 수입할당의 후생효과

[그림 12−2]에서 수입할당을 실시하는 나라가 대국일 경우 수입할당이 수입국(자국)과 수출국(외국)의 후생에 어떤 영향을 미치는지 알아보자.

수입할당의 경우도 관세와 마찬가지로 수입국의 소비자는 후생감소, 생산자는 후생증가, 수입업자는 QR로 인해 후생이 증가한다. 한편, 소비자잉여의 감소분 가운데서 누구에게도 귀속되지 않는 B와 D의 사중손실(deadweight loss), 즉 생산 및 소비 왜곡비용이 역시 발생한다. 그러나 수입할당을 실시하는 나라가 대국이면 쿼터렌트 $C+G$ 가운데 G는 교역조건개선으로 인한 이익이므로 국가전체의 후생을 측정할 경우 $G>B+D$이면 후생은 증가하고 $G<B+D$이면 후생은 감소한다.

물론, 소국일 경우에는 P_{FT}가 고정되어 있으므로 교역조건개선이익 G가 생기지 않는다.

그림 12-2 **수입할당의 후생효과**

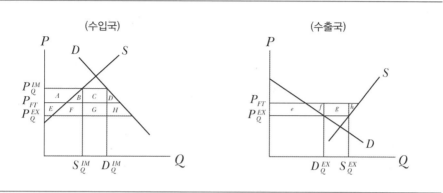

표 12-1 **수입할당의 후생효과**

	수입국(자국)	수출국(외국)
소비자잉여	$-(A+B+C+D)$	$+e$
생산자잉여	$+A$	$-(e+f+g+h)$
쿼터렌트(QR)	$+(C+G)$	0
국가후생	$+G-(B+D)$	$-(f+g+h)$
세계후생	$-(B+D)-(f+h)$	

수입국과 수출국의 후생효과를 요약하면 위의 표와 같다. 마이너스 부호는 부(負)의 효과, 플러스 부호는 양(陽)의 효과를 나타낸다.

12.2.1 개관

　국내 수입경쟁산업을 보호하는 방법으로 관세와 쿼터 2개의 기본적인 방법이 있다. 이 둘 중 어느 방법을 선택할 것인가는 다음 몇 가지 관심사에 달려 있다.

　첫 번째 관심사는 재정수입효과이다. 관세는 재정수입을 발생시키지만 쿼터는 반드시 그렇지는 않다. 쿼터의 경우에도 쿼터티켓을 판매한다면 재정수입이 발생한다. 그러나 선착순 방법 또는 배분방법에 의해 관리된다면 재정수입효과는 발생하지 않는다.

　쿼터와 관세는 관리비용이 다르다. 관세는 징수비용이 든다. 가령, 제품확인비, 징수비, 및 기타 제경비가 든다. 쿼터 또한 관세와 동일한 비용이 들 뿐만 아니라 쿼터권을 공매[29]하거나 처리하는 데 비용이 든다.

　그러나 두 정책의 가장 중요한 차이점은 수입경쟁산업에 미치는 보호효과이다. 쿼터는 직접적으로 수입량을 제한하는데 반해 관세는 가격메커니즘을 통해 간접적으로 수입량을 제한하기 때문에 보호효과 측면에서 쿼터가 확실하다.

　그런데 GATT 규정(제11조: 수량제한의 폐지)을 보면, 쿼터보다는 관세의 사용을 기본 원칙으로 하고 있다. 그 이유는 관세가 시장의 유연성을 더 많이 보장하며 그로 인해 시간이 경과함에 따라 덜 보호적이기 때문이다. 또 다른 이유로는 관세가 투명성이 높다. 가령, 쿼터를 실시할 경우 시장이 쿼터로 인해 얼마나 보호되는지를 측정하기가 어렵다. 반면, 관세의 경우는 특히 종가세의 경우 보호의 정도를 백분비(%)로 나타낼 수 있어 보호의 수준을 명확히 알 수 있다.

　또한, 다자간 무역협상에서 쿼터수준을 높이는 것보다는 관세율을 감소시키는 협상이 용이하다. 즉, 공평성 문제가 제기된다. 가령, 각국이 동일한 관세율을 낮추면 각국은 동일한 보상을 받는다고 생각할 수 있다. 그러나 쿼터의 경우는 공평성의 원칙이 적용되기 어렵다.

　이러한 이유 때문에 WTO 회원국들은 UR에서 주로 농업부문에서 사용되는

---

29) 경매와 공매는 공개경쟁입찰에 의한 처분이라는 점에서는 공통점을 갖지만 처분의 주체가 경매는 법원이며, 공매는 한국자산관리공사이다.

퀴터의 사용을 배제시키는데 동의하였다. 대신 각국은 관세화(tariffication)를 도입하였다. 따라서 다자간 무역자유화 협상에서 공평한 상호 양허가 가능할 것이다.

12.2.2. 시장이 변하는 경우 관세와 수입할당의 보호효과

관세와 수입할당(이하, 쿼터)을 선택할 때 한 가지 중요한 기준은 보호효과이다. 비록 관세와 쿼터는 가격 및 후생효과에서 동일하다고 하지만 시장상황이 변하는 경우는 그렇지 않다. 시장상황이 변하는 예로 국내수요의 증가, 국내공급의 증가, 세계가격의 감소 3가지를 들 수 있다. 각 경우 수입경쟁산업에 미치는 관세와 쿼터의 보호효과를 비교해 보자.

(1) 국내수요의 증가

[그림 12-3]은 소국가정[30) 하에서 수요증가의 효과를 보여준다. P_{FT}는 자유무역가격이며, T의 관세가 부과될 경우 국내가격은 P_T로 상승하며, 수입은 $D_T - S_T$로 감소한다. Q_T의 쿼터를 실시할 경우 역시 국내공급이 증가하며, 가격은 상승하며, 수요는 감소한다.

관세 또는 쿼터의 보호효과는 시장상황의 변화에 직면하여 국내생산자들이 보호받는 정도를 의미한다. [그림 12-3]에서 소득의 증가 또는 기호의 변화로

그림 12-3 **수요증가의 효과**

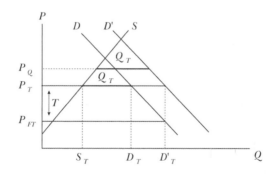

---

30) 소국을 가정하면 세계시장가격은 외생변수이므로 분석이 단순해진다.

수요가 D에서 D'로 증가한다고 가정하자. 국내가격은 관세 부과의 경우는 변화가 없지만 쿼터 실시의 경우는 상승하기 때문에 국내생산자들은 보다 높은 수준의 생산 및 생산자잉여를 즐길 것이다. 그러므로 국내수요 증가에 직면해서는 쿼터가 관세보다 보호효과가 더 크다.

(2) 국내공급의 증가

[그림 12−4]는 소국의 경우 공급증가의 효과를 보여준다. P_{FT}는 자유무역가격이며, T의 관세가 부과될 경우 국내가격은 P_T로 상승하며, 수입은 $D_T - S_T$로 증가한다. Q_T의 쿼터가 실시될 경우 역시 관세와 동일한 가격효과와 수입효과가 발생한다. 그러므로 관세와 쿼터는 동등하다고 말할 수 있다.

그림 12−4 **공급증가의 효과**

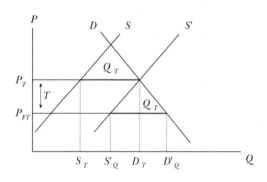

이제 공급이 증가하는 상황을 고려하여 보자. 가령, 공급곡선이 생산비의 감소 또는 생산성의 개선 때문에 S에서 S'로 이동한다고 가정하자. 이러한 상황에서 관세가 부과될 경우는 국내공급의 증가로 국내가격이 영향을 받지 않을 것이다. 소국을 가정하므로 세계가격은 변화하지 않으며, 따라서 국내의 관세포함가격은 $P_T = P_{FT} + T$이다. 그러나 국내공급은 모든 가격수준에서 더 증가하기 때문에 P_T의 가격에서 국내수요와 공급이 일치한다. 우연한 상황이지만 [그림 12−4]와 같은 경우 관세의 부과는 수입을 제로로 만든다.

이번에는 쿼터가 실시될 경우는 국내공급이 증가하였으므로 Q_T 수준의 수입을 유지하기 위해서는 국내가격이 자유무역가격 수준으로 하락하여야 한다. 따라서 국내가격의 하락과 함께 국내공급은 S_Q'로 증가할 것이며, 국내수요는 D_Q'로 증가할 것이다.

결론적으로 말해, 국내공급이 증가할 경우에는 쿼터보다 관세가 국내가격을 더 많이 상승시킨다. 그러므로 관세가 쿼터보다 보호효과가 더 크다.

(3) 세계가격의 하락

[그림 12−5]은 소국가정 하에서 세계가격의 하락 효과를 보여준다. P_{FT}가 자유무역가격일 경우 관세 T의 부과는 국내가격을 P_T로 상승시키며, 수입은 $D_T - S_T$로 감소시킨다. Q_T의 쿼터 역시 관세와 동일한 효과를 발생시킨다.

그림 12−5 **세계가격 하락 효과**

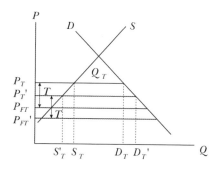

어느 재화의 세계시장가격이 P_{FT}에서 P_{FT}'로 하락할 때 시장에 미치는 효과를 고려한다. 세계가격의 하락은 세계 생산비의 감소 또는 외국 생산성의 개선 때문일 수 있다.

먼저 관세가 부과될 경우 세계가격의 하락은 국내가격을 하락시킨다. 즉, 소국이므로 국내 관세포함가격은 $P_T' = P_{FT}' + T$로 하락한다. 가격하락으로 공급은 S_T'로 감소하고, 수요는 D_T'로 증가한다. 이것은 관세가 부과될 경우 수입이 $D_T' - S_T'$로 증가한다는 것을 의미한다.

이번에는 쿼터가 실시될 경우 세계시장가격이 하락하여도 국내가격에는 아무런 영향을 미치지 않는다. 즉, 국내가격 P_T는 쿼터 Q_T를 유지하는 유일한 가격이므로 변화가 없다.

국내가격은 관세의 경우에 비해 쿼터의 경우가 더 높기 때문에 국내 생산자는 더 많은 공급(즉, S_T 對 S_T')을 하게 된다. 따라서 보다 높은 수준의 생산자잉여가 가능하다. 그러므로 세계시장가격이 하락할 경우에는 쿼터가 관세에 비해 보호효과가 더 크다.

12.2.3 일반규칙

위의 세 가지 예로부터 우리는 다음과 같은 결론을 얻을 수 있다. 시장의 변화가 '수입증가'로 나타날 때는 쿼터가 관세보다 더 보호적이다. 이러한 상황은 국내수요가 증가할 경우, 국내공급이 감소할 경우, 세계가격이 하락할 경우, 또는 이들이 함께 나타날 경우에도 마찬가지이다.

그러나 시장의 변화가 '수입감소'로 나타날 때는 관세가 쿼터보다 더 보호적이다. 이러한 상황은 국내수요가 감소할 경우, 국내공급이 증가할 경우, 국내가격이 상승할 경우, 또는 이들이 함께 나타날 경우에도 마찬가지이다.

그런데 보호가 국가후생이라는 포괄적인 관심사에 의해 이루어지기보다는 국내 수입경쟁산업의 요구에 의해 이루어지기 때문에, 그리고 수입경쟁기업들은 일반적으로 수입이 증가하는 상황을 좋아하지 않기 때문에 기업들은 관세보다는 쿼터를 더 선호한다.

반면, 재정수입의 확보, 행정의 편의성, 또는 GATT/WTO와 같은 무역협정에의 참여 등과 같은 일에 정부가 관심을 가질 경우에는 대부분 쿼터보다는 관세를 더 선호한다.

12.3 수출보조금의 경제적 효과

12.3.1 수출보조금의 가격효과: 대국 경우

미국이 밀수출에 수출보조금을 지급한다고 가정하자. 수출보조금은 밀의 수출을 촉진시킬 것이다.

따라서 한국시장으로 밀 공급은 증가할 것이다. 이것은 밀 가격을 하락시킨다. 미국은 대국이라고 가정하기 때문에 한국에서 판매되는 밀의 가격은, 미국산이든 한국산이든 모두 하락할 것이다. 밀 가격 하락으로 한국의 밀 수입수요는 증가할 것이다.

한국시장으로의 밀 공급 증가는 미국시장에서 밀 공급을 감소시키며, 미국의 밀 가격을 상승시킬 것이다. 보다 높아진 밀 가격은 미국의 수출공급을 증가시킨다.

수출보조금 이후의 새로운 균형은 아래 2가지 조건이 충족될 때 이루어진다.

$$P_S^{US} = P_S^{KR} + S$$
$$XS^{US}(P_S^{US}) = MD^{KR}(P_S^{KR}) \tag{12.2}$$

위 식에서 S는 수출보조금이며, P_S^{KR}는 수출보조금 이후의 한국의 가격이며, P_S^{US}는 수출보조금 이후의 미국의 가격이다.

첫 번째 조건은 최종적인 미국의 가격과 한국의 가격 간의 차이가 수출보조금에 해당한다는 것을 나타낸다. 미국의 밀 공급자들은 그들의 제품을 미국의 소비자에서 판매하든 한국의 수입업자에게 판매하든 상관없이 동일한 가격을 받아야 한다. 따라서 보조금 S는 미국의 가격과 수입국의 가격 간에 발생하는 차이에 해당한다.

두 번째 조건은 새로운 가격에서 미국이 수출하고자하는 수출량과 새로운 가격에서 한국이 수입하고자하는 수입량이 동일하다는 것을 나타낸다.

그림 12-6 수출보조금의 균형: 대국 경우

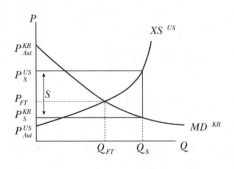

[그림 12-6]은 수출보조금 이후의 균형을 기하학적으로 나타냈다. P_{FT}는 자유무역의 균형가격이며, Q_{FT}는 자유무역의 균형무역량이다. S의 수출보조금 이후 한국의 가격은 P_S^{KR}로 하락하며, 이것은 수입수요를 Q_S로 증가시킨다. 그리고 미국의 가격은 P_S^{US}로 상승하며, 이것은 수출공급을 Q_S로 증가시킨다. 두 시장 간의 가격의 차이는 단위당 수출보조금 S에 해당하며, 수출보조금 총액은 4각형의 크기에 해당한다.

수출보조금의 가격효과를 요약하면 다음과 같다.

- 수출보조금은 국내가격을 상승시키며, 수출국이 대국일 경우 외국가격을 하락시킨다.
- 수출보조금은 수출량을 증가시킨다.
- 수출보조금은 수출국과 수입국간에 보조금만큼의 가격의 차이를 발생시킨다.
- 2국 모형에서 수출보조금을 실시할 경우 보다 상승한 국내가격에서의 수출공급은 보다 하락한 외국가격에서의 수입수요와 일치한다.

12.3.2 수출보조금의 후생효과: 대국 경우

수출국과 수입국이 존재한다. [그림 12-7]에 양국의 수요 및 공급곡선이 그려져 있다. P_{FT}는 자유무역의 균형가격이다. 이 가격에서 수입국의 초과수요와 수출국의 초과공급이 일치한다.

그림 12-7 **수출보조금의 후생효과: 대국 경우**

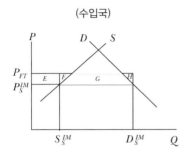

(수입국)

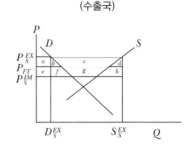

(수출국)

수출입량은 자유무역가격 P_{FT}에서 수요곡선과 공급곡선의 수평거리이며, 각국의 그림에서 점선으로 표시되어 있다. 대국이 수출보조금을 지급할 때 수출국의 국내시장가격은 상승하고 수입국(또는 세계여타국)의 가격은 하락한다. 즉, 수출보조금 이후 수출국의 가격은 P_S^{EX}로 상승하고, 수입국의 가격은 P_S^{IM}으로 하락한다. 이때 단위당 보조금은 양국 가격의 차이에 해당한다. 즉, $s = P_S^{EX} - P_S^{IM}$이다. 그리고 수출보조금 이후 수출국의 수출량은 색선으로 표시되어 있다. 수입국의 수입량 역시 색선으로 표시되어 있다.

[표 12-2]는 수출보조금이 수입국과 수출국의 생산자, 소비자, 정부에 미치는 후생효과의 방향과 크기를 나타내는 요약표이다.

표 12-2 **수출보조금의 후생효과**

	수입국	수출국
소비자잉여(CS)	$+(E+F+G)$	$-(a+b)$
생산자잉여(PS)	$-(E+F)$	$+(a+b+c)$
재정수입(GR)	0	$-(b+c+d+f+g+h)$
NW	$+G$	$-(b+d+f+g+h)$
WW	$-(F+H)-(b+d)$	

완전경쟁시장에서 대국에 의해 실시되는 수출보조금의 후생효과를 요약하면 다음과 같다.
• 수출보조금은 수출국의 소비자잉여를 감소시키고, 수입국의 소비자잉여

를 증가시킨다.

- 수출보조금은 수출국의 생산자잉여를 증가시키고, 수입국의 생산자잉여를 감소시킨다.
- 대국이 수출보조금을 실시할 경우 국가후생은 하락한다.
- 대국인 수출국이 수출보조금을 실시할 경우 수입국의 국가후생은 상승한다.
- 수출보조금은 그 크기와는 상관없이 세계의 생산 및 소비의 효율성을 감소시키므로 세계의 후생을 하락시킨다.

12.4 상계관세의 경제적 효과

12.4.1 상계관세의 개념

WTO는 회원국들에게 반(反)보조금법(anti-subsidy law)을 허용하고 있다. 즉, 이 법은 회원국들로 하여금 상계관세(countervailing duty: CVD)를 부과할 수 있게 한다.[31] 상계관세(또는 상쇄관세)란, 수출보조금을 받고 수출된 제품이 수입국의 수입경쟁산업에 피해를 끼칠 경우 수입국은 수출보조금을 상쇄시킬 정도로 해당 수입품에 대해 부과하는 관세를 말한다. 다시 말해, 상계관세란 외국의 수출보조금의 효과를 상쇄시키기 위해 고안된 관세이다.

부분균형모형에서 특정 재화를 교역하는 2개의 대국이 존재한다고 가정한다. 이 절의 목적은 완전경쟁시장하에서 상계관세의 효과를 설명하는 것이다.

12.4.2 최초 수출보조금

수출보조금은 자유무역가격에 비해 수입국 시장에서는 수입재 가격을 하락시키며 수출국 시장에서는 수출재 가격을 상승시킨다. 수출보조금 지급 후의 새

---

31) 보조금 및 상계관세에 관한 규정으로는 GATT 1947의 제6조, 제16조, 그리고 1979년 동경라운드에서 합의된 "GATT 제6조, 제16조 및 제23조의 해석과 이행에 관한 협정"이 있다. 이 규정들이 통합·개선되어 1995년 "WTO 보조금 및 상계조치에 관한 협정"이 발효되었다.

로운 균형조건은 다음과 같다.

$$P_S^{EX} = P_S^{IM} + S$$
$$XS^{EX}(P_S^{EX}) = MD^{IM}(P_S^{IM}) \tag{12.3}$$

위 식에서 S는 수출보조금이며, P_S^{IM}는 보조금 이후 수입국 시장가격이며, P_S^{EX}는 보조금 이후 수출국 시장가격이다. 첫 번째 조건은 양국의 가격은 보조금만큼 차이가 있다는 것을 의미한다. 두 번째 조건은 수출시장가격에서의 수출공급은 수입시장가격에서의 수입수요와 동일하다는 의미이다.

그림 12-8 **수출보조금과 상계관세**

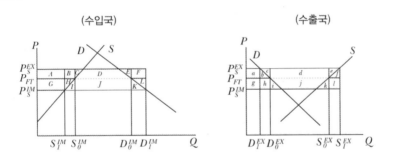

수출보조금 효과는 [그림 12-8]로 설명할 수 있다. 최초의 자유무역가격은 P_{FT}이다. P_{FT}가격에서 수출국은 $(S_0^{EX} - D_0^{EX})$을 수출하며, 수입국은 $(D_0^{IM} - S_0^{IM})$을 수입한다. 2국 모형에서 수출액과 수입액은 일치한다. 즉, 점선의 길이가 같다. 수출보조금이 지급되면 수출국 시장가격은 P_S^{EX}로 상승하며, 수입국 시장가격은 P_S^{IM}으로 하락한다. 따라서 수출보조금으로 인한 수출증가는 수입국의 수입증가와 일치한다. 즉, $(S_1^{EX} - D_1^{EX})$와 $(D_1^{IM} - S_1^{IM})$이 일치한다. 다시 말해, 색선의 길이가 같다.

표 12-3 **최초의 수출보조금의 후생효과**32)

	수입국	수출국
소비자잉여(CS)	$+(G+H+I+J+K)$	$-(a+b)$
생산자잉여(PS)	$-(G+H)$	$+(a+b+c+d+e)$
재정수입(GR)	0	$-(b+c+d+e+f+h+i+j+k+l)$
NW	$+I+J+K$	$-(b+f+h+i+j+k+l)$
WW		$-(H+L)-(b+f)$

[표 12-3]은 최초의 수출보조금의 후생효과를 보여주는 요약표이다. 수출국의 생산자는 이익을 보며, 소비자는 손해를 입는다. 수출국 정부의 재정지출을 고려할 경우 수출국의 순후생효과는 마이너스이다.

수입국 역시 소득재분배를 경험한다. 즉, 외국의 수출보조금으로 인해 수입국 소비자는 이익을 보며, 생산자는 손해를 입는다. 수입국의 순후생효과는 플러스이다. 한편, 수출보조금으로 인한 세계의 후생은 마이너스이다. 이것은 수출국과 수입국의 생산 및 소비왜곡비용의 합계이다.

12.4.3 상계관세 부과

수출보조금이 수입국에 순이익을 준다는 사실에도 불구하고 수입국은 WTO규정에 근거하여 자국의 수입경쟁산업을 보호하려고 한다. 즉, 보조금으로 인해 수입국의 수입경쟁기업에 피해가 발생할 경우 수입국은 상계관세를 부과할지 모른다.

이 경우 반보조금법(anti-subsidy law)은 국가를 보호하는 것도 아니며, 소비자를 보호하는 것도 아니다. 이 법은 전적으로 수입경쟁기업(즉, 생산자)을 도와주기 위해 고안된 것이다. 반보조금법은 소비자에게 미치는 효과와 국가에 미치는 효과에 대해서는 어떠한 평가도 요구하지 않는다. 유일한 요구는 피해가 수입경쟁기업에 발생하는 것이다.

수출보조금을 실시하는 대국의 단순한 예에서 수입경쟁기업의 피해는 명백하다. 즉, 수출보조금은 수입국 시장에서 수입재 가격을 하락시키며, 이는 해외

---

32) [표 12-3]은 [표 12-2]와 기호만 다르게 나타내었을 뿐 내용은 동일하다.

로부터의 수입을 증가시킨다. 수입경쟁기업의 공급은 [그림 12-8]에서 S_0^{IM}에서 S_1^{IM}로 감소한다. 따라서 생산자잉여는 감소한다. 수입경쟁산업의 산출량이 감소하므로 생산요소가 덜 필요하게 된다. 이것은 수입경쟁산업에 고용되는 노동자 수의 감소를 의미한다. 조정과정에서 수입경쟁산업의 기업들은 노동자들을 해고하며 폐업을 할지 모른다. 이러한 효과들은 상계관세의 경우 피해 판정을 위해 사용되는 기준이다.

이제 수출보조금에 대응하여 부과하는 상계관세의 효과를 분석해 보자. 상계관세는 단순히 외국의 수출보조금의 효과를 상쇄시키기 위하여 수입품에 대해 부과하는 관세이다. 상계관세법에 의하면 상계관세는 수출보조금의 효과를 상쇄시키기에 충분한 정도이면 된다.

그래서 수입국은 최초의 수출보조금(S)과 동일한 상계관세(t)를 실시한다고 가정하자. 대국인 수입국이 관세를 부과할 때처럼 상계관세는 수입국의 가격을 상승시키고 수출국의 가격을 하락시킬 것이다. 표준적인 관세 분석과 다른 점은 이 경우의 가격은 출발점에서 서로 동일하지 않다는 것이다. 그 대신 수입국 시장가격은 수출국 시장가격보다 수출보조금(S)만큼 낮게 시작한다. 그런데 상계관세는 2개의 시장가격을 원래의 상태로 유도할 것이다. 즉, 자유무역가격으로 되돌릴 것이다.

최종균형에서 아래 2개의 조건이 충족된다.

$$P_{S+t}^{EX} + t = P_{S+t}^{IM} + S$$
$$XS^{EX}(P_{S+t}^{EX}) = MD^{IM}(P_{S+t}^{IM}) \tag{12.4}$$

위 식에서 $t = S$이므로, 첫 번째 조건은 $P_{S+t}^{EX} = P_{S+t}^{IM}$가 된다. 이것은 최종균형에서 양국의 가격은 같아지며, 두 번째 조건인 수출공급과 수입수요가 일치한다는 것을 의미한다. 이들 조건은 자유무역가격에서만 충족된다. 그러므로 상계관세의 효과는 수출국과 수입국의 가격을 자유무역가격으로 복귀시킨다.

따라서, 수입국에서 수입은 [그림 12-8]에서 $(D_0^{IM} - S_0^{IM})$으로 감소하고, 국내공급은 S_1^{IM}에서 S_0^{IM}으로 증가한다. 그리고 수입경쟁산업의 고용은 증가하며, 생산자잉여 또한 증가할 것이다. 그러므로 상계관세는 수입경쟁기업에서 발생되는 피해를 제거하는 데에는 효과적일 것이다.

12.4.4. 상계관세의 후생효과

수출보조금과 상계관세가 실시되는 경우 상계관세의 종합적인 후생효과를 살펴보자. 상계관세의 후생효과를 조사하는 방법은 2가지가 있다.

첫째, 수출보조금이 막 실시된 상황에서 CVD의 후생효과를 조사할 수 있으며, 둘째 수출보조금과 상계관세를 결합한 상황에서 결합정책의 후생효과를 조사해 볼 수 있다.

표 12-4 **상계관세의 후생효과**

	수입국	수출국
소비자잉여(CS)	$-(G+H+I+J+K)$	$+(a+b)$
생산자잉여(PS)	$+(G+H)$	$-(a+b+c+d+e)$
GR	$+(C+D+E+J)$	$+(b+c+e+f+h+l)$
NW	$+(C+D+E)-(I+K)$	$+(b+f+h+l)-(d)$
WW	$+(b+f+h+l)-(I+K)=b+f+I+K$	

먼저 수출보조금이 막 실시된 상황에서 상계관세의 후생효과를 고려해 보자. 이러한 효과는 [표 12-4]로 요약된다.

양국의 생산자와 소비자에게 미치는 CVD의 후생효과는 수출보조금 효과와 정반대이며, 그 크기는 정확히 동일하다. 그러므로 수입국의 수입경쟁재 생산자들은 외국의 수출보조금으로 인해 정확히 손해 본 것만큼의 생산자잉여를 얻으며, 수입경쟁재 소비자들은 상계관세로 인해 손해를 입는다. 반면 수출국의 생산자들은 상계관세로 인해 손해를 입으며, 소비자들은 이익을 얻는다.

한편, 수입국 정부는 상계관세를 부과함으로써 관세수입을 징수한다. 그러나 수출국 정부는 보조금지출의 감소를 경험한다. 이것은 상쇄관세가 무역을 감소시키고 그로 인해 수출량을 감소시키기 때문에 발생한다. 따라서 수출국 정부(즉, 납세자)는 상계관세로부터 이익을 얻는다.

양국의 후생효과는 일반적으로 모호하다. 수입국에선 교역조건이익이 2개의 사중손실을 초과하여 국가후생을 더욱 상승시킬지 모른다. 흥미롭게도, 수출보조금과 상계관세 두 정책 모두 수입국의 후생을 상승시킬지 모른다. 수출국의 경우 순국가후생효과는 마이너스 또는 플러스이다.

끝으로, 세계후생효과는 양국의 국가후생을 합쳐 봄으로써 알 수 있다. 여기서 $(C+D+E)=d$, $h=2I$, $l=2K$이므로 세계후생은 간단히 $b+f+I+K$로 나타낼 수 있다. 즉, 상계관세의 부과는 세계후생을 증가시킨다.

12.4.5 수출보조금과 상계관세의 결합정책 후생효과

이번에는 수출보조금과 상계관세가 결합된 결합정책의 후생효과를 고려해 보자. 이 경우 두 정책이 실시되었으나 마치 어떤 정책도 실시되지 않은 것 같은 상황하에서 각국의 후생 상태를 비교해 본다. 두 가지 방법이 있다.

첫째, 각 단계별 후생효과를 합쳐 봄으로써[33] 결합정책의 후생효과를 측정해 볼 수 있다. 둘째, 최초 보조금 이전의 상태에서 마지막 CVD 부과 후의 상태로 바뀌어도 가격은 변하지 않았지만 정부는 재정지출과 재정수입을 가진다는 사실에 주목함으로써 결합정책의 후생효과를 측정해 볼 수 있다. 첫째와 둘째 방법 모두 결과는 동일하다.

결합정책의 후생효과를 [표 12−5]로 요약할 수 있다. CVD 부과 후 양국의 가격은 수출보조금 이전과 동일하므로 양국의 생산자와 소비자 모두 궁극적으로 어떤 변화도 일어나지 않은 셈이다. 시장에 참여하는 모든 사람이 출발 시(수출보조금 부과 전)의 상태와 같다.

그러나 수출국이 수출보조금을 유지하고 있고 수입국이 CVD를 유지하기 때문에 정부의 재정수입효과가 발생한다. 수출국 정부는 수출보조금에 대한 지출을 계속해야 한다. 이로 인해 수출산업의 이익 창출에 참여하지 않는 납세자

표 12−5 **수출보조금과 상계관세의 결합정책 후생효과**

	수입국	수출국
소비자잉여(CS)	0	0
생산자잉여(PS)	0	0
재정수입(GR)	$+(C+D+E+J)$	$-(d+i+j+k)$
국가후생(NW)	$+(C+D+E+J)$	$-(d+i+j+k)$
세계후생(WW)	0	

---

[33] [표 12−3]과 [표 12−4]를 합치면 [표 12−5]가 된다.

들은 비용을 부담한다. 수입국 정부는 CVD 부과 결과 관세수입을 얻는다. 이로 인해 정부지출의 수혜자는 이익을 얻는다.

각국의 순후생효과는 정부의 재정수입효과와 동일하다. 이것은 수입국은 수출보조금 플러스 CVD 정책으로부터 이익을 얻는데 반해 수출국은 결합정책으로부터 손해를 입는다는 것을 의미한다.

세계의 후생은 중립적이다. 이것은 수출국의 손실은 정확히 수입국의 이익임을 의미한다. 수출보조금 플러스 CVD의 최종효과는, 양국의 생산자와 소비자에게는 영향을 주지 않지만 수출국 정부가 수입국 정부에게 화폐를 이전하는 셈이다.

지금까지의 분석을 요약하면 다음과 같다.
- WTO 규정하에서 허용되고 있는 반보조금법에 의하면 WTO 회원국은 수출보조금으로 인해 수입경쟁산업이 피해를 입을 경우 수출보조금 상당의 상계관세를 부과할 수 있다.
- 상계관세는 양국 해당 재화의 가격을 자유무역 상태로 되돌린다.
- 수출보조금 이후 상계관세의 부과는 수입국의 생산자잉여를 증가시키고 소비자잉여를 감소시킨다.
- 상계관세와 수출보조금의 순효과는 수출국 정부에서 수입국 정부로의 소득이전이다.

12.5 수출자율규제의 경제적 효과

12.5.1 수출자율규제의 가격효과: 대국

미국이 대(對) 한국 밀수출에 대해 수출자율규제(voluntary export restraint: VER)라고 불리는 제한적인 수출쿼터를 실시한다고 가정하자. 미국은 밀수출 대국이므로 한국 시장에 밀 공급을 줄이면 한국시장에서 밀의 초과수요를 발생시켜 밀 가격을 상승시킬 것이다. 수입밀이나 국산밀이 동질적인 재화이므로 수입밀 가격이 상승하면 국산밀의 가격도 상승하게 될 것이다. 이것은 국내수요를 감소시키고 국내생산을 증가시켜 수입수요를 감소시킬 것이다.

한국에 대한 밀수출이 제한을 받을 경우 미국 국내시장으로 밀이 공급되므로 미국시장에서는 초과공급이 발생하게 되며, 이것은 미국의 밀 가격을 하락시킨다. 낮아진 밀 가격은 국내공급을 감소시키고 수요를 증가시켜 수출공급을 감소시킬 것이다.

VER 이후의 새로운 균형은 아래 2가지 조건이 충족될 때 이루어진다.

$$P_V^{KR} = P_V^{US} + QR$$
$$XS^{US}(P_V^{US}) = MD^{KR}(P_V^{KR}) \tag{12.5}$$

위의 첫 번째 식에서 QR은 수입국가격과 수출국가격의 차이에 해당하는 쿼터렌트이다. 두 번째 식에서 P_V^{KR}의 가격에서 한국의 수입수요는 P_V^{US}의 가격에서 미국의 수출공급과 일치한다.

수출국이 대국인 경우 일반적으로는 수출공급이 제한되면 초과공급으로 인해 수출가격이 하락하여 수입국은 교역조건 개선효과를 얻는다. 그러나 VER의 경우는 수출제한의 주도권을 수출국이 잡고 있기 때문에 수출국은 수입국의 상승한 국내시장가격으로 수출할 수 있으므로 수입국은 교역조건 개선효과를 얻지 못한다.

[그림 12−9]에서 VER 이후의 균형을 기하학적으로 나타내고 있다. $\overline{Q}$의 VER 실시 후 균형을 충족시키는 2개의 가격 조합, 즉 P_V^{KR}와 P_V^{US}이 존재한다. 수출을 더욱 많이 제한할수록 양국 간 가격의 차이는 더욱 커진다. 극단적으로

그림 12−9 VER 실시 후의 균형: 대국 경우

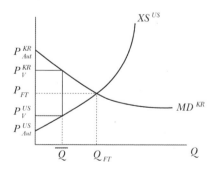

수출쿼터를 제로로 제한하면 양국의 가격은 폐쇄경제의 수준으로 돌아갈 것이다. 이러한 상황은 수출금지조치를 취한 것과 마찬가지이다.

12.5.2 VER의 관리방법

VER은 수입할당처럼 일종의 초과이윤에 해당하는 쿼터렌트(QR)가 발생한다. QR은 수입국 시장가격과 수출국 시장가격의 차이이다. 관세의 경우 QR은 관세수입에 해당하므로 수입국정부의 재정수입이 된다. 수입할당의 경우 QR은 일반적으로 수입업자에게 귀속된다. 그러나 VER의 경우에는 수출업자에게 귀속된다. 왜냐하면, 수입할당의 경우는 제한의 주체가 수입국이므로 수입업자가 주도권을 가지고 수출국 시장가격으로 수입하는데 반해 VER의 경우는 제한의 주체가 수출국이므로 수출업자가 주도권을 가지고 수입국 시장가격으로 수출할 수 있기 때문이다.

(1) 선착순 방법(first-come, first-served basis)

이 경우 QR은 수출업자에게 귀속된다. 이때 QR은 조기에 소진될 가능성이 높다. 따라서 가격파동이 심하게 나타난다. 즉 수입국의 경우 초기에는 많은 물량이 수입됨에 따라 가격은 자유무역 수준이 된다. 그러나 쿼터가 소진되면 가격은 폐쇄경제 수준이 된다.

(2) 경매방법(auction export rights)

쿼터티켓을 수출업자에게 판매하거나 또는 티켓을 경매에 부칠 수 있다. 이 경우 QR은 수출국 정부의 재정수입이 된다.

(3) 배분방법(give away export rights)

수출시장점유율에 따라 배분하거나 또는 정치적 지지자에게 배분하기도 한다. 전자의 경우는 QR은 수출업자에게 귀속되며, 후자의 경우 역시 수출업자에게 QR이 귀속되지만 정경유착이 발생할 가능성이 높다.

12.5.3 VER의 후생효과: 대국

[그림 12-10]은 수입국과 수출국의 VER의 경제적 후생효과를 설명한다. P_{FT}는 자유무역의 균형가격이며, 이 가격에서 초과수요와 초과공급이 일치한다. 다시 말해, 수입수요와 수출공급이 일치한다. [그림 12-10]에서 점선은 자유무역하의 수출입량을 나타낸다.

그림 12-10 VER의 후생효과: 대국 경우

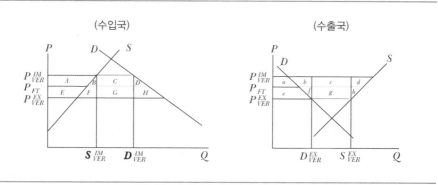

이제 수출국에서 색선으로 표시한 ($S_{VER}^{EX} - D_{VER}^{EX}$)의 제한적인 VER을 실시한 결과 새로운 균형에서 수입국의 가격은 상승하고 수출국의 가격은 하락한다.

표 12-6 VER의 후생효과

	수입국	수출국
소비자잉여(CS)	$-(A+B+C+D)$	$+e$
생산자잉여(PS)	$+A$	$-(e+f+g+h)$
QR	0	$+(c+g)$
NW	$-(B+C+D)$	$c-(f+h)$
WW	$-(B+D)-(f+h)$	

[표 12-6]은 VER이 수출국과 수입국의 생산자, 소비자, 정부에 미치는 후생효과의 방향과 크기를 나타내는 요약표이다.

수입국의 입장에서 보면 VER은 관세나 수입할당과 비슷하다. 그러나 경제적 효과 면에서 하나의 큰 차이가 있다. 즉, 관세의 경우는 관세수입, 수입할당의 경우는 쿼터렌트가 수입국 정부 또는 수입업자에게 귀속된다. 이에 반해, VER의 경우는 쿼터렌트가 수출국에 귀속된다. 따라서 수입국의 경우 경제적 후생효과는 VER이 분명히 불리하다.

그럼에도 불구하고 VER을 선호하는[34] 이유는 VER은 수입제한효과가 크며, 국내의 정치적 저항을 피할 수 있게 하며, 무역상의 보복회피와 $GATT/WTO$의 제재를 기피하기 쉬우며, 차별적 정책수단으로 이용할 수 있기 때문이다.

주요용어

1. 쿼터렌트(Quota Rent)
2. 생산왜곡비용과 소비왜곡비용
3. 상쇄관세(countervailing duty)
4. 수출자율규제(VER)

---

34) 1994년 12월 UR에서 향후 10년에 걸쳐 VER을 철폐시키기로 합의하였기 때문에 현재 공식적으로는 VER을 사용할 수 없다. 그러나 비공식적으로는 아직도 VER이 사용되고 있다(가령, 트럼프 행정부의 한국산 강철 수입).

연습문제

1. 포도주에 대한 한국의 국내 수요 및 공급곡선은 다음과 같다.

   $S = 10P - 300$

   $D = 3,000 - 20P$

   자유무역가격은 \$50이며, \$10의 관세가 부과되며 한국은 소국이라고 가정한다.

   (1) 자유무역하의 균형수입량은?

   (2) 한국의 수요와 공급곡선을 이용하여 관세의 가격효과를 설명하시오.

   (3) 국내 후생효과를 계산하시오.

   (4) 관세와 동일한 가격효과를 발생시키기 위해서는 수입할당(IQ)을 실시한다면 얼마나 할당하면 되는가?

   (5) 수입할당의 관리방식에 따라 쿼터렌트(QR)가 수입업자나 정부에 귀속된다. 어떤 경우 정부에 귀속되나?

   (6) 위 (4)와 동일한 양의 VER이 실시된다고 가정하자. VER의 후생효과를 계산하시오. 그리고 후생효과 측면에서 VER은 관세나 수입할당과는 어떻게 다른가?

2. UR 이후 직접적인 수출보조금은 중단되었다. 부분균형 그림을 이용하여 수출재에 대한 보조금 제거의 가격 및 후생효과를 설명하시오. 단순함을 위해 수출국은 소국이며, 시장왜곡은 존재하지 않는다고 가정한다. 그림을 그려서 그림 위에 아래 물음을 알파벳으로 표시하시오.

① 최초의 국내가격		⑤ 생산자잉여의 변화	
② 최종적인 국내가격		⑥ 재정수입의 변화	
③ 최초 단위당 수출보조금		⑦ 국가후생의 변화	
④ 소비자잉여의 변화		⑧ 효율성 이익	

3. 아래와 같이 시장 상황이 변할 경우 관세와 수입할당(Import Quota) 가운데 어느 쪽이 수입경쟁산업에 보호효과가 더 큰가? 그리고 그 이유는?

   (1) 국내수요가 증가할 경우

   (2) 국내공급이 증가할 경우

   (3) 세계가격이 하락할 경우

CHAPTER

13

국내정책과 무역

13.1 서론

최근 국제무역의 쟁점을 논의하는 국제포럼에서 논의의 주제가 되고 있는 것은, "각국이 어떤 무역정책을 사용하고 있는가?"가 아니고 "어떤 국내정책을 실시하고 있는가?"이다.

국내정책들은 상호 연관성이 있고 글로벌화 된 세계에서 에너지, 환경, 노동시장, 건강, 기타 많은 문제에 영향을 미친다. 그리고 국내에서 일어나는 일에 영향을 미칠 뿐만 아니라 무엇이 얼마나 교역되고 투자되느냐에 영향을 미치며, 나아가 해외의 생산자와 소비자에게도 영향을 미친다. 한마디로 요약하면, 국내정책들은 국제적인 반향을 가진다.

이 장에서 우리는 몇 개의 단순한 국내정책들을 탐구하며, 이 정책들이 외국과의 무역의 흐름에 어떻게 영향을 미칠 수 있는지를 조사한다. 또한 국내정책의 후생효과를 조사하며, 매우 중요한 통찰력과 함께 결론을 내린다. 즉, 무역정책은 몇 개의 국내정책들을 조합함으로써 복제될 수 있다는 것이다. 이러한 주목할 만한 통찰력에 대한 함의가 탐구된다.

이 장의 학습목표는 무역정책과 국내정책을 구별하고, 서로 다른 형태의 국내정책들을 확인하며, 소국에 미치는 단순한 국내정책들의 효과를 학습하는 것이다.

국제무역이론에서 정책분석은 특히 무역정책의 분석을 강조한다. 무역정책은 국가간의 재화 및 용역의 흐름에 '직접적으로' 영향을 미치는 정책이다. 가령, 수입관세, 수입쿼터(IQ), 수출자율규제(VER), 수출세, 수출보조금 등이다.

그런데, $GATT/WTO$하에서 무역장벽이 완화됨에 따라 국내정책의 국제적 효과에 점점 더 많은 관심이 집중되었다. 가령, 환경정책과 노동정책(저임금, 관대한 직업안전규제, 죄수노동력의 이용 등)도 일국의 비교우위에 영향을 미친다는 주장이 거세다.

일반적으로 소국의 경우 국내정책은 국내가격, 생산수준, 무역흐름, 및 후생에 영향을 미치지만 외국의 가격, 생산수준, 및 후생에는 영향을 미치지 않는다. 그러므로 우리는 소국의 국내정책의 관행에 대해서는 염려할 필요가 없지만 대국에 대해서는 주의를 기울일 필요가 있다.

13.2.1 국내정책의 형태

일반적으로 기업이나 또는 소비자의 행태에 영향을 미치는 국내 조세, 보조금, 또는 정부규제 등은 국내정책으로 분류된다. 가령, 소득세(income tax), 사업소득세(profit tax), 판매세(sales tax), 물품세(excise tax) — 석유, 주류 등 특정제품에 부과되는 조세 — 등이 있다.

어떤 국내정책은 수량제한의 형태를 띤다. 가령, 산업이 방출하는 공해의 양에 대해 통제한다. 또한, 대부분의 나라에서는 마리화나 코카인과 같은 약품의 생산 및 판매를 제한한다. 미국은 FDA가 승인하지 않은 약품 역시 제한하고 있다.

정부는 또한 여러 가지 목적을 위해 다양한 보조금을 지급한다. 가령, 첨단

산업에 대한 R&D 지급, 방위산업육성, 학자금대출, 농업보조, 유휴토지개간을 위한 보조금 등이 있다.

국내정책은 다양하지만 여기서는 단순한 국내조세 및 보조금, 즉 생산보조금과 소비보조금 또는 생산세와 소비세에 초점을 둔다.

소비세의 종류와 변천

우리나라의 경우 소비세는 모든 재화와 용역에 대해 부과하는 일반소비세와 특정 재화와 용역에 대해 특정세율을 선별적으로 부과하는 개별소비세로 분류된다. 종래 영업세, 물품세, 직물류세, 주세, 전기가스세, 통행세, 유흥음식세, 입장세 등의 형태로 부과되던 일반소비세가 1977년 7월 부가가치세로 통합되었고, 사치성품목, 고급내구성소비재, 고급오락시설장소 또는 이용에 대해서는 특별소비세의 형태로 부과되었다. 그 후 2007년 12월 특별소비세는 개별소비세로 명칭을 바꾸면서 세율과 품목을 다소 완화시켰다. 일본과 미국의 경우 소비세는 판매세의 형태로 부과된다.

13.2.2 국내정책 대 무역정책의 가격효과

국내정책과 무역정책의 가장 큰 차이점은 가격효과에 있다. 가령, 관세를 부과하면 국내가격과 외국가격에 격차가 발생한다.

그러나, 국내정책의 경우에는 경제그룹들 간에 가격의 차이를 발생시킨다. 가령, 생산보조금의 지급은 생산자가격은 상승시키지만 소비자가격에는 영향을 미치지 않는다. 이 경우 외국가격은 국내 소비자가격과 동일하다. 즉, 소비자가격이 '시장가격'이다.

이번에는 소국에 의해 소비세가 부과된다면 국내 소비자가격은 상승하지만 국내 생산자가격은 영향을 받지 않는다. 이 경우 외국가격은 국내 생산자가격과 동일하다.

일반적으로 무역정책은 항상 국내 소비자가격과 생산자가격 간의 동일성을 유지하지만 국내가격과 외국가격 간에는 격차를 발생시킨다. 이에 반해 국내정책(적어도 생산 및 소비세, 생산 및 소비보조금)은 국내 소비가격과 생산가격 간에 격차를 발생시킨다.

13.2.3 무역발생의 원인으로서의 국내정책

국내정책이 무역발생의 기초일 수 있다. 다시 말해, 국가간 다른 모든 조건 (가령, 기술, 요소부존도, 기호, 규모의 경제)이 동일하여도 국내정책의 차이가 무역을 발생시킬 수 있다. 2가지 예가 분석된다.

첫 번째 경우는 자유무역에서 무역의욕이 없는 소국을 가정한다. 이 상황에서 일국이 생산보조금을 지급한다. 생산보조금은 국내생산을 촉진시키지만 개방경제이므로 국내 소비자가격은 불변이다. 따라서 국내수요는 불변이다. 결과적으로 생산보조금으로 인해 생긴 초과공급은 수출된다.

두 번째 경우 역시 자유무역에서 무역의욕이 없는 소국을 가정한다. 이 상황에서 일국이 소비세를 부과한다. 소비세는 국내시장에서 소비자들이 지급하는 가격을 상승시키며, 소비자가격 상승으로 국내수요가 감소한다. 개방경제하에서 세계여타국과의 경쟁은 여전히 계속되기 때문에 생산자가격 나아가 생산은 불변이다. 결과적으로 소비세로 인해 생긴 초과공급은 수출된다.

생산세 또는 소비보조금(가령, 리베이트)의 경우에도 국내생산 감소 또는 국내소비 증가로 인해 수입이 증가한다.

13.2.4 국내정책의 후생효과: 소국 경우

국내정책은 ① 수출입량, ② 소비자 및 생산자가 직면하는 가격, ③ 소비자, 생산자, 정부 및 국가의 후생에 영향을 미칠 것이다. 우리는 이 절에서 2가지 예를 고려한다.

첫 번째 경우, 소국이 수입경쟁재 생산에 생산보조금을 지급하는 경우를 고려한다. 생산보조금은 생산자가격을 상승시키며, 세계시장가격이나 소비자가격에는 어떠한 영향도 미치지 않는다. 수입은 국내생산이 증가함에 따라 감소한다.

생산자는 산출량 단위당 보조금액만큼 더 많이 수령한다. 그러므로 생산자 잉여는 상승한다. 소비자는 보조금 전후에도 동일한 세계시장가격에 직면한다. 그러므로 소비자의 후생에 변화가 없다. 정부는 국내기업에 의해 생산되는 각 단위의 제품에 대해 단위당 보조금을 지급해야 한다. 이것은 국내 납세자에게 부담을 지운다. 생산보조금의 순국가후생효과는 생산효율성 손실로 나타나는 후생손실이다. 단, 국내시장에 왜곡이 없다고 가정한다. 만일 시장불완전이 존재한다면 생산보조금은 국가후생을 상승시킬 수도 있다.

두 번째 경우, 소국이 수입경쟁재 소비에 소비세를 부과하는 경우를 고려한다. 소비세는 소비자가격을 상승시킴으로써 국내소비를 제한한다. 그러나 세계가격 또는 국내생산자가격에는 어떠한 영향을 미치지 않는다. 국내소비가 하락함에 따라 수입은 감소한다.

소비자는 구입되는 재화의 각 단위에 대해 더 많이 지불한다. 그러므로 소비자잉여는 하락한다. 생산자는 소비세 전후에도 동일한 국제가격에 직면한다. 그러므로 생산자의 후생은 변하지 않는다. 정부는 국내시장에서 판매되는 각 단위의 제품에 대해 조세를 징수한다. 이는 공공재에 더 많은 지출을 촉진시키며, 국가를 이롭게 한다. 소비세의 순국가후생효과는 소비효율성손실로 나타나는 후생손실이다. 그러나 어떠한 국내왜곡 또는 불완전이 존재하지 않는다는 가정하에서 국가후생손실이 발생한다는 것을 다시 한 번 주목해야 한다. 만일 시장불완전이 존재한다면 소비세는 국가후생을 개선시킬 수 있다.

13.2.5 국내정책과 무역정책의 동일성

국내 조세 및 보조금정책을 잘 이해하면 국내정책을 적절히 혼합할 경우 무역정책과 동일한 효과가 발생한다는 것을 알 수 있다. 가령, 동률의 조세 및 보조금 정책을 실시할 경우 무역정책과 동일한 효과가 발생하는 예를 3가지 들어본다.

- 수입재 및 수입경쟁재에 대한 동률의 생산보조금 및 소비세 정책은 관세와 동일한 효과를 발생시킨다(생산보조금＋소비세＝관세).
- 수출재에 대한 동률의 생산보조금 및 소비세 정책은 수출보조금과 동일한 효과를 발생시킨다(생산보조금＋소비세＝수출보조금).
- 수출재에 대한 동률의 생산세 및 소비보조금 정책은 수출세와 동일한 효과를 발생시킨다(생산세＋소비보조금＝수출세).

특히, WTO 체제하에서 무역자유화가 진행되고 있는 이때, 국내정책의 조합은 무역자유화의 효과를 위협할 수 있다.

무역자유화는 손해를 보는 그룹(즉, loser)을 발생시킨다. 가령, 수입경쟁산업에 종사하는 그룹은 손해를 보는 그룹이다. 만일 이들의 정치적 힘이 막강하다면 정부는 그들을 위해 무역정책의 효과를 상쇄시키는 국내정책을 사용할지 모른다.

　　무역자유화는 또한 정부의 재정수입을 감소시킨다. 정부의 균형예산이 아주 중요한 때에 정부의 재정수입의 감소는 심각한 문제가 된다. 그래서 무역자유화를 추진하는 많은 나라들이 국내조세를 상당히 올린다. 결과적으로 이것은 관세율을 상승시킨 것과 같다.

　　비록 국내정책의 혼합이 무역자유화의 효과를 완전히 상쇄시키지는 못한다 하더라도 어느 정도의 상쇄효과는 있을 것이다. 그러므로 무역협상가들은 무역자유화의 효과가 확실히 나타날 수 있도록 국내정책 대용의 잠재성을 인식하여야 할 것이다.

　　한 가지 사례를 들면, 80년대와 90년대 사이에 일본의 대미무역수지흑자가 지나치게 심하였다. 미국은 일본의 무역장벽이 높다고 비난하였다. 그러나 일본은 그들의 관세율은 선진국 수준이라고 반박하였다. 미국의 위정자들은 일본의 국내정책이 그 원인임을 깨닫기 시작하였다. 특히, 일본의 복잡한 유통체계와 일본의 비즈니스 관행(즉, 계열기업)은 미국의 일본시장 접근을 어렵게 만들었다. 이처럼 일국의 국내정책 및 관행이 관세나 쿼터처럼 상품의 유입을 막을 수 있다는 사실을 인식해야 한다.

13.3 　국내 생산보조금

　　이 절의 학습목표는 수출정책과 국내생산보조금을 구분하고, 정부의 생산보조금 사용에 대한 동기를 설명하는 것이다.

　　국내생산보조금은 생산 또는 산출량에 근거를 두고 특정 산업의 기업에 대해 정부에 의해 이루어지는 지불이다.

　　생산보조금이 사용되는 이유는 일반적으로 두 가지가 있다. 첫째, 특정 생산자의 소득지지를 위해서이다. 예를 들면, 과거 EEC의 공동농업정책(CAP)을 들 수 있다. 둘째, 특정 재화의 산출량을 촉진시키기 위해서이다. 이것은 다음과 같은 이유 때문이다. 가령, 국가안보 차원에서 농산물 등의 생산을 증대시켜야 하며, 경제성장 촉진 차원에서 연방효과가 큰 산업의 생산을 촉진시켜야 하기 때문이다.

아래에서 부분균형분석 방법을 이용하여 2가지 서로 다른 상황하에서 생산보조금의 국제무역효과를 분석한다.

첫째, 생산보조금은 현재 무역이 없는 나라에서 실시된다고 가정한다.

둘째, 수입경쟁산업에서 생산보조금의 가격 및 후생효과를 분석한다.

13.3.1 무역발생의 원인으로서의 생산보조금

여기서는 소규모 개방경제의 경우 생산보조금이 어떻게 무역을 발생시킬 수 있는지를 설명하고자 한다. 일반적으로 무역발생의 원인으로는 기술의 차이, 요소부존도의 차이, 수요의 차이, 규모의 경제, 정부정책의 차이를 든다. 그런데 4가지 조건이 국가 간 동일하여도 정부정책의 차이가 있을 경우 무역이 발생할 수 있다는 것이다.

국가간 정부정책의 차이가 무역발생의 원인이 될 수 있음을 설명하기 위해 위의 5가지 무역발생의 원인이 국가 간 동일하다고 가정한다. 따라서 [그림 13-1]에서 폐쇄경제하의 균형가격과 자유무역하의 균형가격은 일치한다. 즉, 자유무역가격이 곧 폐쇄경제가격이다. 따라서 최초 자유무역하에서 무역이 발생하지 않는다.

그림 13-1 **국내 생산보조금에 의한 수출 유발**

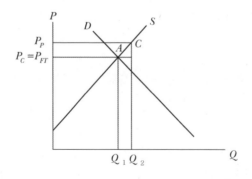

이제 정부가 단위당 "S"의 생산보조금을 지급한다고 가정한다. 이것은 국내기업이 생산하는 해당 재화에 대해 정부가 단위당 "S"원을 지급한다는 것을 의미한다. 정부의 보조금지급으로 인해 생산자가 생산해서 판매하는 각 단위의 재화에 대해 생산자가 실제 수령하는 가격은 결과적으로 상승한다. 즉, 생산자가 직면하는 가격은 P_P가 된다. 그 결과 생산은 Q_1에서 Q_2로 증가한다. 그러나 소비자가 직면하는 가격에는 영향을 미치지 않으므로 소비는 여전히 Q_1으로 변함이 없다.

정리하면, 단위당 "S"의 생산보조금 지급 이후 생산자가격은 P_P이며, 소비자가격은 자유무역가격과 동일하다. 즉, $P_C = P_{FT}$이다. 그리고 생산은 Q_2이며, 소비는 Q_1이다.

이제 일국의 수요과 공급을 종합하면, 보조금 이후 $(Q_2 - Q_1)$의 초과공급이 발생한다. 즉, $(Q_2 - Q_1)$의 수출이 발생한다. 그러므로 자국이 생산보조금정책을 실시하기 이전에는 무역이 발생하지 않았지만 보조금 지급 이후 수출이 발생하게 되었으므로 국가 간 국내경제정책의 차이가 무역발생의 원인이 된다.

13.3.2 생산보조금의 경제적 효과

소국가정하에서 수입경쟁재 산업에 있어서 생산보조금의 가격 및 후생효과를 분석한다.

그림 13-2 **생산보조금의 경제적 효과: 소국 경우**

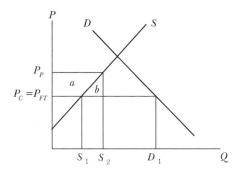

[그림 13-2]에서 자유무역가격은 P_{FT}이다. P_{FT}가격에서 생산은 S_1이며, 소비는 D_1이며, 수입은 $(D_1 - S_1)$이다.

정부가 단위당 "S"의 생산보조금을 지급한다고 가정하자. 생산보조금 지급으로 생산자가 직면하는 가격은 P_P가 된다. 따라서 생산은 S_2로 증가한다. 그러나 소비자가 직면하는 가격은 불변이므로 소비는 변함이 없다. 따라서 수입은 $(D_1 - S_1)$에서 $(D_1 - S_2)$로 감소한다.

표 13-1 **생산보조금의 후생효과**

	수입국
소비자잉여	0
생산자잉여	$+a$
정부재정수입	$-(a+b)$
국가후생	$-b$

표 13-2 **생산보조금과 관세의 효과 비교**

	관세	생산보조금
수입감소효과	생산증가와 소비감소에 의해 수입감소	생산증가에 의해 수입감소
소득재분배효과	특정소비자에게서 특정생산자와 일반국민에게로 소득재분배	일반국민에게서 특정생산자에게로 소득재분배
후생효과	생산과 소비의 사중손실 (즉, 생산왜곡비용과 소비왜곡비용 발생)	생산의 사중손실 (즉, 생산왜곡비용 발생)

소국가정하에서 수입경쟁재 생산에 대한 생산보조금의 후생효과를 요약하면 [표 13-1]과 같다. 표에서 국가후생 $-b$는 비교열위 산업인 수입경쟁산업의 생산 증가로 인해 발생하는 생산의 사중손실이다. 다시 말해, 부(負)의 생산왜곡비용이다.

[표 13-2]는 생산보조금과 관세의 효과를 비교한 것이다. 수입감소가 정책의 목표이면 관세가 효과적이고, 특정생산자의 소득증대에 관심이 많으면 생산보조금정책이 효과적인 정책수단임을 알 수 있다.

13.4 국내 소비세

이 절에서는 소국가정하에서 소비세의 다양한 특성, 무역발생원인으로서의 소비세, 수입경쟁산업에서의 소비세의 경제적 효과를 설명한다.

국내소비세는 특정 재화의 판매에 대해 정부에 의해 징수되는 조세이다. 국내소비세는 관세나 수출세와는 달리 당해 재화가 국내에서 생산되든 외국에서 생산되든 상관없이 국내시장에서 판매되면 부과될 수 있다.

소비세는 정부의 재정수입의 근원이 된다. 미국의 경우 가장 평범한 형태의 종가(ad valorem) 소비세는 주정부의 판매세(sales tax)이며, 종량(specific) 소비세는 석유세, 주세, 담배세이다. 한국의 경우 소비세는 부가가치세 형태로 징수되며, 개별소비세[35] 형태로 자동차, 석유류, 보석류 등이 있다.

완전경쟁시장과 소국을 가정한다. 그리고 소비세로 인한 소득재분배가 가져다 줄 수 있는 이익의 가능성은 고려하지 않는다. 즉, 바람직한 소득분배에 관한 논의는 하지 않는다. 그 대신 생산자, 소비자, 정부재정수입, 국가후생에 초점을 맞추기로 한다.

부분균형분석 방법을 이용하여 2가지 서로 다른 상황 하에서 소비세의 국제무역효과를 분석한다. 첫째, 현재 무역이 없는 나라에서 소비세가 부과된다고 가정한다. 둘째, 수입경쟁재 및 수입재에 부과되는 소비세의 가격 및 후생효과를 분석한다.

13.4.1 무역발생의 원인으로서의 소비세

소규모 개방경제의 경우 소비세가 어떻게 무역을 발생시킬 수 있는지를 설명하고자 한다. 다시 말해, 각국이 모든 조건에서 동일하더라도 소비세와 같은 국내정책이 양국 간 무역을 발생시킬 수 있다는 것이다.

---

35) 개별소비세 적용 물품에는 보석, 귀금속, 모피, 오락용품, 고급사진기, 자동차, 휘발유, 경유, 등유 등이 있고, 주요 장소로는 경마장, 골프장, 카지노, 유흥주점 등이 있다.

그림 13-3 국내 소비세에 의한 수출 유발

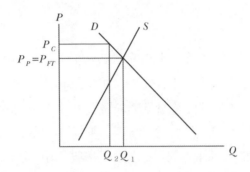

[그림 13-3]에서 폐쇄경제가격과 자유무역가격은 동일하다고 가정한다. 따라서 최초 자유무역하에서 무역은 발생하지 않는다.

이제 정부는 국산품이든 수입품이든 상관없이 국내시장에서 판매되는 모든 재화에 대해 단위당 "t"의 소비세를 부과한다고 가정한다. 이것은 소비자가 직면하는 가격을 소비세만큼 상승시킨다. 즉, 소비자가격은 P_C가 되며, 소비는 Q_2로 감소한다. 그러나 생산자가 직면하는 가격은 불변이므로 생산은 변함이 없다.

정리하면, 단위당 "t"의 소비세 부과 이후 소비자가격은 P_C이며, 생산자가격은 자유무역가격과 동일하다. 즉, $P_P = P_{FT}$이다. 그리고 소비는 Q_2이며, 생산은 Q_1이다.

이제 일국의 수요와 공급을 종합하면, 소비세 이후 $(Q_1 - Q_2)$의 초과공급이 발생한다. 즉, $(Q_1 - Q_2)$의 수출이 발생한다. 그러므로 자국이 소비세정책을 실시하기 이전에는 무역이 발생하지 않았지만 소비세 부과 이후 수출이 발생하게 되었으므로 국가 간 국내경제정책의 차이가 무역발생의 원인이 된다.

13.4.2 소비세의 경제적 효과

소국가정하에서 수입재와 수입경쟁재의 소비에 부과하는 국내 소비세의 가격 및 후생 효과를 분석한다.

그림 13-4 **소비세의 경제적 효과: 소국 경우**

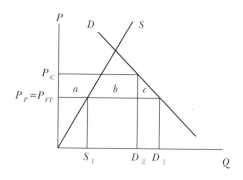

[그림 13−4]에서 자유무역가격은 P_{FT}이다. P_{FT}가격에서 생산은 S_1이며, 소비는 D_1이며, 수입은 $(D_1 - S_1)$이다.

정부가 단위당 "t"의 소비세를 부과한다고 가정하자. 소비세 부과로 소비자가 직면하는 가격은 P_C가 된다. 따라서 소비는 D_2로 감소한다. 그러나 생산자가 직면하는 가격은 불변이므로 생산은 변함없다. 따라서 수입은 $(D_1 - S_1)$에서 $(D_2 - S_1)$로 감소한다.

소국가정하에서 수입재 및 수입경쟁재의 소비에 대한 소비세의 후생효과를 요약하면 [표 13−3]과 같다. 표에서 국가후생 $-c$는 수입재 및 수입경쟁재의 소비 감소로 인해 발생하는 소비의 사중손실이다. 다시 말해, 부(負)의 소비왜곡비용이다.

표 13-3 **소비세의 후생효과**

	수입국
소비자잉여	$-(a+b+c)$
생산자잉여	0
정부재정수입	$+(a+b)$
국가후생	$-c$

표 13-4 **소비세와 관세의 비교**

	관세	소비세
수입감소효과	생산증가와 소비감소에 의해 수입감소	소비감소에 의해 수입감소
소득재분배효과	특정소비자에게서 특정생산자와 일반국민에게로 소득재분배	특정소비자에게서 일반국민에게로 소득재분배
후생효과	생산과 소비의 사중손실 (즉, 생산왜곡비용과 소비왜곡비용 발생)	소비의 사중손실 (즉, 소비왜곡비용 발생)

[표 13-4]는 소비세와 관세의 효과를 비교한 것이다. 수입감소가 정책의 목표이면 관세가 효과적이고, 국가후생에 관심이 많으면 소비세정책이 효과적인 정책수단임을 알 수 있다.

13.5 국내정책의 혼합

이 절의 학습목표는 국내정책을 적절히 혼합하면 무역정책의 대용이 될 수 있다는 것을 이해하는 것이다.

먼저, 소국가정하에서 소비세와 생산보조금이 동시에 실시될 경우의 효과를 분석한다. 그 다음, 두 정책의 순효과는 동률의 수입관세와 왜 같은지 조사한다.

그림 13-5 **국내 생산보조금과 소비세: 소국 경우**

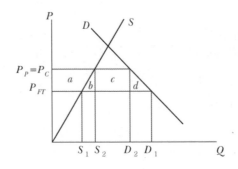

자유무역가격은 P_{FT}이다. 소비세 "t"가 부과될 경우 소비자가격은 소비세만큼 상승하여 P_C가 된다. 자유무역이 유지되기 때문에 생산자가격은 여전히 P_{FT}이다.

생산보조금 "s"가 지급될 경우 생산자가격은 보조금만큼 상승하여 P_p가된다. 그러나 소비자가격에는 영향을 미치지 않는다. 생산보조금과 소비세가 동일한 율로 또는 동일한 금액(즉, $t = s$)으로 실시되는 한 새로운 생산자가격은 새로운 소비자가격과 같아질 것이다(즉, $P_C = P_p$).

가격이 변화함에 따라 생산과 소비는 S_2와 D_2가 된다. 따라서 수입은 $(D_1 - S_1)$에서 $(D_2 - S_2)$로 감소한다. [표 13 – 5]에서와 같이 여타 경제적 효과도 관세와 동일하게 나타난다.

표 13–5 **생산보조금 겸 소비세의 후생효과**

	수입국
소비자잉여	$-(a+b+c+d)$
생산자잉여	$+a$
조세수입	$+(a+b+c)$
보조금비용	$-(a+b)$
국가후생	$-(b+d)$

13.6 결론

- 경제학자들은 시장개방에 의한 효율성 이익을 누리기 위해서는 무역장벽을 감소시키라고 권고한다. 그러나 무역자유화를 고려하는 국가는 다음과 같은 2개의 딜레마에 직면하는 것 같다.
- 첫째, 관세의 감소는 재정수입을 감소시킨다. 대부분의 개도국들의 경우 재정수입에서 관세수입이 차지하는 비중이 20~30% 정도나 된다.
- 무역자유화에 의해 야기되는 두 번째 문제는, 관세의 감소는 국내기업과 노동자에게 피해를 입힌다는 것이다. 즉, 관세의 감소는 수입재의 국내가

격을 하락시켜서 국내생산 및 생산자잉여를 감소시키며, 이로 인해 수입 경쟁산업의 노동자들의 고용이 감소한다.

- 무역자유화를 추구하는 국가는 상기 문제들을 싫어할 수도 있다. 그런데, 소비세 및 생산보조금을 결합하여 실시한다면 2개의 국내정책 조합은 관세와 완전히 동일한 효과를 얻게 된다. 이 경우 무역자유화는 아무런 효과도 얻지 못하게 될 것이다.
- 관세의 최초 효과와 복제기능을 갖는 국내정책 조합을 관세 대용으로 사용하여 무역자유화의 효과를 상쇄시키는 것 역시 GATT/WTO 협정에 위배된다.

주요용어

1. 생산보조금
2. 소비세
3. 판매세
4. 개별소비세

연습문제

1. 소국인 수입국이 생산세를 부과할 경우의 후생효과를 기하학적으로 설명하시오.

2. 일국이 수출보조금을 지급하고 싶지만 WTO회원국이어서 수출보조금정책을 사용할 수 없다. 이를 대신할 수 있는 국내정책의 조합은 무엇인가?

3. 자국이 아래 표의 첫째 줄에 열거된 무역정책을 실시한다고 가정한다. 왼쪽 첫째란에 열거된 변수에 미치는 각 정책의 효과를 부호(+, −, 0, A)를 이용하여 빈칸에 나타내시오. 단, 부분균형모형을 이용하고, 수요와 공급곡선은 정상적이며, 왜곡이 없는 완전경쟁시장을 가정한다. *A는 모호하다는 의미이다.

	수입경쟁산업에 생산보조금 (대국 가정)	수출재에 소비세율 증가 (소국 가정)
국내시장가격		
국내산업고용		
국내소비자후생		
국내생산자후생		
자국 정부의 재정수입		
자국의 국가후생		
외국의 가격		
외국의 소비자후생		
외국의 생산자후생		
외국의 국가후생		

CHAPTER 14

시장불완전 및 왜곡하의 무역정책

14.1 개관

대부분의 보호무역론은 시장이 불완전하거나 왜곡이 존재할 때 제기된다. 가령, 유치산업보호론, 최적관세론, 전략적 무역정책, 국가안보론 등과 같은 보호무역론을 들 수 있다.

시장불완전 및 왜곡은 일반적으로 완전경쟁의 가정으로부터 이탈을 의미한다. 가령, 독점 및 과점시장, 규모에 대한 수확체증하의 생산, 수급불균형인 시장(가령, 노동시장에서의 실업) 등을 들 수 있다. 그러나 완전경쟁시장하에서도 시장기능의 실패 때문에 발생한다. 가령, 생산 및 소비에서의 외부효과,[36] 공공재의 존재 등을 들 수 있다.

시장불완전 및 왜곡이 존재하는 무역세계에서는 무역정책의 실시는 시장불완전 또는 왜곡을 시정하면서 경제 전체의 효율성을 높일 수 있다. 가령, 왜곡 시정으로 인한 후생증가가 무역정책 사용으로 인한 후생손실을 초과한다면 그와 같은 무역정책은 후생을 증가시킬 것이다. 그러나 이 무역정책이 완전경쟁시장하에서 또는 왜곡이 존재하지 않은 무역세계에서 사용된다면 일국의 후생은

---

36) 외부효과란 기업 또는 산업의 어떤 경제활동과 관련하여 다른 경제그룹에게 의도하지 않은 혜택이나 손해를 가져다주면서도 시장기능의 실패로 인해 이에 대한 대가를 받지도 못하고 비용을 지불하지도 않는 상태를 말한다. 외부효과는 외부경제효과와 외부비경제효과로 구분된다.

감소할 것이다.

시장불완전 및 왜곡이 존재하는 무역세계에서의 무역정책은, 립시-랑카스타(Lipsey-Lancaster)의 차선의 이론(second-best theory)의 적용을 의미한다. 즉, 왜곡 또는 시장불완전이 존재할 경우의 균형을 차선의 균형이라 하며, 최선의 세계에서 사용하던 후생극대화정책(즉, 자유무역 또는 자유방임정책)은 이제 더 이상 효력이 없다. 그러나 최선의 세계에서는 해로운 정책인 것이 왜곡이 존재하는 차선의 세계에서는 유익한 정책이 될 수 있다. 가령, 최선의 세계에서는 소국의 관세는 일국의 후생을 감소시키지만 왜곡이 존재할 경우에는 일국의 후생을 증가시킬 수도 있다. 즉, 보호비용이 왜곡시정으로 인한 이익보다 더 클 수 있다.

1971년 바그와티(Bhagwati)[37]는 무역현상에서 왜곡이론을 제시하였다. 바그와티는 그의 논문에서 다양한 형태의 왜곡을 설명하였으며, 왜곡시정을 위해 어느 정책이 사용될 수 있으며, 어느 정책이 후생을 증가시킬 수 있는지를 고려하였다. 또한 무역정책뿐만 아니라 조세나 보조금 등과 같은 국내정책도 고려하였다. 그 결과 바그와티는 대부분의 왜곡의 경우 무역정책이 국내정책에 비해 열등하다는 것을 입증하였다. 그리고 최선의 정책이 되기 위한 '일반규칙(general rules)'은 왜곡을 직접적으로 수정하는 정책임을 밝혔다.[38]

14.2 다양한 형태의 시장불완전 및 왜곡

14.2.1 시장불완전 및 왜곡의 정의

시장불완전(market imperfections) 및 왜곡(distortions), 다시 말해 시장실패(market failure)란 시장기구가 그 기능을 제대로 발휘하지 못하여 자원이 효율적으로 배분되지 못하는 상태를 말한다. 시장실패의 원인으로는 독점이나 과점 등

---

37) Bhagwati, J.(1971), "The Generalized Theory of Distortions and Welfare", In: Bhagwati, J. et al. (ed.), *Trade, Balance of Payments and Growth*, North Holland.

38) Bhagwati의 이론은 일반균형접근으로 설명하였으나 W. M. Corden은 1974년 그의 저서 *Trade Policy and Economic Welfare*의 2장 "The Thoery of Domestic Divergences"에서 부분균형방식으로 왜곡이론을 설명하였다.

과 같이 완전경쟁으로부터의 이탈 또는 완전경쟁하에서도 외부경제 및 외부비경제효과의 발생, 공공재의 존재 등이 있다.

시장불완전 및 왜곡 하에서는 자원의 최적배분이 이루어지지 않는다. 가령, 독과점으로 인해 "가격 > 생산비"가 되어 최적의 생산이 이루어지지 못하며, 생산 및 소비에 있어서의 외부효과로 인해 사회적 비용과 사적비용 간에 또는 사회적 이익과 사적이익 간에 갭(gap)이 발생하여 자원이 효율적으로 배분되지 못한다.

아래에서는 다양한 형태의 시장불완전 및 왜곡을 소개한다.

14.2.2 독점, 복점, 과점

아마도 완전경쟁으로부터의 가장 단순한 이탈은 한 산업에서 상대적으로 소수의 기업들이 활동할 때이다. 극단적으로 한 개의 기업이 생산활동을 할 경우 독점이 된다. 독점기업은 생산과 가격에 영향을 미친다. 복점은 두 개의 기업으로 구성된다. 과점은 셋 이상의 기업들로 구성된다. 완전경쟁시장과 과점시장의 주요 차이점은, 과점시장에서는 기업들이 시장가격에 어느 정도 영향을 미친다는 것이다. 다시 말해, 과점기업들은 그들의 산출량이 시장가격을 변화시킬 만큼 시장 규모에 비해 충분히 크다.

위와 같은 불완전경쟁시장의 또 다른 주요 특징은 기업들이 초과이윤을 얻는다는 점이다. 그러나 초과이윤이 있음에도 불구하고 시장의 진입이 자유롭지 않다. 가령, 상대적으로 높은 고정비용이 있기 때문이다. 높은 고정비용은 규모에 대한 수확체증(increasing returns to scale)을 의미한다.

14.2.3 국제무역에서 대국

놀랍게도 대규모 수입국 및 대규모 수출국은 시장불완전을 발생시킨다. 이런 불완전은 '크다(largeness)'의 동의어로 독점력(monopsony or monopoly power)을 사용하면 쉽게 이해가 될 것이다. 대규모 수입국은 '수요에 있어서 독점력(monopsony power)'을 가지며, 대규모 수출국은 '공급에 있어서 독점력

(monopoly power)'을 가진다.

시장점유율이 높은 대규모 수출국이 무역정책을 수행할 경우 그 나라는 재화의 세계시장가격에 영향을 미칠 것이다. 가령, 일국이 수출세를 부과할 경우 수출국의 공급이 감소하기 때문에 세계시장가격은 상승할 것이다. 즉, 교역조건 개선 효과가 발생한다. 이러한 효과는 독점기업의 활동과 유사하다. 독점기업은 공급을 줄이고 가격을 상승시켜서 이윤을 극대화한다. 마찬가지로 대규모 수출국은 수출세를 부과함으로써 국제시장에 수출공급을 줄이고 수출가격을 상승시켜서 이익을 올릴 수 있다.

여기서 독점(monopoly)이라고 하지 않고 '독점력(monopoly power)'이라고 표현한 것은 수출국이 국제시장에서 순수한 독점자는 아니기 때문이다. 다시 말해, 그 재화를 수출하는 다른 수출국이 있을지 모른다. 그럼에도 불구하고 그 나라는 수출시장에서의 시장점유율이 충분히 크기 때문에 무역정책을 사용하여 순수한 독점자처럼 시장에 영향을 미칠 수 있다.

이와 비슷하게 일국이 대규모 수입국일 경우 그 나라는 수요에 있어서 독점력(monopsony power)을 가졌다고 한다. 수요의 독점자는 다수의 공급자가 존재할 때 하나의 수요자가 존재하는 경우를 의미한다. 수요의 독점자는 제품에 대한 수요를 제한함으로써 공급자로 하여금 가격을 낮추도록 강요한다. 독점자는 이제 낮아진 가격으로 그 제품을 구입함으로써 후생수준이 높아진다. 이와 유사하게 대규모 수입국이 수입관세를 부과하면 세계시장에서 수입재에 대한 그 나라의 수요는 감소하며, 이것은 수입재의 세계시장가격을 하락시킨다. 앞의 11장 3절에서 보았듯이 최적관세는 국가후생을 향상시킨다.

14.2.4 외부효과

외부효과(externalities)는 어떤 기업의 생산활동이 당해 시장외부에 미치는 효과를 말한다. 외부효과는 생산활동에서 발생할 수 있고, 소비활동에서 발생할 수도 있다. 그리고 외부효과는 당해 시장 외부에 유익한 효과(외부경제효과)를 미칠 수도 있고, 불리한 효과(외부비경제효과)를 미칠 수도 있다.

(1) 생산에 있어서 외부경제효과

생산에 있어서 외부경제효과(positive production externalities)는 어떤 생산활동이 당해 시장외부에 유익한 효과를 미칠 때 발생한다. 대부분의 외부경제효과는 어떤 형태의 학습효과를 포함한다.

가령, 제조품(manufactured goods)의 생산은 특히 산업화가 미흡한 국가의 경우 당해 기업 외부에 긍정적인 파급효과(positive spillover effect)를 미친다. 생산근로자와 경영자들은 공장에서 일을 함으로서 공장을 성공적으로 운영하는 방법을 배운다. 이들이 배우는 기술은 학습효과(learning-by-doing)에 의해 시간이 흐름에 따라 점점 발전된다. 그러나 근로자들에 의해 습득된 기술은 경제의 다른 산업부문으로 파급되기도 한다. 왜? 노동자들은 다른 친구들과 그들의 경험에 대해 이야기를 한다. 한편, 공장경영자들은 그들이 배운 기술을 지역사회의 다른 사람에게 가르쳐준다. 어떤 근로자들은 다른 공장으로 이직하기도 한다. 본질적으로 학습효과의 파급은 전염병과 비슷하다.

비슷한 이야기를 R&D에 관해서도 할 수 있다. 기업이 R&D지출을 할 경우 연구자는 생산에 대해 가치 있는 활동을 한다. 그러한 활동은 경제의 다른 부문으로 전달되며, 다른 부문의 생산과정에 긍정적인 영향을 미친다.

(2) 소비에 있어서 외부경제효과

소비에 있어서 외부경제효과(positive consumption externalities)는 어떤 소비활동이 당해 시장외부에 유익한 효과를 미칠 때 발생한다.

심미적인 행위를 예로 들 수 있다. 가령, 집 주인이 정원을 가꾸는 행위는 자기 자신뿐만 아니라 이웃을 즐겁게 하고 동시에 자신과 이웃의 집값을 높인다.

또한 건강한 생활 스타일은 사회적 비용을 감소시킴으로써 다른 사람들에게 긍정적인 효과를 미친다. 건강한 사람은 값비싼 의료처리를 적게 받을 것이며, 이로 인해 보험수가를 높이지 않음으로써 정부의 재정지출을 낮추어 준다.

(3) 소비에 있어서 외부비경제효과

소비에 있어서 외부비경제효과(negative consumption externalities)는 어떤 소비활동이 당해 시장 외부에 유해한 효과를 미칠 때 발생한다. 위험한 행위를 예로 들 수 있다. 가령, 국립공원에서 한 산악인이 위험을 무릅쓰고 위태로운 등반을 한다고 가정하자. 그 산악인은 가끔 폭풍우나 눈사태를 만나서 조난되기도 할 것이다. 이것은 값비싼 구조비용을 치르게 하며, 이러한 비용은 정부가 지출하며 결국 납세자인 국민이 부담한다. 음주 운전자가 위험한 음주운전을 한다면 자신뿐만 아니라 다른 사람의 생명을 빼앗는다. 흡연 또한 2차적인 흡연을 유발하며, 다른 이의 건강을 해친다.

14.2.5 공공재

공공재(public goods)는 두 가지 특성을 가진다. 즉, 비경쟁성(non-rivalry)과 비배제성(non-excludability)이다. 비경쟁성이란, 한 사람에 의해 공공재가 소비되거나 사용된다고 해서 다른 사람들에게 그 재화의 유용성을 감소시키지는 않는 것을 의미한다. 비배제성이란, 일단 공공재가 공급되면 그 재화의 무임사용자를 배제하기 위해서는 많은 비용이 든다는 것을 의미한다. 따라서 공공재의 주요 문제점은 사람들로 하여금 사용 대가를 지불하도록 하는 것이 어렵다는 점이다.

공공재의 고전적인 예는 등대이다. 등대는 지나가는 모든 선박에 빛을 밝혀준다. 지나가는 선박에는 똑 같이 빛을 보낸다. 즉, 등대의 빛은 비경쟁성을 가진다. 그리고 등대는 사용 대가를 지불한 선박에만 빛을 보내는 것이 어렵기 때문에 등대는 비배제성을 가진다.

정보 역시 공공재의 성격을 띤다. 사실 정보서비스가 전세계적인 웹망에 올려지기까지 시간이 걸린다. 일단 정보가 웹사이트에 올려지면 수백만의 소비자에 의해 거의 동시에 접속된다. 그러므로 정보 역시 비경쟁적이다. 또한 서비스의 접속에 대해 비용을 치르지 않는 사람을 배제하기가 쉽지 않다.

14.2.6 시장비청산(non-clearing markets)

일반균형 모형의 표준적인 가정은 시장은 항상 수요와 공급이 일치한다는 것이다. 즉, 시장이 청산된다는 것이다. 그러나 실제로 시장은 항상 청산되지는 않는다. 청산되지 않으면 시장은 왜곡된다.

시장이 청산되지 않는 가장 분명한 예는 노동시장에서 실업이 존재할 때 발생한다. 실업은 가격에 있어서 하방경직적일 경우 발생한다. 노동에 대한 수요가 감소할 때 기업이 임금을 낮추는 것을 싫어할 경우 실업이 발생한다. 또한 산업은 위축되고 다른 산업은 확장될 때 실업이 발생한다. 많은 생산요소들은 해고된 즉시 다른 산업으로 이동하지는 않는다. 자신의 여건에 맞는 일자리를 찾기 위해 한동안 모색한다. 이 기간 동안 실업자가 된다.

14.2.7. 불완전한 정보

완전경쟁시장에서 이루어지는 한 가지 주요한 가정은 구성원들이 완전한 정보를 갖는다는 것이다. 경제의 참여자들 중 일부가 의사결정을 하는 데 완전한 정보를 갖지 못한다면 시장은 왜곡된다.

가령, 기업가들이 어떤 산업에 참여하면 장래에 플러스의 경제적 이윤을 얻을 것이라는 사실을 모른다고 가정하자. 정보가 완전하지 못할 경우 새로운 기업들의 진입이 이루어지지 않을 것이다. 따라서 불완전한 정보(imperfect information)는 시장을 왜곡시킬 수 있다.

14.2.8 정책유발형 왜곡

또 다른 형태의 왜곡은, 완전경쟁이며 왜곡이 없는 시장에서 정부정책이 실시될 경우 발생한다. 이러한 왜곡을 J. Bhagwati(바그와티)는 정책유발형왜곡(policy-induced distortions), W. Max Corden(코든)은 부수적 왜곡(by-product distortions)이라 불렀다.

소국의 정부가 관세 등과 같은 무역정책을 실시한다고 가정하자. 이 경우 관세와 함께 나타나는 균형은 왜곡된 균형이다. 즉, 생산자와 소비자는 세계시장가격보다 높은 가격에서 생산하고 소비함으로써 자원배분과 소비에 있어서 왜곡이 발생한다.

14.2.9 바그와티의 분류

바그와티는 왜곡을 시장불완전형 왜곡(market imperfection distortions)과 정책유발형 왜곡으로 분류하였으며, W. Max Corden(코든)은 전자를 괴리(divergence),[39] 후자를 부수적인 왜곡(by-product distortions)으로 구분 사용하였다.

표 14-1 J. Bhagwati의 왜곡 분류

왜곡	시장불완전형 왜곡	외국왜곡	① 국제무역에서 독점력이 있는 경우
			② 원화가 저평가 또는 고평가 되는 경우
		국내왜곡	① 생산에 있어서 외부효과 발생
			② 소비에 있어서 외부효과 발생
			③ 요소시장왜곡(즉, 요소가격이 산업간 일치하지 않는 경우)
	정책유발형 왜곡		왜곡을 시정하기 위해 정부가 관세, 보조금 등의 무역정책 및 국내정책을 실시한 결과 부수적으로 발생하는 왜곡을 말함

14.3 립시-랑카스터의 차선의 이론

차선의 이론(second-best theory)은, 1956년 Lipsey-Lancaster(립시-랑카스터)에 의해 확립되었으며, 경제모형에서 최적의 조건들이 충족되지 않을 때 일어나는 현상에 초점을 맞추고 있다.

경제모형의 解(최적상태)를 균형(equilibrium)이라 한다. 균형은 그것이 실현되기 위해 충족되어야 하는 균형조건(equilibrium conditions)을 설명함으로써 묘사된다. 그리고 경제모형에서 균형조건은 생산자와 소비자의 (이윤 또는 효용의) 극대화 행태에서 나타난다.

완전경쟁하에서 아래의 균형조건이 충족될 때의 균형을 '최선의 균형(first-best equilibrium)'이라 하며, 경제적 열반의 경지(economic nirvana)에 도달하였다고 한다.

---

39) 괴리(divergence)의 숨은 뜻을 말한다면 '자연적인 이탈'이라고 할 수 있을 것이다.

$$P = MC, \ P = MRS, \ \text{장기이윤} = 0, \ \text{공급} = \text{수요}$$

위의 4가지 균형이 달성될 경우 최적정부개입은 자유방임(laissez faire)이다. 즉, 무역정책과 관련해서는 자유무역정책이다. 다시 말해, 조세 및 보조금 등과 같은 국내경제정책이나 관세 등과 같은 무역정책은 일국의 후생을 감소시킨다.

그러나 현실세계는 독점 또는 외부효과와 같은 시장불완전이나 왜곡이 존재한다. 즉, 위의 4가지 균형조건 가운데 일부 또는 전부가 달성되지 않는다. 이경우의 균형을 차선의 균형(second-best equilibrium)이라 한다.

차선의 균형에서는 더 이상 자유방임 또는 자유무역정책이 최적정부개입이 아니다. 최적정부개입은 왜곡을 완전하게 시정하는 정부정책이다. 가장 이상적인 정부개입을 최선의 정책(first-best policy)이라 하며, 사용 가능한 정책들에 대해 최선, 차선, 삼선 등과 같이 우선순위를 부여할 수 있다.

결론적으로 말해서, 차선의 이론은 무역정책이 일국의 후생을 개선시킬 수 있다는 이론적 근거를 제공해 준다.

14.4 국내왜곡과 최적 정부개입: 부분균형분석

14.4.1 생산에 있어서 왜곡

어느 한 재화의 생산에 있어서 외부경제효과로 인해 왜곡이 발생하는 경우의 예를 들어본다. 생산에 있어서 외부경제효과로 인해 이 재화를 생산하는 기업의 사적 비용(private cost)보다 사회적 비용(social cost)이 더 적다. [그림 14-1]을 보면 S' 곡선이 아래쪽에 위치한다.

그림 14-1 생산에 있어서 외부경제효과

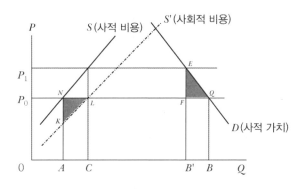

자유무역가격이 P_0일 경우 왜곡을 시정하기 위한 정책목표는 생산을 $0A$에서 $0C$로 증가시키는 것이다. 정책목표를 달성할 경우, 즉 왜곡을 완전히 제거할 경우 KNL의 사회적 이익이 생긴다.

그런데 정책목표 달성을 위해 P_0P_1의 관세[40]를 부과할 경우 소비에 있어서 부수적인 왜곡이 발생한다. 즉, EFQ의 소비왜곡비용이 발생한다. 이때 $EFQ < KNL$이면 관세부과는 후생을 증가시킨다.

그러나 생산단위당 P_0P_1의 생산보조금을 지급하면 소비에 있어서 부수적인 왜곡비용을 발생시키지 않으면서 KNL의 사회적 이익을 얻을 수 있으므로 생산보조금정책이 최선의 정책이다.

14.4.2 소비에 있어서 왜곡

어느 한 재화의 소비에 있어서 외부비경제효과로 인해 왜곡이 발생하는 경우의 예를 들어본다. 소비에 있어서 외부비경제효과로 인해 이 재화를 소비하는 소비자의 사적 가치보다 사회적 가치가 더 적다. [그림 14−2]을 보면 D'곡선이 아래쪽에 위치한다.

---

40) 종가세로 표현하면 $P_0P_1/0P_0$이다.

그림 14-2 소비에 있어서 외부비경제효과

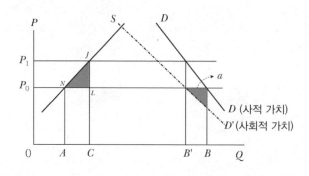

자유무역가격이 P_0일 경우 왜곡을 시정하기 위한 정책목표는 소비를 $0B$에서 $0B'$로 감소시키는 것이다. 정책목표를 달성할 경우, 즉 왜곡을 완전히 제거할 경우 a의 사회적 이익이 생긴다.

그런데 정책목표 달성을 위해 P_0P_1의 관세를 부과할 경우 생산에 있어서 부수적인 왜곡이 발생한다. 즉, JNL의 생산왜곡비용이 발생한다. 이때 $a > JNL$이면 관세부과는 후생을 증가시킨다.

그러나 소비단위당 P_0P_1의 소비세를 부과하면 생산에 있어서 부수적인 왜곡비용을 발생시키지 않으면서 a의 사회적 이익을 얻을 수 있으므로 소비세정책이 최선의 정책이다.

14.4.3 요소시장의 왜곡

(1) 요소시장 왜곡의 의미

요소시장에 있어서 완전경쟁이 지배적이라면 산업간 생산요소의 실질가격은 균등화될 것이다. 가령, 어느 한 산업의 임금이 다른 산업보다 높다면 다른 산업에서 노동이 이동해 와서 임금이 균등화된다. 그러나 현실적으로는 완전경쟁 하에서도 가격메커니즘이 산업간 임금을 균등화시키지 못하는 경우가 있다.

가령, 산업간 임금의 격차가 노동조합의 파워 때문에(즉, 노동시장의 제도적 요인 때문) 발생한다면, 이것은 진정한 의미의 요소시장 왜곡이라고 할 수 있다. 그러나 어떤 산업에서의 작업환경이 다른 산업보다 열악할 경우 이에 대한 금전적 보상 때문에 임금이 비싸다면 이것은 진정한 의미에서의 임금격차라고 할 수 없다.

그러면, 산업간 임금격차의 의미는 무엇인가? 파레토최적의 두 번째 조건을 위반하는 것을 의미한다. 이것은 생산가능곡선 내에서 생산이 이루어짐을 의미한다.[41] 즉, 생산가능곡선이 위축됨을 의미한다.

- 파레토최적의 첫 번째 조건: $P = MRS_{XY} = MRT_{XY}$
- 파레토최적의 두 번째 조건: $MRTS_{LK}^{X} = MRTS_{LK}^{Y}$

(2) 제도적인 요인에 의해 임금격차가 발생하는 경우

어떤 산업의 경우 노조의 힘이 강해서 노동자에게 지불하는 임금이 다른 산업에 비해 높아서 산업간 임금의 격차가 발생한다고 가정하자. 앞서 언급한 바와 같이 생산가능곡선이 위축되어 사회적 비용이 발생한다. 이 경우 정책의 목표는 당해 산업의 노동사용을 증가시키는 것이다. 최선의 정책은 당해 산업에 대한 임금보조금정책이며, 차선의 정책은 당해 산업에 대한 생산보조금정책이다. 이것은 생산에 있어서 1개의 부수적인 왜곡을 발생시킨다. 그리고 삼선의 정책은 당해 산업이 수입경쟁산업일 경우 관세를 부과하는 것이다. 이것은 생산과 소비에 있어서 2개의 부수적인 왜곡을 발생시킨다.

(3) 구조적인 요인에 의해 임금격차가 발생하는 경우

가령, 농업부문은 가계단위에 의해, 즉 평균생산물가치에 의해 임금이 결정되며($w = AP_{LA} \cdot P_A$), 제조업부문은 시장메커니즘에 의해, 즉 한계생산물가치에 의해 임금이 결정될 경우($w = MP_{LM} \cdot P_M$) 두 부문 간의 화폐임금은 같지만 두 부문에서 노동의 한계생산물(성)에 차이가 발생한다.[42] 즉, 제조업부문의 노동의

---

41) 파레토최적의 두 번째 조건은 두 산업(X, Y)의 한계기술대체율($MRTS_{LK}$)이 일치하는 것이다. 이것은 두 산업의 요소가격비율(w/r)이 같다는 것을 의미한다. 다시 말해, 두 번째 조건이 충족되지 않는다는 것은 에지워드의 상자그림에서 계약곡선을 이탈하여 산업간 자원이 배분된다는 것을 의미한다. 즉, 생산가능곡선 내에서 생산이 이루어진다는 것을 의미한다.

42) 여기서 M은 제조업, A는 농업부문이다. P_A는 농산물가격, P_M은 공산품가격이다. 그리고 AP_{LA}는 농업부문의 평균생산물, MP_{LM}은 제조업부문의 한계생산물이다. 따라서 $AP_{LA} \cdot P_A$은 노동의 평균생산물가치이며, $MP_{LM} \cdot P_M$은 노동의 한계생산물가치이다. 끝으로, 평균이

한계생산물이 농업부문의 한계생산물보다 높다. 두 산업의 화폐임금은 같은데 어느 한 산업의 노동의 한계생산물이 높다는 것은 그 산업의 노동사용량이 적다는 것을 의미한다. 노동사용량이 적다는 것은 그 산업의 임금이 비싸다는 것을 의미한다. 즉, 산업간 임금의 격차가 발생한다. 따라서 생산가능곡선이 위축되어 사회적 비용이 발생한다. 이 경우 정책의 목표는 제조업부문의 노동사용을 증가시키는 것이다. 최선의 정책은 제조업부문에 대한 임금보조금정책이다.

14.4.4 차선의 최적정책

최선의 정책을 실시할 수 없거나 어려울 경우에는 차선의 정책을 실시해야 하는데, 이때 '차선의 최적정책'을 실시하는 것이 바람직할 것이다.

가령, 재화생산에 왜곡이 발생하여 차선의 정책인 관세정책을 실시해야 한다면 다음과 같은 관세를 부과하는 것이 바람직할 것이다. 즉, 차선의 최적정책은 왜곡의 수정으로부터 얻는 한계이익(marginal benefit)과 부수적인 왜곡발생으로 인한 한계손실(marginal loss)이 같아지도록 관세를 부과해야 한다. 즉, [그림 14-3]에서 $N^*K^*=E^*F^*$가 되도록 P_0P^*의 관세를 부과할 경우 왜곡 수정으로 인한 사회적 이익이 가장 클 것이다.

그림 14-3 **차선의 최적정책**

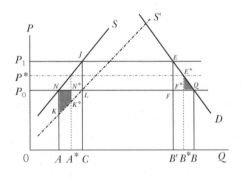

내려가면 한계는 더 많이 내려가므로 제조업부문의 한계생산물(성)이 농업부문의 한계생산물(성)보다 높다.

14.5 결론

- 시장불완전 및 왜곡은 보호무역의 정당성을 갖게 해준다.
- 국내시장에 왜곡이 존재할 경우 최선의 정부개입을 위한 일반규칙(general rules)은 왜곡을 발생시키는 바로 직접적은 근원을 수정하는 것이며, 나아가 부수적인 왜곡을 발생시키지 않는 것이다.
- 정책실시와 관련하여 최선, 차선, 삼선의 정책순위를 매길 수 있는데, 부득이한 사정으로 최선의 정책을 실시할 수 없는 경우에는 차선의 최적정책을 실시하는 것이 바람직할 것이다.

주요용어

1. 시장불완전(market imperfections) 및 왜곡(distortions)
2. monopsony power와 monopoly power
3. 외부효과(externalities)
4. 공공재의 특성
5. 시장불완전형왜곡과 정책유발형왜곡
6. 차선의 이론(second-best theory)

1. 요소시장왜곡의 경제적 의미는 무엇인가?

2. 소규모 수입국에서 컴퓨터의 생산은 외부경제효과를 갖는 수입경쟁산업이라고 가정한다.

   (1) 부분균형 그림을 이용하여 차선의 정책과 최선의 정책을 설명하여 보시오.
   (2) 어떤 조건하에서 차선의 정책이 후생을 증가시킬 수 있는가?
   (3) 최선의 정책을 사용할 수 없는 경우 어떠한 정부정책이 바람직한지 설명하시오.

CHAPTER
15

실업과 무역정책

15.1 실업의 정의

실업(unemployment)이란 일할 의사와 능력을 가진 사람이 일자리를 갖지 않거나 갖지 못한 상태를 말한다. 실업은 크게 자발적 실업과 비자발적 실업으로 분류되며, 비자발적 실업이 사회적 이슈가 된다. 비자발적 실업은 경기(순환)적 실업과 구조적 실업으로 나눌 수 있다. 전자는 경기 순환과정에서 경기침체가 원인이 되어 발생하는 실업을 말한다. 후자는 경제가 성장하고 발전하는 과정에서 성장산업이 있는가 하면 점차 비교우위를 상실하는 사양산업도 있는데, 사양산업에 종사하는 노동자들이 새로운 성장산업으로 쉽게 옮겨가기 어렵기 때문에 발생하는 실업을 말한다. 어느 경우나 노동시장에서 수요와 공급이 일치하지 않기 때문에 실업이 발생한다.

15.2 요소이동의 불완전성과 실업비용

노동시장에서 실업은 노동의 수요와 공급이 일치하지 않기 때문에 발생하는 시장불완전의 한 형태이다. 다시 말해, 실업은 '산업간 요소이동의 불완전성'

이라는 왜곡 때문에 발생한다.

노동은 학습효과를 가지므로 시간이 경과함에 따라 노동은 부문특정성 기술을 개발한다. 가령, 직물산업에서 오랫동안 근무한 노동자는 이제 막 일을 시작하는 노동자에 비해 생산성이 높다고 가정한다. 이러한 가정은 노동의 산업간 이동은 자유롭지만 비용 없이 쉽게 이동되지 않음을 의미한다. 즉, 노동자들은 이전의 산업에서 높은 임금을 받는 데 익숙해져 있기 때문에 그들이 다른 산업으로 이동해 갈 때 낮은 임금을 받는 것을 싫어한다. 그런 이유 때문에 그들은 수용할 만한 임금수준을 가진 일자리를 찾으려고 시간을 꽤 소요할 것이다.

일자리를 찾는 기간 동안 그들 자신에 의해 또는 정부에 의해 다음과 같은 다양한 조정비용, 즉 실업비용이 발생한다.

- 노동자들은 다른 일자리를 찾아야 하는 걱정거리와 소득감소에 직면한다. 그들의 가족은 감소된 소득에 조정해야 하며, 그동안 모은 저축을 다 써버릴지 모른다. 최악의 경우 자동차나 집과 같은 자산을 잃게 될지 모른다.
- 정부는 실업보상금을 제공함으로써 소득감소의 일부를 보상할 것이다. 이러한 보상은 조세수입으로 지불되며, 궁극적으로 경제내의 다른 사람들에게 비용을 부담시키게 된다.
- 어떤 경우 훈련비용의 투입으로 이전된 노동자의 생산성이 향상될 수 있다. 그러나 그와 같은 훈련비용은 노동자 자신이 부담하거나 또는 고용주가 부담할 것이다.

15.3 세계시장가격의 하락과 후생효과

소규모 개방경제하에서 최적무역정책은 자유무역이다. 관세나 쿼터와 같은 보호무역정책은 수입경쟁산업에는 이로울지 모르나 일국 전체의 효율성은 감소시킨다.

경제가 처음에는 완전고용 상태이지만 경제 환경이 변할 경우 산업간 노동이동의 불완전성 때문에 실업이 발생한다고 가정한다.

그림 15-1 세계시장가격 하락과 후생효과

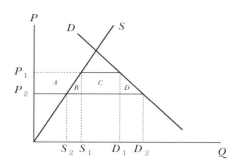

[그림 15-1]에서 최초의 자유무역가격 P_1 하에서 수요는 D_1, 공급은 S_1, 수입은 $(D_1 - S_1)$ 이며 완전고용상태에 있다. 그런데 세계시장 환경의 변화 때문에 직물 수입이 급증한다고 가정하자. 가령, 직물의 세계 공급이 급증하여 직물 수입재의 세계시장가격이 P_1 에서 P_2 로 하락한다고 가정한다. 수입국은 소국이므로 이제 변경된 세계시장가격 P_2 에 직면하게 된다.

직물가격이 P_1 에서 P_2 로 하락할 경우 국내의 직물산업은 산출량을 S_1 에서 S_2 로 감소시킬 것이다. 그리고 하락된 가격은 수요를 D_2 로 증가시킬 것이다. 따라서 수입은 $(D_2 - S_2)$ 로 증가한다.

수입경쟁산업의 위축으로 산업간 노동이동의 필요성이 생긴다. 그러나 노동이동의 불완전성은 실업을 발생시킨다.

직물의 세계시장가격 하락으로 인한 후생효과는 [표 15-1]과 같다. 실업비용 F 는 산업간 요소이동의 불완전성이 없는 경우, 다시 말해 왜곡이 없는 경우라면 발생하지 않는 비용이다.

표 15-1 세계시장가격 하락의 후생효과

	수입국
소비자잉여	$+(A+B+C+D)$
생산자잉여	$-A$
실업비용	$-F$
국가후생	$(B+C+D)-F$

즉, 일국의 후생효과는 실업비용 F와 가격하락으로 인한 총이익($B+C+D$)의 크기에 달려있다. 따라서 일국의 후생효과는 양($+$)이거나 또는 음($-$)이다.

15.4 관세정책

15.4.1 관세의 후생효과

[그림 15-1]에서 직물의 수입에 대해 관세를 부과함으로써 실업비용을 제거할 수 있다. 즉, 자유무역가격이 갑자기 하락할 때 정부는 ($P_1 - P_2$)의 관세를 부과할 수 있다. 이 경우 국내가격은 P_1이고 세계시장가격은 P_2이다. 관세에 의해 국내공급은 S_1으로 증가하고, 고용은 원래의 수준으로 회복될 것이다. 그러므로 관세는 실업을 제거한다. 그러나 관세정책은 다른 비용을 발생시킨다.

표 15-2 **관세의 후생효과**

	수입국
소비자잉여	$-(A+B+C+D)$
생산자잉여	$+A$
정부재정수입	$+C$
실업비용	$+F$
국가후생	$F-(B+D)$

관세의 후생효과는 [표 15-2]와 같다. ($P_1 - P_2$)의 관세부과로 소비자잉여는 감소하고, 생산자잉여는 증가하며, 정부는 재정수입이 생긴다. 또한 관세부과는 실업비용(즉, 조정비용)을 제거한다. 실업 제거로 인해 F만큼의 후생이 증가한다. 종합적으로 볼 때, 수입국의 순후생효과는 양(陽)의 고용효과(F)에서 부(負)의 생산왜곡비용(B)과 부의 소비왜곡비용(D)을 뺀 것이다. 즉, 수입국의 후생은 실업비용감소와 총보호비용의 크기에 달려 있다.

그러면 산업간 요소이동의 불완전성이라는 시장불완전 하에서 '차선의 최적관세'는 무엇인가? 관세부과의 한계비용(marginal cost)과 실업비용감소에 따른 한계이익(marginal benefit)이 같아지도록 관세를 부과하는 것이다.

15.4.2 보호무역에 대한 반대론

실업을 제거하기 위해 보호무역정책(여기서, 관세)을 실시하는 것에 대해 다음과 같은 반대론이 있다.

첫째, 관세의 보호비용($B+D$)이 실업비용(F)을 초과할 수 있다. 이 경우 최적관세는 제로가 될 것이다. 다시 말해, 조정이 진행되도록 허용하는 것이 최선일 것이다. 따라서 단순히 실업이 존재한다는 사실만으로 보호무역정책(가령, 관세)을 사용하는 것은 정당성을 갖지 못한다.

둘째, 보호가 총체적인 수준에서는 유익하다고 하더라도 보호는 소득재분배를 발생시킨다는 점을 기억해야 한다. 즉, 관세가 부과될 경우 소비자는 자유무역가격보다 더 비싸게 지불한다. 그 결과 ① 소비자는 손해를 보고 대신 ② 수입경쟁산업에 속한 기업과 노동자는 이익을 얻는다. 그리고 ③ 관세수입은 정부의 재정지출 형태로 일반국민에게 재분배된다.

셋째, 보호무역은 '일시적 비용'을 제거하기 위해 자유무역의 이익이라는 '영구적인 이익'을 잃게 만든다는 사실을 주목해야 한다. 만일 직물가격 하락에 따른 수입의 급증에 직면해서도 자유무역이 계속 유지된다면 실업과 그에 따른 실업비용이 초래될 것이다. 그러나 실업비용은 일시적인 비용이다. 즉, 시간이 경과하면 노동자들은 다른 산업에서 또 다른 고용기회를 발견할 것이며, 조정비용은 사라질 것이다. 이 경우 자유무역이익은 영구적인 이익이 될 것이다. 즉, 보다 낮아진 가격은 아마 미래에도 영구적으로 유지될 것이다. 이것은 비록 단기적으로 보면 '실업제거로부터 얻는 한 기간의 이익'이 '한 기간의 보호비용'을 초과할지 모르지만 장기적으로 보면 그 반대가 될지 모른다. 다시 말해, 단기적으로는 실업제거이익이 보호비용보다 클지 모르지만, 장기적으로는 보호비용이 실업제거이익보다 클지 모른다. 그러므로 실업제거를 위해 보호무역을 실시하는 것보다는 자유무역이 오히려 더 바람직할지 모른다.

그러면 실업비용을 제거하기 위한 최선의 정책은 무엇일까? 최선의 정책은 산업간 요소이동의 불완전성이라는 왜곡의 근원을 보다 직접적으로 수정하는 정책일 것이다.

15.5.1 생산보조금정책

생산보조금은 관세보다 더 나은 정책일 것이다. 앞서 예를 든 것처럼 수입시장에서 수입이 급증할 경우 후생상의 비용과 이익이 수반된다고 하자. 이번에는 정부가 생산을 원래의 수준으로 증가시키기 위해 생산보조금을 지급한다고 가정한다.

그림 15−2 **생산보조금과 후생효과**

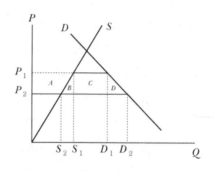

[그림 15−2]에서 단위당 $(P_1 - P_2)$의 보조금은 생산자가 직면하는 가격을 P_1으로 상승시킨다. 즉, 생산보조금은 소비자들이 직면하는 가격 P_2에는 영향을 미치지 않고 생산만 S_1으로 증가시킨다.

표 15-3 **생산보조금의 후생효과**

	수입국
소비자잉여	0
생산자잉여	$+A$
정부재정수입	$-(A+B)$
실업비용	$+F$
국가후생	$F-B$

[표 15-3]은 생산보조금을 지급할 경우 수입국의 생산자, 소비자, 정부를 포함한 국가전체의 후생효과를 요약한 것이다. 관세부과로 인한 수입국의 순후생효과는 F(실업비용)에서 생산효율성손실, 즉 생산왜곡비용(B)을 공제한 것이다. 따라서 $F > B$이면, 일국의 후생은 증가한다.

관세와 생산보조금의 주요 차이점은 생산보조금이 관세보다 국가후생을 높인다는 점이다. 그러므로 생산보조금은 관세에 비해 왜곡을 보다 직접적으로 수정하기 때문에 더 나은 정책이다. 다시 말해, 관세는 생산과 소비에 있어서 2개의 부수적인 왜곡(by-product distortion)을 발생시키지만 생산보조금은 생산에 있어서 1개의 부수적인 왜곡만 발생시킨다.

15.5.2 노동사용보조금정책

생산보조금보다 왜곡을 더욱 직접적으로 수정하는 정책이 있다. 노동사용보조금이다. 이 정책은 기업으로 하여금 다른 생산요소를 노동으로 대체시키도록 함으로써 실업비용을 줄이며, 동시에 생산증가에 따른 부수적인 왜곡비용(B)을 감소시킨다.

그러나 노동사용보조금정책은 장기적인 조정문제를 여전히 해결하지는 못한다. 즉, 이 정책은 일시적인 실업해소에 불과한 정책이다. 그리고 보조금을 조세에 의해 조달할 경우 납세자의 영구적인 부담을 요구한다. 그러므로 노동사용보조금정책도 최선의 정책은 아니다.

15.5.3 무역조정지원정책

왜곡을 훨씬 더 직접적으로 수정하는 정책이 있다. 즉, 문제의 본질은 조정과정에 있기 때문에 부수적인 왜곡을 발생시키지 않으면서 산업간 노동의 조정을 촉진시키는 정책이 가장 효과적일 것이다. 가령, 기술재교육을 위한 대출 확대, 다양한 형태의 지원프로그램 등과 같은 무역조정지원정책(trade adjustment assistance: TAA)을 들 수 있다.

무역조정지원제도[43]는 '자유무역협정 체결에 따른 무역조정지원에 관한 법률'에 따라 FTA 체결로 인하여 피해를 입었거나 입을 것이 확실한 기업(제조업, 서비스업)의 무역조정을 위해 융자 및 컨설팅을 지원하는 제도이다. 미국의 경우 무역조정지원정책은 주로 실업의 제거에 초점을 두고 있는 데 반해 한국의 경우는 기업의 지원에 초점을 맞추고 있다. 사양산업을 지원할 경우 경제의 전반적인 비효율성을 높이는 부정적 결과를 초래할 수 있다.

15.6 결론

- WTO에 의한 다자간무역자유화의 노력과 FTA와 같은 지역적 무역자유화의 노력으로 인해 구조적 실업문제가 사회적으로 커다란 이슈가 되고 있다.
- 실업비용을 감소시키기 위해 정부는 무역정책을 실시할 수 있다. 가령, 관세정책은 일국의 국가후생을 상승시킬 수 있으나 관세가 최선의 정책은 아니다. 관세보다는 생산보조금정책이, 생산보조금보다는 노동자 재교육과 같은 무역조정지원정책이 더 나은 정책이다.
- 정부는 실업을 해소하기 위해 다양한 정책을 실시하고 있지만 실업에 대처하는 정부정책들을 재검토해 볼 필요가 있다.

---

43) 미국은 1962년 무역확대법을 제정하면서 TAA 제도를 도입하였으나 한국은 2006년 4월 28일에 에 '제조업 등의 무역조정지원에 관한 법률'을 제정하였으며, 2008년 2월 29일에 '자유무역협정 체결에 따른 무역조정지원에 관한 법률'이 제정되어 그 후 여러 차례 개정되어 2018년 12월에 최종 공포되었다.

주요용어

1. 실업비용(unemployment costs)
2. 조정비용(adjustment costs)
3. 무역조정지원(trade adjustment assistance; TAA)제도

연습문제

1. 실업제거를 위해 관세정책을 실시하는 것에 대해 반대의 이유를 들어보시오.

2. 실업완화를 위해 자국이 아래 표의 첫째 줄에 열거된 2개의 무역정책을 실시한다고 가정한다. 왼쪽 첫째 란에 열거된 변수에 미치는 각 정책의 효과를 부호(+, −, 0, A)를 이용하여 빈칸에 나타내시오. 단, 부분균형모형을 이용하고, 수요와 공급곡선은 정상적이며, 왜곡이 없는 완전경쟁시장을 가정한다. *A는 모호하다는 의미이다.

	실업 하의 관세부과 (소국 가정)	실업 하의 생산보조금 (소국 가정)
국내 소비자가격		
국내 생산자가격		
국내 산업고용		
실업완화의 후생효과		
국내 소비자후생		
국내 생산자후생		
국내 정부재정수입		
국가후생		

CHAPTER 16

유치산업보호론

16.1 유치산업보호론의 의미

유치산업보호론(Infant industry argument)은 유치단계에 있는 산업을 일시적으로 보호하여 장래 경쟁력을 갖추면 자유무역을 추진한다는 이론으로 1791년 미국 A. Hamilton의 제조업에 관한 보고서(Report on Manufactures)에서 유래되었으며, 1841년 독일의 F. List(리스트)에 의해 이론적으로 정치화되었다.

유치산업보호론은 가장 합리적인 보호무역옹호론 가운데 하나이다. 이 이론은 특히 개도국의 소규모 신규기업들의 보호를 정당화시킬 수 있다.

선진국 기업들은 오랜 전통과 생산에 있어서 효율성을 갖추고 있다. 즉, 그들은 생산공정에 대해, 시장의 특성에 대해, 그리고 그들 자신의 노동시장에 대해 보다 우수한 정보와 지식을 가지고 있다. 따라서 선진국 기업들은 국제시장에서 보다 싼 가격으로 그들의 제품을 공급할 수 있다. 한편, 동종 제품을 생산하는 개도국 기업들은 선진국의 경쟁기업에 비해 경험이나 지식이 부족하므로 동일한 제품을 효율적으로 생산할 수 없을 것이다. 만일 선진국 기업들과 직접 맞서서 경쟁해야 한다면 개도국 기업들은 이윤 있는 생산을 할 수 없으며, 생존이 어려울 것이다.

그러나 개도국 기업들을 관세 등으로 보호해 준다면 동 제품의 국내가격을 상승시키고, 외국으로부터의 수입을 감소시킬 것이다. 만일 관세로 인해 동 제품의 가격이 충분히 상승한다면 국내기업들은 자신의 높은 생산비를 커버할 수 있으며, 시장에서 살아남을 수 있을 것이다. 시간이 경과함에 따라 개도국 기업들은 생산비를 낮추어줄 생산 및 경영상의 경험을 얻게 된다. 개도국 기업들은, 선진국 기업들이 그들 자신의 생산효율성 개선을 실현시키기 위해 답습한 경로와 똑같은 경로를 따를 것이다. 즉, 보호는 유치산업에 대해 '성장'할 시간을 허용한다.

더구나 개도국 기업들이 생산효율성을 개선시켜 감에 따라 보호관세는 서서히 낮아질 것이며, 완전히 제거되면 그들은 선진국 기업들과 동일한 지위에서 경쟁하게 될 것이다. 이것은 19세기 미국과 독일이 채택한 산업발전전략이었다.[44] 그들은 산업발전기간 동안 높은 관세를 부과하였다. 이러한 관세는 영국과 같은 효율적인 경쟁국으로부터 자국의 유치산업을 보호해 주었으며, 경제성장을 촉진시키는 데 있어서 필요조건이었을지 모른다.

그러나 무역정책으로 유치산업을 보호할 경우 단기적으로는 비교우위에 입각한 자원배분이 이루어지지 않는다는 반대론이 있다. 즉, 리카도와 헥셔-오린의 무역이론에 의하면, 자국의 무역전 가격이 세계여타국의 무역전 가격보다 낮은 재화를 생산할 경우 자원이 가장 효율적으로 배분된다. 이것은 미국과 독일은 영국으로부터 보다 값싼 공산품을 수입하고, 그들이 비교우위를 갖는 다른 재화에 그들의 자원을 이동시켜야 한다는 것을 의미한다.

정책처방에 있어서 유치산업보호론과 전통적 비교우위이론이 다른 이유는, 정태적 비교우위와 동태적 비교우위의 차이 때문이다. 즉, 전통적인 비교우위이론은, 한 시점에 있어서 가장 효율적인 자원배분을 설명해 준다. 이런 의미에서 정태적 이론이다. 한편, 유치산업보호론은 동태적 비교우위론에 기초를 두고 있다. 이 이론에서는 장기에 있어서 일국에 최선인 것을 설명해 준다. 가장 효율적인 장기적 전략은 최초에 최선이었던 것과는 다를 수 있다.

대부분의 개도국들이 직면하는 문제는, 그들의 정태적 비교우위가 농산물과 천연자원이라는 것이다. 개도국이 이들 재화의 생산에 의존할 경우 문제가 될 수 있다. 무엇보다도 농산물 및 천연자원의 가격이 역사적으로 보아 변동폭

---

44) 미국의 국무장관인 Hamilton은 1791년 '제조공업보고서'에서 유치단계의 제조업을 보호해야 한다고 주장하였으며, 독일의 List는 1841년 '정치경제학의 국민적 체계'에서 유치산업보호론을 주장하였다.

이 아주 심하였다. 만일 일국이 자원의 대부분을 가격 변동폭이 심한 재화의 생산에 배분한다면 GNP는 가격변동과 함께 변동할 것이다. 즉, 어떤 해는 좋고, 어떤 해는 나쁠 것이다.

더구나, 많은 경우 농산물과 천연자원을 생산하는 데 필요한 경영 및 조직기술은 산업경제를 건설하는 데 필요한 기술 및 지식과 동일하지 않다. 이것이 사실이라면 일국이 정태적 비교우위를 갖는 재화의 생산에 집중하는 것은 산업화를 막을 것이다. 그러므로 유치산업을 보호하는 이유 가운데 하나는, 학습효과를 자극하여 생산효율성을 개선시킨다는 것이다(즉, 동태적 내부경제효과). 더구나, 이와 같은 학습효과는, 근로자나 경영자가 새로운 사업을 시작하거나 다른 산업으로 이동할 때, 다른 부문으로 파급(spillover)될지 모른다(즉, 동태적 외부경제효과). 생산에 있어서 양(陽)의 파급효과(spillover effect), 즉 외부경제효과가 상당히 존재하는 경우에도 기업은 의사결정을 할 때 이러한 요인들을 고려할 것 같지 않다. 따라서 시장메커니즘에 맡겨두면 기업은 외부경제효과를 발생시키는 재화를 너무 적게 생산할 것이며, 경제발전의 속도가 늦어질 것이다.

유치산업보호론에 의해 제안된 해(解)는, 외국경쟁으로부터 국내산업을 보호해서 양의 학습효과와 파급효과를 발생시키는 것이다. 보호는 국내생산을 자극하고 양(陽)의 효과를 더 많이 촉진시킬 것이다. 즉, 동태적 내부경제효과에 의해 생산효율성이 개선되고, 동태적 외부경제효과에 의해 다른 산업들이 발전함에 따라 경제성장이 촉진된다. 그러므로 정부는 유치산업을 보호함으로써 경제성장을 보다 빠르게 촉진시키며, 정태적 비교우위 재화에 특화하는 경우에 비해 일국의 생활수준을 훨씬 더 빨리 개선시킬 것이다.

16.2 유치산업보호의 효과

16.2.1 관세의 정태적 후생효과

소규모 개도국을 가정하며, 직물을 유치산업으로 가정한다. 자유무역하의 세계가격은 P_1이다. 소비는 D_1, 국내공급은 제로이다. 즉, 국내생산자는 외국의 동종기업과 경쟁할 만큼 싸게 직물을 생산할 수 없다. 따라서 자유무역하의 수입은 국내수요와 동일한 D_1이다.

그림 16-1 **관세의 후생효과**

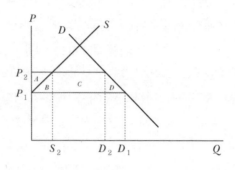

이제 국내에서 생산되지 않은 재화(즉, 직물)의 보호를 정당화하기 위해 유치산업보호론이 사용된다고 가정한다. 국내가격을 P_2로 상승시키기 위해 $(P_2 - P_1)$의 관세를 부과한다. 보호 후 국내생산은 S_2, 수요는 D_2, 수입은 $D_2 - S_2$가 된다.

표 16-1 **관세의 정태적 후생효과**

	수입국
소비자잉여	$-(A+B+C+D)$
생산자잉여	$+A$
정부재정수입	$+C$
국가후생	$-B-D$

[표 16−1]은 관세의 정태적 후생효과를 보여준다. 즉, 관세부과로 인한 후생의 손실은 생산효율성손실과 소비효율성손실을 합친 것이다. 다시 말해, 생산왜곡비용과 소비왜곡비용이 유치산업보호의 손실이다.

16.2.2 유치산업보호의 동태적 효과

이제 유치산업보호론이 정당성을 가지며, 일시적인 관세에 의해 국내생산을 촉진시킴으로써 이 산업은 생산효율성이 개선된다고 가정하자. 다시 말해, 동태적 내부경제효과에 의해 생산효율성이 개선된다고 가정하자. 이것은 [그림 16-2]의 공급곡선의 하향이동으로 나타낼 수 있다. 실제로, 공급곡선의 이와 같은 이동은, 학습효과가 생산과정에 개입되고 있기 때문에 시간이 지남에 따라 서서히 진행될 것이다. 그러나 분석의 단순함을 위해 학습효과가 다음과 같이 발생한다고 가정한다. 먼저, 국내 산업이 일정기간 동안 관세에 의해 보호를 받는다. 다음 두 번째 기간에는 관세가 완전히 제거되며, 그 후에도 생산은 첫 번째 기간(즉, 관세부과 기간)과 동일한 수준으로 이루어지고, 가격도 원래의 자유무역 가격수준이라고 가정한다. 이와 같은 효율성개선은 공급곡선의 S'로의 이동으로 표현된다.

그림 16-2 **생산효율성 개선과 후생효과**

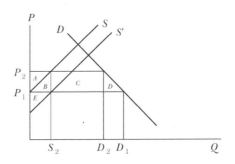

이것은, 두 번째 기간에 있어서 자유무역이 다시 회복된다는 것을 의미한다. 국내가격이 P_1의 자유무역가격으로 복귀하며, 한편 국내수요는 D_1으로 증가한다. 효율성개선 때문에 자유무역의 국내공급은 S_2가 되며, 수입은 $(D_1 - S_2)$가 된다.

표 16-2 관세제거와 효율성개선의 정태적 후생효과

	수입국
소비자잉여	0
생산자잉여	$+E$
정부재정수입	0
국가후생	$+E$

관세제거와 효율성개선의 정태적 후생효과는 [표 16-2]와 같다. 즉, 소비자가격이 원상 복귀되므로 소비자잉여는 변함이 없으며, 효율성 개선으로 생산이 증가하였으므로 생산자잉여는 $+E$이며, 자유무역으로 복귀되므로 정부의 재정수입은 제로가 된다. 소비자잉여, 생산자잉여, 그리고 정부의 재정수입을 합하면 국가후생은 $+E$가 된다.

두 기간에 걸친 종합적인 후생효과는 각 기간의 후생효과를 합친 것이다. 즉, 국가후생은 $+E-(B+D)$이며, 양 또는 음이 된다. 두 번째 기간의 생산자잉여 증가이익($+E$)이 첫 번째 기간의 사중손실 $-(B+D)$을 초과한다면 $(E>B+D)$ 보호무역은 일국의 후생을 증가시킬 것이다.

그러나 고려해야 할 효율성개선이익이 더 있다. 즉, 국내산업의 효율성개선은 이후의 모든 연속되는 기간에서 나타난다. 그러므로 단지 두 기간만의 후생효과를 고려하는 것은 완전한 분석이 아니다. 분석의 단순함을 위해 새로운 공급곡선이 모든 연속되는 기간에서 나타난다고 가정하자. 따라서 진정한 동태적인 후생효과는 다음과 같다.

$$[(E \times 고려대상의\ 미래기간의\ 숫자) - 첫\ 번째\ 기간의\ 사중손실]$$

보호대상 산업내의 직접적인 생산효율성개선효과 이외에도 국내경제 내의 다른 산업으로의 파급효과(spillover effect)가 발생된다면 일시적인 보호가 유익할 가능성은 훨씬 더 높아진다. 다시 말해, 시간이 경과함에 따라 보호대상 산업의 근로자와 경영자들은 기업을 신설하거나 다른 부문에 일자리를 구할지 모른다. 그들은 새롭게 학습한 기술을 운반하기 때문에 그것은 다른 부문의 생산효율성을 개선시킬 것이다. 그 결과 많은 제조업부문의 공급이 증가될 것이며, 따라서 이들 부문은 세계의 다른 기업들과 보다 쉽게 경쟁할 수 있게 될 것이다. 그러면, 산업화와 GDP성장은 국내산업에 대한 최초의 보호에 의해 촉진된다.

요약하면, 유치산업보호가 일국에 있어서 유익할 수 있다는 가능성을 우리는 보여 주었다. 그리고 유치산업보호론의 핵심에는, 생산 경험은 보호대상 산업의 효율성을 개선시킬 뿐만 아니라 파급효과가 있을 경우 다른 산업의 효율성도 개선시킨다는 가정이 있다. 유치산업보호론은 고전적 무역모형에서 사용되는 정태적 이론보다는 오히려 동태적 이론에 속한다. 따라서 보호가 비록 일국의 후생에 있어서 단기적으로는 해로울지 모르지만 장기적으로는 유익할 것이다.

16.3 유치산업보호 반대론

16.3.1 관세에 의한 보호는 차선의 정책

유치산업보호론에 반대하는 주요 이유는, 보호무역이 최선의 정책이 아니라 차선의 정책 선택이라는 점이다.

차선의 이론은, 생산에 있어서 외부경제효과와 같은 시장왜곡이 존재할 경우, 무역정책이 일국의 후생을 개선시킬 수 있다는 것을 의미한다. 그러나 이 경우 무역정책, 즉 관세는 왜곡을 직접적으로 수정하지 않기 때문에 최선의 정책은 아니다. 보다 효율적인 정책은 생산보조금이다.

이러한 결과를 입증하기 위해 다음과 같은 예를 고려하자. [그림 16-3]에서 최초의 자유무역가격은 P_1, 수요는 D_1, 공급은 제로, 수입은 D_1이다.

그림 16-3 생산보조금과 후생효과

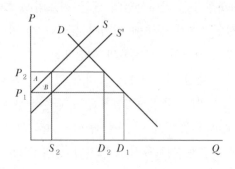

이제 정부는 단위당 생산보조금 $(P_2 - P_1)$을 지급한다. 그 결과 유효공급곡선은 S'가 된다. 소비자가 직면하는 가격은 여전히 P_1이므로 수요는 D_1이다. 그러나 생산자가 직면하는 가격은 P_2이므로 생산은 S_2로 증가한다. 따라서 수입은 $(D_1 - S_2)$로 감소한다.

생산보조금의 후생효과는 [표 16-3]과 같다. 소비자잉여, 생산자잉여, 정부재정수입을 합하면 $-B$가 된다. 즉, 국가후생은 부(負)의 생산왜곡비용 $-B$이다.

표 16-3 **생산보조금의 정태적 후생효과**

	수입국
소비자잉여	0
생산자잉여	$+A$
정부재정수입	$-(A+B)$
국가후생	$-B$

그러나 동일한 국내생산의 증가효과가 있는 관세에 비해서 생산보조금은 총체적으로 볼 때 손실이 적다. 즉, 생산보조금은 생산효율성손실만 발생시킨다. 한편, 관세는 소비효율성손실을 추가시킨다. 만일 다음 기간에서의 동태적인 효율성개선이익이 관세나 생산보조금의 경우 동일하다면, 생산보조금이 더 우수한 정책이다. 왜냐하면 생산보조금이 일국 경제에 이익은 동일수준에서 제공해 주

며, 손실은 낮추기 때문이다.

　이런 이유 때문에 경제학자들은, 유치산업보호를 위해서는 관세가 유익할지 모르지만 반드시 보호가 적절하다는 것을 의미하는 것은 아니라고 주장한다.

16.3.2 기타 유치산업보호 반대론[45]

(1) 정치경제적 문제

　국내경제의 정치적 압력이 있을 경우 유치산업보호를 가장 효율적인 방법으로 수행하는 것이 어려워질 수 있다. 즉, 보호가 장기적으로 이루어질 가능성이 높기 때문이다. 보호가 장기적으로 효과가 있기 위해서는 보호가 일시적이어야 한다. 이것은 다음과 같은 이유 때문이다.

　첫째, 효율성개선이익이 보호비용보다 더 작을지 모른다. 따라서 보호가 지속된다면 비용이 이익을 초과하며, 장기적으로 국가후생을 감소시킬지 모른다.

　둘째, 보호가 장기적으로 지속된다면 보호대상의 국내기업들은 그들의 생산효율성을 개선시키려고 하는 자극이 줄어들 것이다.

　그런데, 만일 관세가 감소되거나 제거될 계획일 때마다 정치적 압력이 발휘된다면, 산업대표들은 국회의원들에게 효율성개선을 보장하는 데 보다 많은 시간이 필요하다고 납득시킬지 모른다. 다시 말해, 기업들은, 세계 여타국의 기업에 대항해서 경쟁하는 데 보다 많은 시간이 필요하다고 주장할지 모른다. 국회의원들이 당해 기업들에게 세계의 효율성 표준을 따라 잡을 시간을 보다 많이 주는 한, 보호받는 기업들은 자유시장에서 경쟁하는데 필요한 투자와 훈련비용을 유발시킬 자극을 별로 가지지 못한다. 결국 관세는 가격을 높게 유지하게 하며, 심지어 상대적으로 비효율적인 생산을 허용케 한다.

　그러므로 유치산업보호를 적용하는 데 있어서 한 가지 큰 문제는, 보호 그 자체가 기업의 성장 욕구를 제거시킬지 모른다는 것이다. 연속적인 효율성개선이 없을 경우 보호는 단지 경제전체의 비용만 발생시킬 것이다.

---

45) 앞의 소절은 이론적인 반대론이라면 이 소절은 실시상의 실제적인 문제점을 열거한 것이다.

(2) 정보문제

유치산업보호를 위해 정부는 각 산업에 대한 신뢰할 만한 정보를 가져야 한다. 즉, 어떤 산업이 학습효과와 파급효과를 가지는지 알아야 한다. 또 관세를 어느 정도 높여야 하며, 어느 시점에서 관세를 제거해야 하는지를 결정해야 한다. 관세가 너무 낮아도 생산효율성의 개선이 나타나지 않으며, 관세가 너무 오래 부과되어도 기업은 효율성개선을 위한 자극을 받지 못할지 모른다. 관세부과의 기간이 너무 짧으면 경쟁력을 갖추기에 충분하지 못할지 모른다.

그러므로 유치산업보호가 잘 작용하기 위해서는 정확한 산업, 정확한 보호수준, 정확한 기간에 대한 정보를 가져야 한다. 그러나 사실상 그런 정보를 알기는 어렵다.

(3) 수입대체전략의 실패

1950년대와 60년대에 있어서 인기 있었던 경제개발전략은 수입대체전략이었다. 이 전략은 바로 유치산업보호론의 적용을 의미한다. 그러나 내연적 전략(inward-looking strategies), 즉 수입대체전략을 추구한 중남미 국가들은 대부분 외연적 전략(outward-looking strategies), 즉 수출주도형 성장전략을 채택한 아시아 국가들에 비해 경제개발의 실적이 떨어졌다. 따라서 이러한 실패를 경험한 국가들은 유치산업보호의 적용에 대해 반대하는 입장을 가진다.

오늘날 많은 남미국가들이 앞 다투어 지역적 무역자유화의 선봉에 서는 것도 과거 수입대체전략을 추진하면서 무역이 축소되고 그로 인해 경제 파탄을 경험하였기 때문일 것이다.

16.4 결론

• 유치산업보호론은 학습효과를 자극하여 생산효율성을 개선시키고 생산에 있어서 양(陽)의 파급효과를 미칠 수 있는 산업을 일시적으로 보호해 줌으로써 유치단계에 있는 개도국 기업을 선진국의 동종기업과 동등하게 경

쟁할 수 있게 해 준다는 이론이다.

• 소규모 수입국이라도 유치산업의 생산을 충분히 촉진시키는 관세를 부과할 경우 시간이 경과함에 따라 국가후생은 증가할 수 있다.

• 관세는 유치산업을 보호하는 데 있어서 차선의 정책이며, 생산보조금은 유치산업을 보호하는 정책으로서 관세보다 우수하다.

• 유치산업보호의 성공여부는 어떤 산업을 유치산업으로 선정하느냐에 달려 있다.[46)]

주요용어

1. 유치산업(infant industry)
2. 동태적 내부경제효과
3. 동태적 외부경제효과
4. 내연적 전략(inward-looking strategy)
5. 외연적 전략(outward-looking strategy)

---

46) 유치산업을 선정하는 기준으로는 ① J. S. Mill(밀)의 기준, ② Mill−Bastable(밀−바스테이블)의 기준, ③ M. C. Kemp(켐프)의 기준이 있다. 밀의 기준은 미래에 경쟁력을 갖출 수 있는 산업이어야 하며, 밀−바스테이블의 기준은 미래에 경쟁력을 갖출 수 있는 산업일 뿐만 아니라 미래수익이 현재비용을 초과해야 하며, 켐프의 기준은 외부경제효과가 발생하는 산업이어야 한다.

1. 유치산업보호를 1단계(일시적 관세부과)와 2단계(생산효율성 개선으로 관세 제거)로 나누어서 동태적 후생효과를 설명하시오.

2. 유치산업을 보호하기 위해 관세와 생산보조금을 사용할 경우 어느 정책이 더 우수한 정책인가? 그 이유는?

3. 유치산업을 보호하기 위해 관세정책을 실시하는 것을 반대하는 주장이 있다. 그 이유는?

4. 유치산업보호는 왜 일시적이어야 하는가?

5. 유치산업을 선정하는 기준은 무엇인가?

무역과 환경

17.1 서론

이장의 학습목표는 ① 환경적 외부효과가 시장불완전의 한 형태임을 이해하고, ② 환경적 외부효과로 인한 시장불완전을 수정하기 위해 무역정책이 사용될 수 있다는 것을 인식하며, ③ 환경적 시장불완전을 수정하기 위한 최선 및 차선의 정책 옵션을 학습하는 것이다.

무역정책의 논의에서 한 가지 논쟁적인 쟁점은 무역과 환경과의 관계이다. 환경단체들에 의하면 자유무역은 환경에 부정적인 결과를 초래한다고 주장한다. 가령, 미국의 자연환경보호단체인 Sierra 클럽의 주장을 인용하면 다음과 같다.[47]

"경제적 세계화는 세계를 하나로 묶는다. 그러나 우리의 건강과 환경에 새로운 심각한 위협을 준다. 무역협정은 공공의 이익을 대변하는 정부의 능력을 제한함으로써 국제통상을 촉진시킨다. 식품안전, 야생동물보호법 및 공해관리법이 불법적인 무역장벽으로서 무역규범 하에서 도전받고 약화되어 왔다."

["Economic globalization ties the world together as never before. But it also poses serious new threats to our health and the environment. Trade

---

47) Sierra클럽은 1892년에 John Muir에 의해 설립된 미국의 NGO이다.
http://www.sierraclub.org/trade/ftaa/rights.asp

agreements promote international commerce by limiting governments' ability to act in the public interest. Already food safety, wildlife and pollution control laws have been challenged and weakened under trade rules as illegal barriers to trade."]

이와는 대조적으로 빈번히 환경단체들의 비판의 대상이 되고 있는 WTO 협정문의 내용을 인용하면 다음과 같다.[48]

"무역 및 경제적 노력의 분야에서 WTO 회원국들 간의 관계는 삶의 수준을 향상시킬 목적으로 이루어져야 한다....(중략). 그렇게 하면서도, 지속가능한 발전이라는 목표에 따라 세계자원의 최적 사용을 고려하는 한편, 환경을 보호하고 보전하려고 노력하는 동시에 서로 다른 경제발전의 수준에서 그들 각자의 욕구와 관심사에 따라 환경보호 및 보존의 방법들을 향상시키려고 노력해야 한다."

["(WTO member) relations in the field of trade and economic endeavor should be conducted with a view to raising standards of living.... while allowing for the optimal use of the world's resources in accordance with the objective of sustainable development, seeking both to protect and preserve the environment and to enhance the means for doing so in a manner consistent with their respective needs and concerns at different levels of economic development."]

자유무역지향적인 단체와 환경단체의 목표는 논란의 여지는 있지만 문서상으로는 비슷하다. 차이점은 목표를 달성하기 위해 사용되는 방법에 있다. 즉, WTO는 환경적 문제는 WTO협정과 직접 관련이 있는 것은 아니라고 주장하여 왔다. 그럼에도 불구하고 환경정책 및 국제환경협정이 WTO 협정에 의해 금지되거나 WTO 협정과 불일치하는 것은 아니다. 본질적으로 WTO 협정, 즉 자유무역협정은 무역과 관련한 것이지 환경과 관련한 문제를 해결하려는 의도에서 이루어진 것은 아니라는 점이다. 한편, 환경단체들은 WTO 및 자유무역협정은 환경적 결과에 부정적 영향을 미치므로 이들 협정은 수정되어야 한다고 지적하여 왔다.

---

48) http://www.wto.org/english/tratop_e/envir_e/sust_dev_e.htm

아래에서 우리는 한 가지 형태의 환경적 문제, 즉 수입재의 소비로 인해 발생되는 공해와 관련한 쟁점들을 분석한다.

17.2 환경오염하의 무역자유화

석유 수입에 관세를 부과하는 소국을 가정한다. [그림 17−1]에서 관세를 포함한 국내가격은 P_1, 공급은 S_1, 국내소비는 D_1, 수입은 $D_1 - S_1$이다.

그림 17−1 **환경오염과 관세**

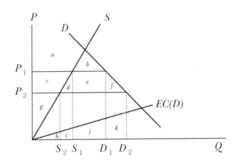

석유의 국내소비는 공해를 발생시킨다고 가정한다. 이것은 '소비에 있어서 외부비경제효과(negative consumption externality)'가 발생한다는 것을 의미한다.

공해의 사회적 비용은 국내소비의 증가함수라고 가정한다. 다시 말해, 석유의 소비가 많을수록 환경비용이 커진다. 단순화를 위해 환경비용, 즉 $EC(D)$은 국내 총수요(D)의 선형함수라고 가정한다. 각 수요 수준에서 EC의 높이는 추가되는 석유 소비의 추가비용을 나타낸다. 따라서 D_2를 소비할 경우 총 환경비용은 EC곡선 아래쪽과 D_2 사이의 지역이다.

최초에 관세 P_1P_2가 부과될 경우 국내수요는 D_1이며 공해의 총사회적비용은 $(h+i+j)$이다. 목표가 국가후생이라면 공해의 비용이 있음에도 불구하고 이 재화를 생산해서 소비하는 것이 좋을 것이다. 즉, 소비자잉여는 $(a+b)$이며, 생산자잉여는 $(c+g)$이다. 이 둘의 합계는 분명 공해의 사회적 비용인 $(h+i+j)$를 초과한다.[49]

이제 일국은 자유무역협정에 조인함으로써 석유 수입에 대한 관세를 제거한다고 가정하자. 그러면, 무역자유화가 환경에 부정적 영향을 미치겠는가? 그 답은 "예"이다.

관세가 제거되면 석유 가격은 P_2가 된다. 가격 하락은 생산을 S_2로 감소시키고, 소비를 D_2로 증가시키며, 수입을 $(D_1 - S_1)$에서 $(D_2 - S_2)$로 증가시킨다. 석유의 국내소비가 증가함에 따라 공해 또한 증가한다.

관세제거의 후생효과는 [표 17-1]과 같다. 국가후생에 미치는 무역자유화의 효과는 공해비용의 크기에 달려있다. [그림 17-1]에서는 k가 $(d+f)$보다 약간 더 크다. 그러므로 무역자유화는 국가후생을 감소시킬 수 있다. 즉, 추가적인 공해비용이 자유무역의 효율성개선 이익보다 더 클 수 있다.

표 17-1 관세제거의 후생효과

소비자잉여	$+(c+d+e+f)$
생산자잉여	$-c$
정부의 재정수입	$-e$
공해효과	$-k$
국가후생	$(d+f)-k$

17.3 무역정책 대 국내정책

일반적으로 차선의 이론에 의하면 시장불완전 및 왜곡이 존재할 경우 적절하게 선택된 무역정책은 소국의 후생[50]을 증가시킬지 모른다고 한다. 그러나 대

---

[49] 이러한 표현은 [그림 17-1]에서는 참(true)이다. 그러나 일반적으로 참은 아니다. 왜냐하면 EC곡선을 급하게 그릴 경우 훨씬 높은 공해비용이 발생해서 공해비용이 소비자잉여와 생산자잉여의 합계를 초과할 수 있기 때문이다.

[50] 시장불완전 및 왜곡이 없다면 소국이 관세를 부과하면 후생이 감소한다. 즉, 무역정책은 후생을 감소시킨다.

부분의 시장불완전하에서의 무역정책은 차선의 정책(second-best policy)이다. 최선의 정책(first-best policy)은 항상 시장불완전 또는 왜곡을 가장 직접적으로 수정하는 정책일 것이다.

위의 예에서 석유의 소비가 공해를 통해 부정적인 외부효과를 발생시키기 때문에 석유 소비에 의해 발생되는 환경오염은 시장불완전형 왜곡이다. 경제학자들은 이를 소비에 있어서 외부비경제효과라 한다. 이 경우 석유 수입에 대한 관세는 왜곡을 수정할 수 있다. 그러나 가장 직접적인 정책, 즉 최선의 정책 선택은 소비세이다. 아래에서 국내소비세와 관세를 비교하여 보자.

17.3.1 환경오염 하의 관세의 후생효과

수입재의 소비가 공해를 발생시킬 때 먼저 관세의 효과를 분석하자. 소국 가정이며, 자유무역하에서 석유의 수입가격은 P_2이다. 수요는 D_2이며, 공급은 S_2이며, 수입은 $(D_2 - S_2)$이다. 석유의 소비는 공해를 발생시키며, 공해의 환경비용은 석유의 국내소비의 선형함수, 즉 $EC(D)$라고 하자.

그림 17-2 **소비세와 관세의 비교**

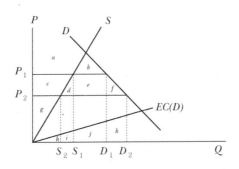

[그림 17-2]에 관세(종량세) $t = P_1 - P_2$가 부과된다. 이것은 국내가격을 P_1으로 상승시키고, 소비를 D_1으로 감소시키고, 공급을 S_1으로 증가시키며, 수입을 $(D_1 - S_1)$으로 감소시킨다.

표 17-2 **관세부과의 후생효과**

소비자잉여	$-(c+d+e+f)$
생산자잉여	$+c$
정부의 재정수입	$+e$
공해효과	$+k$
국가후생	$k-(d+f)$

관세부과의 후생효과는 [표 17-2]와 같다. 즉, 관세의 순후생효과는 $k-(d+f)$이다. 위의 그림에서 k가 $(d+f)$보다 약간 더 큰 것 같다. 그러나 보다 일반적으로 표현해서, 환경비용곡선의 모양과 관세의 크기에 따라 다르겠지만 관세의 부과는 일국의 후생을 증가시킬 수 있다.

17.3.2 환경오염 하의 소비세의 후생효과

이번에는 관세 대신에 소비세 $t = P_1 - P_2$가 부과된다고 가정하자. 소비세는 소비자가격을 P_1으로 상승시킬 것이다. 그러나 생산자가격은 여전히 P_2이다. 이와 같은 가격의 변화는 석유의 국내소비를 D_1으로 감소시키지만 공급은 S_2에서 변하지 않는다. 수입은 $(D_1 - S_2)$로 감소한다.

소비세의 후생효과는 [표 17-3]과 같다. 소비세로 인해 소비자잉여는 감소하며, 생산자잉여는 불변이며, 정부의 재정수입은 증가한다. 소비의 감소로 인해 $+k$의 공해감소 이익을 얻는다. 소비세의 순국가후생효과는 $(k-f)$이다. [그림 17-2]의 예에서는 k가 f보다 크므로 국가후생은 소비세로 인해 상승한다.

표 17-3 **소비세의 후생효과**

소비자잉여	$-(c+d+e+f)$
생산자잉여	0
정부의 재정수입	$+c+d+e$
공해효과	$+k$
국가후생	$k-f$

17.3.3 관세와 소비세의 비교

(1) 분배효과

관세와 소비세, 두 경우 분배효과가 다르다. 즉, 승자와 패자가 다르다. 첫째, 소비자효과는 동일하다. 두 경우 모두 소비자들은 손해를 본다. 그러나 생산자는 관세의 경우 후생이 증가하지만 소비세의 경우 영향을 받지 않는다. 둘째, 정부의 재정수입에서 관세에 비해 소비세의 경우가 더 크다. 왜냐하면, 수입보다 소비가 더 많기 때문이다. 셋째, 환경적 효과($+k$)는 동일하다.

(2) 후생효과

소비세의 순후생효과($NW^C = k - f$)는 관세의 순후생효과($NW^T = k - d - f$)를 초과한다. 즉, $NW^C > NW^T$이다. 왜냐하면, 관세는 2개의 정책유발형 왜곡을 발생시키는 데 반해 소비세는 1개의 정책유발형 왜곡을 발생시키기 때문이다. 이런 이유 때문에 소비에 있어서 외부비경제효과를 수정하는 데에는 소비세가 관세보다 더 효율적인 정책이다.

17.3.4 논쟁의 근원

환경 옹호론자들의 입장에서 볼 때 무역자유화 또는 세계화는 생태계에 환경적 손실을 입힐 잠재성을 가지고 있다는 점이다. 환경적 염려는 산업생산으로부터 발생하는 오염, 소비로부터 발생하는 오염, 열대림의 제거, 동식물의 멸종, 지구온난화 등을 포함한다. 여기서는 한 가지 종류의 환경문제만을 분석하였지만 차선의 이론의 원리는 모든 환경적 문제에 일반적으로 적용될 것이다.

우리는 앞의 분석을 통해 '소비'는 환경오염을 유발시킬 가능성이 있으며, 환경오염은 사회에 나쁘다는 것을 알았다. 분석모형에서 무역정책은 환경적 결과를 개선시키기 위해 잠재적으로 사용될 수 있으며 사회 전체에 이익이 될 수 있다는 것을 알았다. 그러나 무역정책이 목적달성을 위해 가장 효율적인 수단은 아니다. 그 대신 소비세와 같은 국내정책이 사용되면 자원은 더 잘 배분될 것이다. 국내정책이 왜곡을 가장 직접적으로 수정하기 때문에 국내정책이 경제적 비용을 최소화한다. 이런 이유 때문에 적절하게 선택된 소비세는 항상 관세보다 더 나은 정책이 될 것이다.

다른 형태의 환경적 문제와 관련해서도 비슷한 결론에 도달할 수 있다. 대부분의 오염 및 환경적 문제를 수정하는 최선의 방법은 생산세, 소비세, 생산요소사용세, 또는 기타 형태의 국내규제와 같은 국내정책을 사용하는 것이다. 무역정책은 잠재적으로는 유익하지만 가장 효율적인 정책수단은 아니다.

여기서 우리는 경제분석의 목표와 환경론자들의 목표가 함께 고려되어야 한다는 것을 강조할 필요가 있다. 즉, 환경적 손실에 기여하는 것은 천연자원의 이용이다. 동시에, 인간의 삶의 수준을 수용할만한 수준으로 향상시키는 데 필요한 재화 및 용역의 생산에 필요한 것도 역시 천연자원의 이용이다. 그러므로 우리가 특정 산출량 수준을 생산하는 데 자원의 사용을 최소화한다면 우리는 효율성을 극대화하려는 경제학자의 목표와 환경손실을 최소화하려는 환경론자의 목표를 둘 다 달성할 수 있을 것이다.

17.4 무역과 환경에 관한 WTO의 입장

1999년 10월 무역과 환경에 관한 WTO 위원회(양자의 연결 관계를 밝히기 위해 UR에서 설립된 위원회임)가 무역 및 환경보고서[51]를 발간하였다. 이 보고서는, "무역이 환경에 좋다 또는 환경에 나쁘다는 공개토론 석상에서 종종 듣는 뚜렷한 일반화의 기초는 존재하지 않는다. 실질세계에서 양자의 연결은 뚜렷하지 않다…"라고 주장하였다.

보고서의 진술이 차선의 이론과 어떻게 관련이 되는지 간단한 설명과 함께 보고서의 주요 발견 가운데 일부를 아래에 소개한다.

"Most environmental problems result from polluting production processes, certain kinds of consumption, and the disposal of waste products—trade as

---

51) 보고서의 요약 내용은 http://www.wto.org/english/news_e/pres99_e/pr140_e.htm을 참고할 것.

such is rarely the root cause of environmental degradation, except for the pollution associated with transportation of goods"

위의 진술은, 대부분의 환경적 문제의 근본 원인은 무역보다는 오히려 생산, 소비, 그리고 처리과정이라는 것을 부각시킴으로써 차선의 이론과 관련이 있다. 한 가지 예외가 있다면 국경을 건너 재화를 수송하는 선박, 트럭, 기차, 그리고 항공기 등에 의해 야기되는 오염이다. 그러나 이것은 상대적으로 지구오염의 미세한 근원이다. 최선의 해는 문제의 근본 원인을 직접적으로 공격하는 것임을 상기하자.

"Environmental degradation occurs because producers and consumers are not always required to pay for the costs of their actions"

위의 진술은, 환경 문제는 생산 또는 소비에 있어서 '외부비경제효과'임을 의미한다. 만일 생산자와 소비자가 그들 행위의 환경적 효과에 대해 그 대가를 지불해야 한다면 그것은 오염시장(market for pollution)이 존재함을 의미한다. 오염시장 내에서 비용과 이익이 의사결정과정에 반영된다. 그러나 오염시장이 존재하지 않는다면 생산자 및 소비자 효과는 시장의 외부에서 발생한다. 즉, 외부효과(externality)가 발생한다.

그러나 생산자와 소비자가 그들 행위에 대한 대가를 지불할 경우 환경질의 하락(environmental degradation)이 발생하지 않을 것이라는 의미를 가진다면, 상기 진술은 과장된 표현이다. 사실 오염시장이 존재한다하더라도 생산자와 소비자는 추가적인 오염비용이 이익[52]을 초과하지 않는 수준까지 환경을 오염시킬 것이다. 이것은 의심할 여지없이 어느 정도 환경질의 수준을 하락시킬 것이다. 환경경제학에서도 사회적으로 최적 오염수준은 제로가 아님을 입증하였다.

"Environmental degradation is sometimes accentuated by policy failures, including subsidies to polluting and resource−degrading activities - such as subsidies to agriculture, fishing and energy"

---

52) 여기서, 이익이란 재화의 생산이나 소비 등을 통해 얻는 이익을 말한다.

위의 진술은, 많은 환경문제는 다른 어떤 목적 달성을 위해 고안된 정부개입에 의해 악화된다는 사실을 지적한다. 가령, 농민들의 소득을 지지하기 위해 고안된 농업생산보조금은, 환경에 부정적 영향을 미치는 살충제와 비료의 보다 많은 사용을 촉진시키는 의도하지 않은 효과를 발생시킬 수 있다. 이것은 환경문제의 근원이 전형적으로 국제무역만이 아님을 다시 한 번 암시한다.

"Trade would unambiguously raise welfare if proper environmental policies were in place"

보고서에 의하면 적절한 환경정책이 실시된다면 무역은 후생을 증대시킬 것이라고 한다. 여기서 적절한 환경정책이란, 앞서 언급한 환경적 시장의 실패를 초래하지 않으며, 의도하지 않은 환경적 결과[53]를 초래하지 않는 최선의 국내정책을 의미한다. 만일 이러한 국내정책이 실시된다면 자유무역이 분명 최선의 무역정책이 될 것이다.

"Trade barriers generally make for poor environmental policy"

보호무역은 일반적으로 빈곤한 환경정책이다. 왜 그러한가? 차선의 이론 때문이다. 즉, 차선의 무역정책을 사용하는 것보다 최선의 국내조세나 보조금 등을 사용하면서 환경적 외부효과 문제를 수정하는 것이 일반적으로 더 낫다. 그러므로 비록 무역정책이 환경적 효과를 유리하게 만들 수 있지만 정부는 국내정책을 사용함으로써 보다 적은 비용으로 보다 효과적으로 동일한 결과를 달성할 수 있다.

이것이, WTO 협정, 보다 일반적으로 말해서 자유무역협정에서 환경(environment)과 무역(trade) 간에 존재하는 명시적인 연결 관계를 차단시키는 가장 강력한 주장 가운데 하나이다. 무역협정 체결 시 무역과 환경을 연결시킬 경우 유리한 환경적 결과를 확보하기 위해 어떤 부문의 무역자유화를 포기해야 할 것이다. 이것은 환경정책을 위한 하나의 도구로써 무역장벽을 사용하는 것을 의

---

53) 가령, 앞서 보고서에서 언급한 바와 같이 농민의 소득 지지를 위한 농업 생산보조금은 보다 많은 농약 및 비료의 살포로 인해 의도하지 않게 환경질을 더욱 악화시킬 수 있다.

미한다. 그러면 무엇을 해야 하는가?

첫째, 각국은 그들 자신의 환경적 기준을 정하는 것을 WTO협정이 막지 않는다는 것을 인식할 필요가 있다. WTO협정이 요구하는 것은 각국이 환경관련 법을 적용할 때 최혜국대우(MFN)와 내국민대우(national treatment)를 적용해 달라는 것이다. 가령, WTO협정은, 어떤 나라가 A국가로부터 수입되는 재화에 대해서는 이런 환경기준을 적용하고 B국가로부터 수입되는 재화에 대해서는 다른 환경기준을 적용하는 것을 허용하지 않는다. 이것을 어기면 MFN을 위반하는 것이다.

또한, WTO협정은, 어떤 나라가 자국에서 생산된 재화와 수입재를 다르게 취급하는 것을 허용하지 않는다. 사실상 WTO의 분쟁해결 판결의 대부분이, 어떤 나라에 대해 특정한 환경기준을 강화하라는 결정이 아니었다. 그 대신 최혜국대우(MFN)와 내국민대우(NT)를 강화하라는 판결이었다.

둘째, WTO 협정은, 각국이 국제환경협정을 협상하고, 이를 이행하는 것을 막지 않는다. 한 가지 예가 교토의정서(Kyoto Protocol)[54]이다. 이 협정에서 서명국들은 지구온난화의 중요한 근원을 완화시키기 위해 특정기간 내에 합의된 수준으로 이산화탄소 방출을 감소시키기로 합의하였다. 이 경우 방출을 감소시키기 위해 사용된 메커니즘은 모든 서명국들에 의해 동시에 수행되는 순수 국내정책들이다. 이것은 지구온난화를 수정하는 최선의 방법이며, 지구온난화를 개선시키기 위한 그 어떤 무역정책보다 더 나은 정책일 것이다.

17.5 환경오염비용의 측정문제

지금까지의 분석에서 우리는 환경비용을 화폐단위로 측정할 수 있다고 가정하였다. 그러나 환경비용의 측정은, 오염이 거래되는 시장, 즉 오염시장이 존재하지 않기 때문에 단순한 문제가 아니다. 일정량의 석유 소비로 인해 방출되

---

[54] 교토의정서는 1992년 유엔환경개발회의를 계기로 채택된 유엔기후변화협약(2014년 3월 현재 196개국 서명, 한국은 1993년 12월 가입)의 구체적인 이행방안으로 1997년 유엔기후변화협약 제3차 당사국총회에서 채택되었으며, 기후변화의 주범인 6가지 온실가스(이산화탄소, 메탄, 이산화질소, 수소불화탄소, 과불화탄소, 육불화황)를 정의하고, 각국의 책임 정도에 따라 온실가스 배출규모를 감축하기로 합의하였다.

는 오염물질의 평균량을 측정하는 것은 비교적 쉬울지 모른다. 그러나 그것을 화폐단위로 바꾸는 것은 단순한 일이 아니다. 얼마나 많은 사람들이 석유 소비에 의해 발생되는 오염을 막기 위해 기꺼이 대가를 지불할 것인지 알고 싶을 것이다. 환경경제학자들은 가상가치평가법(contingent valuation)[55]을 사용하여 이런 형태의 비용을 측정하려고 하였다. 그러나 이러한 방법은 정확하고 신뢰할 만한 환경비용을 측정하는 데 있어서 여전히 초보적인 단계이다.

환경비용에 관한 좋은 정보 없이 적절한 정책을 시행하는 것은 거의 불가능하다. 비록 관세 및 국내정책이 일국의 후생을 증가시킬 수는 있지만 이들이 후생향상효과를 달성하기 위해서는 정확한 수준에서 수행되어야 한다. 최적의 수준을 얻기 위해서는 가격변화의 경제적 비용 및 이익 그리고 환경적 효과에 대한 정확한 정보를 필요로 한다. 정확한 정보 없이는 의도한 효과를 달성하지 못할 것이다.

비용을 측정하기 위한 또 다른 방법으로는 정부가 오염을 허용하는 허가증을 판매하는 것이다. 만일 이러한 허가증이 거래된다면 허가증의 시장가격이 오염비용의 적정한 평가를 제공해 줄 것이다. 본질적으로 이것은 오염시장을 창출한다. 이 프로그램은 산업오염물질을 통제하는 데 적용된 적이 있으나 소비자시장에서는 아직 사용된 적이 없다. 더구나 대부분의 비경제학자들은 오염을 허용하는 허가증을 제공하는 것을 아주 싫어한다. 그러나 이 프로그램은 환경비용의 측정과 관련한 문제를 수정하려고 시도하기 때문에 국내조세를 사용하는 것보다 훨씬 더 효율적일지 모른다.

이론적 분석을 통해 무역자유화는 오염을 증가시켜 일국의 후생을 악화시킬 가능성이 있음을 우리는 인식해야 한다. 분석모형은 이것이 논리적으로 가능함을 보여준다. 그러나 모형은 또한 무역자유화가 오염을 증가시킴에도 불구하고 국가후생을 상승시킬 수 있음을 보여준다. 그렇다면 경험적으로 볼 때 무역자유화의 효과는 어떤가? Sierra클럽과 같은 많은 환경단체들은 무역협정을 체결할 때 환경영향평가보고서(Environmental Impact Statement: EIS)가 제공되어야 한다고 주장하여 왔다. EIS는 무역협정의 환경비용을 평가하고, 환경적 염려를 의사결정과정에서 하나의 기준이 되게 한다. 아마도 이러한 연구는 환경적으로 비우호적인 무역협정들이 비준을 얻지 못하게 할 수 있다.

---

55) 설문조사를 통해 환경비용을 금액으로 평가하는 방법.

그러나 대부분의 자유무역 옹호론자들은 이러한 제안을 반대하였다. 가령, J. Bhagwati는 그의 저서 "In Defense of Globalization(세계화의 방어)"에서 환경비용을 측정하는 능력은 무역협정의 경제적 효과를 측정하는 것보다 아마 더 어려울지 모른다고 하였다.

17.6 결론

- 환경문제는 일반적으로 생산과 소비에 있어서 외부비경제효과에 해당한다. 그러므로 이러한 쟁점들은 시장의 불완전을 의미한다.
- 이 장에서는 수입재의 국내소비가 환경오염을 발생시키는 모형을 제시하였다. 이것은 소비에 있어서 외부비경제효과의 분석이다.
- 이 모형에서, 소비증가에 의해 야기된 추가적인 오염이 자유무역에서 얻는 효율성이익보다 더 크다면 무역자유화가 국가후생의 감소를 초래한다는 분석결과가 나온다. 그러므로 무역자유화가 환경을 저해할 수 있다는 염려는 경제이론과 일치한다.
- 그러나 차선의 이론에 의하면, 시장불완전이 존재할 때 무역정책은 차선의 정책이며 최선의 정책 선택이 아님을 암시한다.
- 수입관세와 국내소비세는 수입재의 국내소비를 감소시키고 오염을 감소시킬 것이다. 그러나 국내소비세는 수입관세에 비해 보다 낮은 경제적 비용을 발생시킨다. 그러므로 국내소비세가 최선의 정책이며, 수입관세는 차선의 정책이라고 한다.
- 위의 결과는, 왜곡 또는 시장불완전을 가장 직접적으로 수정하는 정책이 최선의 정책이라는 차선의 이론과 일치한다. 대부분의 경우 국내정책이 무역정책보다 더 나은 정책이다. 이장의 예에서도 국내소비세는 분명 무역정책보다 우수한 정책이다.

주요용어

1. Sierra 클럽
2. 오염시장(market of pollution)
3. 최혜국대우(MFN)과 내국민대우(NT)
4. 가상가치평가법(contingent valuation)

1. WTO 협정문에서 무역과 환경과의 명시적 연결 관계를 차단시키는 가장 강력한 주장은 무엇인가?

2. 세계무역이 급증함에 따라 오늘날 환경문제가 중요한 이슈로 등장하게 되었다. 이에 환경단체와 무역증대를 위한 세계기구인 WTO의 입장이 서로 충돌하는 경향이 있다. 다음 물음에 답하시오.

   (1) 무역과 환경에 관해 WTO와 Sierra클럽의 입장을 간략히 언급하시오.

   (2) [그림 17-2]는 석유의 소비가 환경오염을 발생시킨다는 가정하에서 무역과 환경오염과의 관계를 부분균형으로 나타낸 것이다.

   (그림에서 EC는 환경비용곡선이며, 국내소비의 증가함수라고 가정한다. 현재 자유무역을 실시하고 있으며, 자유무역하의 세계시장가격은 P_2, 생산은 S_2, 소비는 D_2, 수입은 D_2S_2이다.)

      (a) 위 상황에서 환경론자들은 어떤 정책을 실시해야 한다고 주장하며, 그 후 생적 결과는? 자유무역론자들은 어떤 정책을 실시해야 한다고 주장하며, 그 후생적 결과는? [그림 17-2]를 참고하여 설명하시오.

      (b) 무역과 환경문제에서 효율성을 극대화하려는 경제학자의 목표와 환경손실을 최소화하려는 환경론자의 목표를 모두 달성할 수 있는 방법이 있는가? 있다면 무엇인가?

외국 독점기업, 공공재 및 국가안보

18.1 외국 독점하의 무역정책

이장의 학습목표는, ① 국내소비자에게 제품을 공급하는 외국 독점이 시장 불완전의 한 형태임을 학습하며, ② 외국의 독점자로 인한 시장불완전을 수정하기 위해 무역정책이 사용될 수 있음을 인식하며, ③ 외국의 독점자로 인한 시장 불완전을 수정하기 위한 최선 및 차선의 정책 옵션을 연구하는 것이다.

18.1.1 독점기업의 이윤

국내시장이 외국의 독점기업에 의해 공급된다고 가정하자. 즉, 국내시장은 다수의 소비자로 구성되어 있으며, 외국의 독점기업이 국내시장을 독점적으로 공급하고 있다.

이러한 상황이 현실적이지는 않지만 차선의 이론을 적용해 본다는 점에서는 교훈적이다. 이 경우 시장의 불완전이란 다수의 기업이 시장에 존재하지 않는다는 것이다. 지금까지 우리는 독점공급자와는 완전 정반대의 상황, 즉 완전 경쟁을 가정하여 왔다. 이 절에서는 독점공급자가 외국기업이라고 가정함으로써 국제무역의 상황을 연출하고자 한다.

[그림 18-1]에서 D는 수요곡선이며, MR곡선의 기울기는 수요곡선의 2배이다.[56] 외국기업의 한계비용(MC)은 불변이라고 가정한다.

독점기업은 이윤을 극대화하기 위해 $MR = MC$가 되도록 생산량(Q_{FT})과 가격(P_{FT})을 결정한다. 독점기업의 초과이윤은 총수익에서 총비용을 뺀 부분이다. 즉, 총수익 $P_{FT}Q_{FT}$(사각형)에서 총비용(사선 영역)을 뺀 영역이 외국 독점기업의 초과이윤이다.

그림 18-1 **독점기업의 이윤극대화**

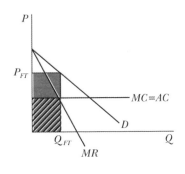

18.1.2 전략적 무역정책

일반적으로 전략적 무역정책(strategic trade policy)이란 특정산업에 있어서 세계시장이 불완전한 경우(가령, 과점시장) 정부가 전략적으로 특정산업을 보호함으로써 외국기업이 차지하는 초과이윤의 일부를 국내기업이 차지할 수 있도록 하는 보호무역정책을 말한다. 여기서는 국내기업이 존재하지 않는 상황을 고려하고 있으므로 관세 등의 무역정책을 이용하여 외국기업이 차지하는 초과이윤의 일부를 빼앗아 오는 것이 전략적 무역정책이다.

---

56) 한계수입(MR), 평균수입(AR), 총수입(TR)과의 관계는 다음과 같다. $TR = P \cdot Q$이다. $MR = dTR/dQ = d(P \cdot Q)/dQ = P \cdot dQ/dQ + Q \cdot dP/dQ = P(1 + dP/dQ \cdot Q/P) = P \cdot (1 - 1/ -dQ/dP \cdot P/Q) = P(1 - 1/\eta) = AR(1 - 1/\eta)$이다. 여기서, P는 AR이므로 $MR = AR(1 - 1/\eta)$이다. 수요곡선 D가 AR곡선이므로 $\eta = 1$(즉, D의 한 가운데 점)일 경우 $MR = 0$이다. 따라서 MR곡선의 기울기는 AR곡선의 2배가 된다.

[그림 18-2]에서 외국기업이 독점인 경우 전략적 무역정책의 후생효과를 분석한다. 가령, 관세 t의 부과는 국내에 공급되는 재화의 가격을 t만큼 상승시킬 것이다. 따라서 외국기업의 한계비용곡선은 $MC+t$로 상승한 것과 같다.

외국의 독점기업은 이윤극대화를 위해 $MR=MC$가 되도록 행동하므로 관세부과 후의 새로운 균형에서 생산량과 가격은 Q_T와 P_T가 된다. 따라서 외국 독점기업의 초과이윤은 옅은 색 사각형에서 짙은 색 사각형으로 감소한다.

그림 18-2 **전략적 무역정책: 관세**

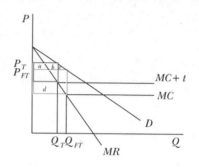

[표 18-1]은 관세부과 후의 수입국의 후생효과를 나타낸 것이다. 관세부과로 인한 가격상승으로 소비자들은 손해를 입고, 국내생산자가 없다고 가정하므로 생산자잉여는 제로이며, 정부의 재정수입은 관세수입 d([그림 18-3]의 h와 동일 크기)이다. 국가후생은 소비자잉여, 생산자잉여, 정부의 재정수입을 합치면 $d-(a+b+c)$가 된다. 즉, $d > a+b+c$이면 국가후생은 상승한다. 그러므로 국내시장이 외국의 독점기업에 의해 공급될 경우 관세의 부과는 일국의 후생을 증가시킬 수 있다.

표 18-1 **관세부과의 후생효과**

	수입국
소비자잉여	$-(a+b+c)$
생산자잉여	0
정부재정수입	$+d$
국가후생	$d-(a+b+c)$

18.1.3 최선의 정책

위와 같은 경우 비록 관세가 일국의 후생을 증가시킬 수는 있지만 시장불완전을 수정하는 최선의 정책은 아니다.

최선의 정책은 시장불완전을 보다 직접적으로 수정하는 것이다. 여기서 시장불완전은 외국기업의 독점적 공급이다. 외국의 독점기업은 $MR = MC$가 되도록 행동함으로써 초과이윤을 얻는다. 즉, 시장불완전의 핵심은 $P > MC$이다.

이러한 형태의 시장불완전을 수정하는 방법은 $P = MC$가 되도록 가격을 규제하는 것이다. 그런데 국내독점기업의 가격을 한계비용과 일치시키려면 어느 정도 수준에서 가격을 규제해야 할 것인지 상대적으로 복잡하다. 그러나 외국 독점기업의 한계비용이 불변인 경우 가격을 규제하는 것은 비교적 쉬울 것이다. 즉, $P = MC$가 되도록 가격상한제(price ceiling)를 도입하면 된다.

그림 18-3 **최선의 정책: 가격상한제**

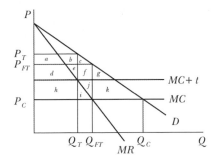

관세를 부과할 경우 후생효과는 $(h-a-b-c)$이지만 가격상한제를 도입하면 국내가격이 P_C가 되며, 외국기업의 국내공급은 Q_C로 증가한다. 따라서 국내후생은 $(d+e+f+g+h+i+j+k)$만큼 증가한다.

결론적으로 말해서, 관세가 국내후생을 증가시킬 수는 있지만 시장불완전을 수정하는 최선의 정책은 아니다. 그 대신 순수한 국내정책, 이 경우 가격상한제가 더 우수한 정책이다.

18.1.4 요약

- 전략적 무역정책은 외국 독점기업의 이윤을 수입국으로 이전시키려는 시도이다.
- 국내소비자에게 공급하는 외국 독점기업에 대한 관세의 부과는 국내후생을 상승시킬 수 있다.
- 외국 독점기업으로 인한 시장의 불완전을 수정하기 위해 관세정책을 실시하는 것은 차선의 정책(second-best policy)이다.
- 외국 독점기업으로 인한 시장의 불완전을 수정하기 위한 가격상한제는 관세보다 우수한 정책이다.
- 국내수요를 충족시키는 외국 독점기업으로 인한 시장의 불완전이 발생할 경우 국내정책이 최선의 정책이며, 한편 무역정책은 차선책이다.

18.2 공공재와 국가안보

18.2.1 국가안보론

가장 오래되고 흔한 보호무역론 가운데 하나가 소위 '국가안보론(national security argument)'이다. 이 이론에 의하면 전시(戰時)에도 국내생산을 계속하기 위해서는 관세로 어떤 산업을 보호할 필요가 있다는 것이다. 대표적인 산업이 농업이다. 전시에 적절한 식량공급이 이루어지지 않는다고 가정해 보라. 아주 곤경에 처하게 될 것이다.

비슷한 문제가 다른 많은 산업에도 발생 가능하다. 가령, 전시에 강철, 알루미늄, 선박, 탱크, 비행기, 연료 등을 생산할 수 없다면 국가안보가 크게 위협을 받을 것이다. 가장 흥미로운 주장 가운데 하나는 자수(刺繡) 산업의 주장이다. 즉, 군대의 사기를 유지하기 위해서는 군복에 붙이는 자수가 놓인 기장(旗章)의 생산을 관세로 보호해야 한다는 주장이다. 적어도 그들은 국가안보라는 이유 때문에 자수 산업이 보호받을 필요가 있다고 생각하였을 것이다.

18.2.2 국가안보와 공공재

차선의 이론의 맥락에서 국가안보론을 분류하면 이 이론을 더욱 잘 이해할 수 있다. 이 경우 관세의 사용을 정당화하기 위해 국가안보론은 시장불완전(market imperfection)을 내포하고 있다. 여기서 시장불완전은 공공재(public goods)이다. 즉, 국가안보는 공공재이며, 공공재는 완전경쟁의 표준 가정에서 벗어난다. 그러므로 어떤 재화가 공공재의 특성을 지닐 때 시장불완전이 존재한다고 할 수 있다. 전통적으로 경제학의 문헌은 국가안보와 같은 관심사를 비경제적 목표로 간주하였다.

일반적으로 공공재는 다음과 같은 2개의 소비특성을 가진다. 즉, 공공재는 비배제적(non-excludable)이며, 비경쟁적(non-rivalry)이다. 비배제성은 어떤 재화가 일단 생산되면 사람들이 소비하는 것을 막는 것이 불가능하다는 것을 의미한다. 비경쟁성은 많은 사람들이 타인에게 유용성을 감소시키지 않으면서 어떤 재화를 소비할 수 있다는 것을 의미한다.

공공재의 전형적인 예로 국가안보, 깨끗한 공기, 등대 서비스, 공용 TV 및 라디오방송 등을 들 수 있다. 이중에서 국가안보는 국제무역에서 가장 관심을 갖는 공공재이다. 국가안보는 일단 제공되면 일국내의 국민들을 안보로부터 배제시키기 어려우며, 다수의 개인들이 다른 사람이 받는 안보를 제한하지 않으면서 안전 및 안보를 즐길 수 있기 때문에 국가안보는 공공재에 해당한다.

우리는 차선의 이론에서 시장불완전이 존재할 때 국가후생을 개선시키기 위해 정부정책이 사용될 수 있다는 것을 배웠다. 대부분의 경우 무역정책도 사용가능하다. 가령, 어떤 재화가 공공재의 특성을 가질 때 민간기업이 그 재화를 공급한다면 공공재는 충분하게 공급되지 않을 것이다. 무임승차자 때문에 문제가 발생한다. 나대신 다른 사람이 지불한다면 자신은 그 재화에 대한 지불을 회피하려 할 것이다. 만일 대다수 사람들이 지불하지 않는다면 충분하게 공급되지 않을 것이다. 따라서 정부의 개입이 필요하다. 정부는 세금을 부과함으로써 모든 사람이 비용을 분담하도록 한다. 그러면 충분한 공급이 이루어질 수 있을 것이다. 그러므로 공공재에 대한 정부의 공급과 함께 국가후생은 증가될 수 있다.

이와 비슷한 논리를 가지고 공공재가 존재할 때 일국의 후생증가를 위해 왜 무역정책이 사용될 수 있는지 알아보자. 가령, 농산물이나 철강과 같은 재화들은 그 자체는 공공재가 아니다. 우리가 풍부하게 공급하고자 하는 공공재는 '국가안보'이다. 그런데 국가안보를 증대시키기 위해서는 어떤 형태의 재화를 증가시킴으로써 가능하다. 가령, 전시에 식량생산이 적어도 90%는 자급자족되어야 적절한 국가안보가 확보된다고 가정하자. 또한 자유무역과 자유방임 국내정책하에서 그 국가는 연간 50%의 식량을 국내에서 생산하고 50%를 수입한다고 가정하자. 끝으로 전시에 식량 수입이 차단될 경우 식량의 국내생산을 신속히 증가시키기가 어려울 것이라고 정부는 믿는다. 그러면 정부는 식량 수입이 너무 많으며, 국가안보가 위협을 받는다고 판단할지 모른다.

정부는 식량수입 때문에 국내 식량생산이 위축되는 것을 막기 위해 높은 관세를 부과할 것이다. 수입을 10%, 국내 생산을 90%로 하는 그런 관세가 존재할 것이다. 그런데 제9장의 완전경쟁시장하에서 소국이 관세를 부과하면 순국가적 손실이 발생한다는 것을 알았다. 여기서도 마찬가지이다. 그러나 국가안보의 공공재적인 특성 때문에 관세부과는 생산 및 소비왜곡비용을 발생시키지만 국가안보의 증대로 인한 양(플러스)의 이익이 생긴다. 따라서 관세가 일국의 후생을 증가시킬 수 있다. 다시 말해, 보호주의가 일국을 이롭게 할 수 있다.

국가안보론은 타당성이 완벽하고 합리적인 보호무역 옹호론이다. 보호주의가 일국의 후생을 개선시킬 수 있다는 것은 이런 상황 하에서는 아주 논리적이다. 그러나 대다수의 경제학자들은 차선의 이론의 맥락에서 여전히 보호무역정책의 사용을 반대한다.

그러면 최선의 정책은 무엇인가? 시장불완전을 직접 수정하는 정책이다. 가령, 시장불완전이 어떤 생산특성 때문에 발생한다면 생산보조금 또는 생산세가 사용되어야 한다. 그리고 문제가 노동시장에 있다면 노동시장에서의 조세 또는 보조금이 최선의 정책이며, 만일 시장불완전이 국제무역과 관련이 있다면 무역정책이 사용되어야 한다.

이 경우 농산물의 지나친 수입 때문에 국가안보가 위태롭다고 할 수 있기 때문에 문제는 무역과 관련이 있다. 따라서 관세가 사용되어야 한다. 그러나 이러한 논리는 잘못된 것이다. 사실상의 문제는 전시에 적절한 식량공급을 유지하는 것이다. 비상시 수입이 중단될 경우 생산수준이 너무 낮기 때문에 문제가 발생한다. 생산을 적정수준에서 유지하는 가장 효율적인 방법은 생산보조금이다. 그러나 생산보조금은 정부의 재정지출을 발생시키며, 또한 생산효율성 손실을 초래한다. 그럼에도 불구하고 관세를 부과하면 훨씬 더 큰 손실이 발생할 것이다. 왜냐하면, 관세는 생산효율성 손실뿐만 아니라 소비효율성 손실도 발생시키기 때문이다. 그러므로 관세는 차선의 정책이며, 최선의 정책은 생산보조금이다.

18.2.3 무역정책이 최선의 정책인 경우

국가안보를 높이기 위해 무역정책이 최선의 정책 옵션인 경우가 있다. 가령 일국이, 어떤 나라를 공격하거나 해치기 위해 다른 나라가 사용가능한 어떤 재화를 생산한다고 가정하자. 핵물질이 그 예이다. 전기발전을 위해 핵을 사용하는 나라가 있다. 그러나 생산과정에서 사용된 물질의 일부 또는 핵시설을 운영함으로써 생긴 지식은 보다 위험한 핵무기를 생산하는데 하나의 투입물(input)로서 사용될 수 있다. 그런 물질이 위험한 국가의 손에 들어가는 것을 막기 위해 수출금지조치를 내린다. 그리고 수출금지를 정당화하기 위해, "공격적인 군사목적을 위해 사용될 수 있는 위험물질을 어떤 나라가 획득하는 것을 막는 것이 국가안보를 유지하기 위해 필요하다"는 주장을 한다.

미국에서는 다양한 제품의 확산을 막기 위해 수출금지조치가 내려지기도 한다. 많은 제품들의 경우 동제품을 어떤 나라에 수출하기 위해서 정부로부터 허가가 필요하다. 정부는 무엇이 누구에게 수출되는지 감시하여 국가안보를 위협할 경우 수출허가를 하지 않는다. 가령, 국내의 공급이 부족한 재화, 핵확산과 관련된 재화, 미사일 기술, 생화학 무기, 그리고 지역의 안녕, 범죄, 또는 테러리스트 활동에 영향을 미칠지 모르는 재화의 경우 미국은 수출허가를 얻도록 하고 있다.

이 경우 국가안보를 높이기 위해서는 수출통제정책(export control policy)이 최선의 정책이다. 근본적인 문제는 국내에서 생산된 어떤 재화가 외국의 손에 들어가지 않도록 해야 하는 것이다. 무역문제는 무역정책으로 수정하는 것이 최선이다. 사실상 국내정책만을 사용하여 문제의 재화를 외국에 판매하는 것을 통제하고 그로 인해 국가안보를 높일 수 있는 효과적인 방법은 없다.

18.2.4 결론

- 국가안보의 보존은 보호무역정책의 사용을 위한 정당성을 제공한다.
- 국가안보의 보존은 일종의 비경제적 목표로 분류되기도 한다.
- 보호무역은 식량, 철강, 군사장비, 석유 등과 같이 전시에 필요한 물질의 적절한 국내공급을 유지하는데 도움이 될 수 있다.
- 수출금지는 국가안보에 위협이 될 수 있는 물질의 확산을 막는 데 사용될 수 있다.
- 보호대상 물질의 생산증가가 국가안보를 강화할 경우 수입관세는 국가후생을 상승시킬 수 있다.
- 국가안보는 공공재이다. 공공재의 특성을 지닌 재화는 시장불완전이 존재한다. 시장불완전이 존재하기 때문에 보호무역이 유익할 수 있다.
- 재화의 생산증가가 국가안보를 높일 때 생산보조금이 최선의 정책이다.
- 수입관세는 차선의 정책 선택이다.
- 어떤 제품의 수출이 국가안보를 위협할 때 수출금지조치(즉, 무역정책)가 최선의 정책 선택이다.

주요용어

1. 독점기업의 초과이윤
2. 전략적 무역정책(strategic trade policy)
3. 가격상한제(price ceiling)
4. 국가안보론(national security argument)

연습문제

1. 독점기업은 이윤극대화를 위해 생산과 가격을 어떻게 결정하는가?

2. 전략적 무역정책론에 관한 물음이다. 한국의 항공기시장은 외국의 독점기업이 지배하고 있다고 가정하자. 한국의 항공기에 대한 수요곡선, 외국기업의 한계비용(MC)곡선과 한계수익(MR)곡선이 다음과 같다고 가정한다. 아래 함수를 이용하여 그림을 그려서 물음에 답하시오.

   - 수요곡선: $D = 1,400 - 2P$
   - 한계비용곡선: $MC = \$300$
   - 한계수익곡선: $MR = 700 - Q$

   (1) 전략적 무역정책이란?
   (2) 항공기의 균형가격과 균형수입량은 얼마인가?
   (3) 한국의 소비자잉여를 계산하시오.
      * 이제 한국정부가 항공기의 수입에 대해 $100의 관세를 부과한다고 가정하자.
   (4) 항공기의 새로운 균형가격과 균형수입량은 얼마인가?
   (5) 관세부과 후의 소비자잉여와 관세수입을 계산하시오.
   (6) 관세부과 후의 국가후생의 변화는? 즉, 얼마나 증가 또는 감소하였는가?
   (7) 현 상황에서 국가후생을 증가시킬 수 있는 최선의 정책은 무엇이며, 이 정책이 시행된다면 국내가격과 수입수요량은?
   (8) 최선의 정책이 실시될 경우 국가후생의 변화를 계산하고, 관세의 경우와 비교하시오.
   (9) 일반적으로 최선의 정책을 확인하는 방법을 간략히 설명하고, 위 (7)의 최선의 정책이 이러한 기준을 충족시키는 이유가 무엇인가?

3. 공공재의 소비특성은 무엇인가?

4. 수입경쟁재가 있다. 이 재화의 국내 생산증가가 국가안보를 높인다면 어떤 정책이 최선의 정책인가?

5. 국가안보를 높이기 위해 무역정책이 최선의 정책인 경우의 예를 들어보시오.

CHAPTER
19

경제통합

19.1 서론

본 장에서는 자유무역이 최선의 정책이지만 보호무역이 지배적인 현실의 경제상황하에서 경제통합이 차선의 정책인지를 분석한다. 이장의 학습목표는, ① 경제통합의 다양한 형태를 구별하며, ② 무역창출과 무역전환 효과를 학습하고, ③ 차선의 이론의 맥락에서 자유무역지역의 형성이 일국의 후생을 악화시킬 수 있는지를 파악하는 것이다.

각국은 다양한 이유 때문에 경제정책과 관련하여 서로 협력한다. 그들은 협력을 통해 그렇지 않으면 가능하지 않은 이익을 만들어 낸다. 그 예로 로버트 아우만과 토마스 셸링의 협력적 해를 들 수 있다. 각국이 서로 협력하여 무관세를 실시함으로써 양국이 최적관세를 부과함으로써 단기적인 이익을 획득하려고 시도하는 경우에 비해 더 많은 이익을 얻게 된다. 이것은 협력을 통해 얻을 수 있는 하나의 이익에 불과하다. 국가 간 노동과 자본의 이동을 자유화하고, 재정정책, 산업간 자원배분, 그리고 통화정책에 관해 협력하는 국가들에게는 더 많은 이익이 돌아간다.

이처럼 각국이 무역, 재정 및 통화정책에 관한 협력에 동의하는 협정을 체결할 경우 이를 경제통합이라고 한다. 이 장에서는 다양한 형태의 경제통합 가운데 자유무역지역(FTA)에 초점을 맞추어 부분균형모형을 이용하여 후생효과를 분석하며, 차선의 이론의 맥락에서 파악하고자 한다.

19.2.1 경제통합의 개념 정의

경제통합(economic integration)은 지역경제통합, 지역주의, 무역블록 등 다양하게 표현되는데 그 실질적인 의미에서는 큰 차이가 없다. 다만, 무역블록 또는 경제블록이란 표현은 보호주의적 색채를 암시하는 부정적인 의미로 흔히 사용된다.

경제통합을 사전적으로 정의하면, 지리적으로 인접한 국가들이 동맹을 결성하여 동맹국 상호간에는 무역의 자유화를 꾀하고, 비동맹국에 대해서는 무역상의 차별조치를 취하는 지역적 경제협력을 의미한다.

그러나 이러한 정의로는 동서고금의 경제통합을 보편적으로 설명하기는 어렵다. 가령, 19세기 독일의 관세동맹에서는 독일 내 영방(territorium)간에 관세철폐와 시장통합이 주된 목적이었다. 그러나 제2차 세계대전 이후의 경제통합은 시장통합뿐만 아니라 동서냉전체제하에서 이념적 대립의 대응수단으로 이용되기도 하였다. 60년대 이후 지역주의의 확산과정에서는 개도국 상호간의 공업화 전략으로 경제통합이 선택되었다. 그러나 90년대에 와서는 냉전이 종식되고 세계화가 진행됨에 따라 이념, 경제발전 격차 또는 지리적 요인을 불문하고 범세계적 경쟁에 대응하기 위한 전략적 제휴의 목적으로 국제간 경제통합이 추진되고 있다.

지금까지 경제통합에 관한 학자들의 견해를 보면 크게 세 가지 관점에서 개념 정의가 이루어졌다.[57] 즉, 미르달(G. Myrdal)과 에르브(R. Erbes) 등은 정치경제학적 시각에서 사회경제적 이상실현의 과제로 파악하였으며, 틴버겐(J. Tinbergen)과 발라사(B. Balassa) 등은 근대경제학적 시각에서 경제일반에 관련된 경제거래구조의 변화현상으로 파악하였으며, 바이너(J. Viner), 미이드(J. Meade), 립시(R. Lipsey) 등은 전통적인 관세동맹의 영역에서 경제통합을 관찰하였다.

여기서는 경제통합을 보다 현실적 입장에서 포괄적으로 정의하고자 한다. 즉, 지리적으로 인접하며, 공통의 역사적·문화적 배경을 가지며 경제적 긴밀도

---

57) 손병해(1988), 경제통합론, 법문사, p.7

가 높은 특정 국가들끼리 광역시장권을 형성하여 자유·무차별원칙을 국지적으로 적용하려는 국제경제상의 흐름을 경제통합이라 하며, 이러한 사조(思潮)를 지역주의(regionalism)라고 한다.”

19.2.2 다양한 수준의 경제통합

경제통합은 하나의 동일한 실체가 아니다. 즉, 다양한 수준의 지역적 통합을 내포하고 있다. 따라서 지역주의에 대한 개념적 혼란을 피하기 위해 여러 가지 형태의 지역경제통합을 구분할 필요가 있다.

표 19-1 **다양한 수준의 지역경제통합**

특성 형태	대내적인 쿼타 및 관세 제거	공동의 대외적인 관세	토지, 노동, 자본 및 서비스의 자유로운 이동	경제정책의 조화 및 초국가적 기구의 전개	강력한 정치적 초국가기구의 완성
자유무역지역	●				
관세동맹	●	●			
공동시장	●	●	●		
경제동맹	●	●	●	●	
완전경제통합	●	●	●	●	●

발라사(B. Balassa, 1969)는 통합의 결속도에 따라 자유무역지역, 관세동맹, 공동시장, 경제동맹, 완전경제통합, 5단계로 분류하였다. [표 19-1]은 발라사의 5단계 분류를 정리한 것이다.

(1) 자유무역지역

자유무역지역(FTA)이란 동맹국(즉, 회원국) 간에 존재하는 무역장벽을 완전히 제거하여 자유무역을 실시하고 비동맹국(즉, 역외국)에 대해서는 각국이 독자적인 무역정책을 실시하는 지역경제통합의 한 형태이다. 그리고 이를 실현하기 위해 회원국 간에 체결한 협정을 자유무역협정(FTA)이라 한다. 통합의 결속도의 관점에서 보면 다른 형태에 비해 일국의 국가주권이 상당히 유지되는 비교적 자유로운 형태의 지역경제통합인 셈이다. 오늘날 대부분의 지역무역협정(RTAs)은 FTA 형태로 체결되고 있다.

(2) 관세동맹

관세동맹(Customs Union; CU)은 동맹국간에 무역장벽이 제거될 뿐만 아니라 역외국에 대해서 공동의 무역정책을 실시하는 형태의 지역경제통합이며, FTA에 비해 국가주권을 좀 더 포기해야 한다. 1957년 유럽경제통합체 EEC는 로마조약에 의거하여 관세동맹의 단계에서 출발하였다.

(3) 공동시장

공동시장(Common Market; CM)은 관세동맹의 수준에서 동맹국간 생산요소의 자유로운 이동이 보장된다. 즉, 동맹국에서 일자리를 구할 수 있으며, 설립의 자유가 보장된다.

(4) 경제동맹

경제동맹(Economic Union; EU)은 공동시장의 수준에다가 동맹국간 공동의 재정 및 금융정책의 조화가 요구된다. 이 단계에서는 국가주권의 포기가 상당히 크므로 초국가적 기구가 필요하다.

(5) 완전경제통합

완전경제통합(Complete Economic Union; CEU)의 단계에서는 경제정책의 조화뿐만 아니라 통화통합이 이루어진다. 즉, 오늘날 EU처럼 단일 통화가 유통이 된다. 여기서 한발 더 나아가면 정치·외교·군사 분야의 통합이 이루어지면 구소련연방이나 미국처럼 연방국가가 탄생되는 것이다.

19.3 다자주의 대 지역주의

제2차 세계대전 이후 많은 국가들이 무역자유화의 목표를 추구하였다. 이를 달성하기 위해 사용된 한 가지 방법이 관세와 무역에 관한 일반협정(GATT)

과 그 계승자인 WTO이다. GATT는 1947년 23개국으로 시작하였지만 2016년 7월 현재 WTO 회원국 수는 164개국이나 된다. GATT와 WTO 협정의 경우 모든 회원국들이 무역장벽 완화를 동시에 이행하기 때문에 우리는 동 협정을 무역자유화를 위한 다자간 접근(multilateral approach)이라 부른다.

무역자유화를 달성하기 위해 많은 국가들이 사용하는 또 다른 방법으로는 특혜무역협정(preferential trade arrangements: PTAs),[58] 자유무역지역, 관세동맹, 공동시장 등을 설립하는 것이다. 이들 협정 중 다수가 지리적으로 인접한 국가들을 포함하기 때문에 우리는 이러한 방법을 무역자유화를 위한 지역적 접근(regional approach)이라 부른다.

경제통합의 설립에 관한 흥미로운 질문은, "그것이 좋은 것인가 나쁜 것인가"이다. 좋다면 어떤 조건하에서, 나쁘다면 왜 나쁜가?

자유무역 옹호론자들이 RTAs를 지지하는 한 가지 이유는 동 협정이 자유무역을 지향하기 때문이다. 사실 GATT 제24조와 GATS 제5조는 RTAs가 무차별 원칙을 위반한다는 사실에도 불구하고 체약국으로 하여금 자유무역협정과 관세동맹 등을 설립하도록 허용한다. 자유무역지역 또는 관세동맹이 두 개의 WTO 회원국 간 또는 다수 회원국 간에 설립이 될 때 그들 간에는 관세율을 낮추거나 또는 제로관세율에 동의하지만 여타 WTO 회원국에 대해서는 관세장벽을 유지한다. 그러므로 자유무역지역은 차별적인 정책이다. 아마 이러한 협정들이 WTO 내에서 허용되는 이유는, 그들은 WTO의 근본적인 목표인 자유무역의 이행에 상당히 기여하기 때문이다.

그러나 경제학자들 간에는 RTAs가 범세계적 자유무역의 궁극적인 목표 달성을 더 어렵게 할지 모른다는 우려가 있다. 즉, RTAs가 동맹국들 간에는 무역자유화를 달성할지 모르겠지만 동 협정은 또한 역외국에 대해 보호무역장벽을 높이는 유인을 제공할 수 있다는 우려가 있다. 여기에는 RTAs의 범위가 클수록 그 지역의 무역 관련 시장지배력(market power)이 클 것이라는 논리가 적용된다. 시장지배력이 클수록 그 지역의 최적 관세 및 수출세가 높을 것이다. 그러므로 무역자유화를 위한 지역적 접근은 동맹국 간에는 무역이 자유로우나 역외국에

---

58) 특혜무역협정(PTAs)은 두 가지 의미로 사용된다. 하나는 이 절에서처럼 몇몇 산업에서만 부문별 무역자유화가 실시되는 특혜협정이다. 다른 하나는 상호주의적 특혜인 지역무역협정(RTAs)과 대비되는 일반특혜(GSP)나 영연방특혜와 같은 일방적 비상호특혜를 PTAs라고 한다. Retrieved from www.wto.org/english/tratop_e/region_e/scope_rta_e.htm.

대해서는 무역이 제한되는 커다란 '무역블록'을 형성할 수 있다. 이러한 이유 때문에 일부 경제학자들은 무역자유화를 위한 다자간 접근이 지역적 접근보다 범세계적인 자유무역 달성에 보다 용이할 것 같다고 주장하여 왔다.

최근 이러한 주제에 관한 연구가 많이 이루어져 왔으나 여기서는 단지 원론적인 수준에서 다룬다. 다음 절에서 우리는 무역전환(trade diversion)과 무역창출(trade creation)에 관한 경제적 논쟁을 소개한다. 이러한 개념은 자유무역지역 또는 관세동맹의 결성이 유익한지 해로운지를 구별하는 데 사용된다. 앞서 언급한 바와 같이 지역무역협정이나 특혜무역협정은 자유무역 지향적인 성향 때문에 지지를 받는다. 만일 자유무역이 경제적으로 가장 효율적인 정책이라면 자유무역을 향한 이동은 경제적 효율성 측면에서 당연히 유익할 것이다. 그러나 이런 결론은 옳지 않다. 비록 자유무역이 가장 효율적이라 할지라도 그런 방향으로의 행보가 반드시 경제적 효율성을 높이지는 않는다. RTAs나 PTAs가 일국의 후생과 경제적 효율성을 증대시킬지 아닐지는 동 협정으로 인해 발생하는 무역전환 효과와 무역창출 효과의 크기에 달려있다.

19.4 무역창출과 무역전환

19.4.1 서설

이 절에서 우리는 부분균형 모형을 이용하여 무역전환과 무역창출 효과를 분석한다. 이것은 어느 한 대표적 산업에 대한 특혜적 무역자유화의 후생효과를 분석한다는 의미이다. 이 절의 후반부에서 우리는 대표적 산업의 경우로부터 얻은 결과가 어떻게 하면 모든 무역부문에 걸친 무역자유화를 포함하도록 확대될 수 있는지 고려해 본다.

무역모형을 모델링할 때 우리는 가장 단순한 기본모형을 구상한다. 즉, 3국 (A국, B국, C국)[59]이 있으며, 각국은 대표적 산업의 동질적인 재화를 소비하고 공급하며, A국과 B국이 동맹을 결성한다고 가정한다. 그리고 어떤 형태의 경제

---

59) 경제통합론에서는 자국, 동맹국, 역외국 3국이 기본적인 국가 수가 된다.

통합을 결성하여도 무역전환과 무역창출 효과가 나타나지만 여기서는 FTA를 형성한다고 가정한다. 그리고 A국은 가격순응자(price taker)인 소국이며, B국과 C국은 대국(또는 지역)이라고 가정한다. 그러므로 A국은 주어진 시장가격에서 양국과 원하는 만큼 재화를 수출입할 수 있다.

만일 A국이 자유롭게 무역을 한다면 해당 재화의 수입국이라고 가정하자. 그러나 A국은 동맹 전 자유무역을 하지 않고 B국과 C국에 대해 동일한 관세(즉, WTO의 MFN 관세)를 부과하고 있다고 가정한다.

아래 분석에서 우리는 먼저 관세가 부과되고 있는 상황 하에서의 균형을 고려한다. 그런 다음 A국과 B국이 FTA를 형성할 경우 이 시장에서 일어날 가격 및 후생효과를 고려할 것이다. FTA가 형성되어도 A국은 역외국인 C국에 대해 여전히 동일한 MFN 관세를 유지한다고 가정한다.

19.4.2 무역전환

일반적으로 무역전환(trade diversion)은 동맹 후 FTA 외부의 효율적인 공급국에서 FTA 내부의 비효율적인 공급국으로 무역이 전환되는 상황을 의미한다. 무역전환은 일국의 후생을 감소시킨다. 그러나 어떤 경우에는 무역전환에도 불구하고 국가후생이 개선될 수도 있다.

[그림 19-1]은 FTA에 가입한 국가가 무역전환 효과로 인해 후생이 감소하는 경우를 설명한다. 그림에서 D와 S는 A국의 수요곡선과 공급곡선이다. P^B

그림 19-1 **무역전환 효과**

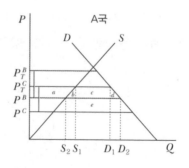

와 P^C는 B국과 C국의 동맹전 자유무역 공급가격이다. C국이 B국보다 싼 가격으로 A국에 해당 재화를 공급할 수 있다고 가정한다.

우리는 A국이 B국과 C국으로부터의 수입품에 동일한 관세($t^B = t^C = t^*$)를 부과한다고 가정한다. 관세부과로 국내공급가격은 P_T^B와 P_T^C로 상승한다. 그림에서 (종량세로 표시한) 관세의 크기는 녹색의 길이로 표시하였다. 즉, $t^* = P_T^B - P^B = P_T^C - P^C$이다.

동맹 전 관세가 부과될 경우 해당 재화는 C국으로부터의 수입이 더 값싸기 때문에 B국과는 교역을 하지 않고 C국으로부터 $D_1 - S_1$을 수입한다. 이때 관세수입은 수입량에 단위당 관세를 곱한 $c + e$가 된다.

이제 A국이 B국과 FTA를 결성한다고 가정하자. 동맹 후 B국과의 관세는 $t^B = 0$이며, C국과는 여전히 t^*의 관세가 부과된다. 그 결과 B국과 C국으로부터 수입한 재화의 국내가격은 각각 P^B와 P_T^C가 된다. $P^B < P_T^C$이므로 A국은 FTA 형성 후 B국으로부터 해당 재화를 모두 수입하고, C국으로부터는 전혀 수입하지 않을 것이다. 보다 하락한 국내가격 P^B에서 수입은 $D_2 - S_2$로 증가할 것이다. 또한 관세로 왜곡되지 않은 C국의 가격(즉, 자유무역가격)이 B국의 가격보다 더 낮기 때문에 보다 효율적인 공급국으로부터 비효율적인 공급국으로 무역이 전환되었다. 후생효과는 [표 19-1]에 나타내었다.

표 19-1 **동맹 후 후생효과: 무역전환의 경우**

	A국
소비자 잉여	$+(a+b+c+d)$
생산자 잉여	$-a$
정부의 재정수입	$-(c+e)$
국가후생	$+(b+d)-e$

동맹 후 관세율 변화로 인한 일국의 총 후생효과는 11장에서도 언급한 바와 같이 소비자잉여의 변화, 생산자잉여의 변화 그리고 정부의 재정수입(여기서, 관세수입)의 변화를 합치면 알 수 있다. 순효과는 3개의 요소 즉, 정(+)의 생산효율성 이익(b), 정(+)의 소비효율성 이익(d), 그리고 부(−)의 관세수입 손실(e)로 구성된다.[60] 따라서 A국의 경우 동맹의 순효과는 $+(b+d)-e$이다.

국가후생의 순효과는 정의 요소와 부의 요소가 공존하므로 FTA 체결 후 국가후생은 상승할 수도 있고 하락할 수도 있다. 다시 말해, $e > b + d$이면, 국가후생은 하락하고, 그 반대이면 상승할 것이다. 그리고 다양한 상황을 고려할 수 있다. 가령, 수요와 공급이 가격의 변화에 탄력적으로 반응한다면(탄력적일수록 수요곡선과 공급곡선의 경사가 완만해 진다), b와 d의 크기가 커진다. 또한 동맹국인 B국이 보다 효율적인 공급국일수록 교역조건악화의 손실(e)이 줄어든다(C국이 동맹국이면 교역조건악화의 손실이 없음). 그러므로 동맹 후 무역전환이 발생하더라도 무조건 후생이 감소하는 것이 아니라 상황에 따라 후생이 증가할 수도 있다.

19.4.3 무역창출

일반적으로 무역창출은 FTA가 결성되지 않았더라면 발생하지 않았을 무역이 FTA의 결성으로 창출된 상황을 의미한다. 따라서 해당 재화의 증가된 공급은 보다 효율적인 생산자가 맡게 된다. 어떤 경우든 무역창출 효과는 일국의 후생을 증가시킨다.

[그림 19-2]는 무역창출의 경우를 설명한다. 그림에서 D와 S는 A국의 수요 및 공급곡선이다. P_B와 P_C는 B국과 C국의 동맹전 자유무역 공급가격이다. C국이 B국보다 싼 가격으로 A국에 해당 재화를 공급할 수 있다고 가정한다.

A국은 B국과 C국으로부터의 수입품에 대해 동일한 관세($t^B = t^C = t^*$)를 부과한다고 가정한다. 관세는 A국의 국내공급가격을 P_T^B와 P_T^C로 상승시킨다. 그림에서 관세의 크기는 녹색의 길이로 표시하였다. 즉, $t^* = P_T^B - P^B = P_T^C - P^C$이다.

관세부과 후 A국의 폐쇄경제(autarky)하의 가격 P^A가 관세가 붙은 가격인 P_T^B와 P_T^C보다 더 싸기 때문에 해당 재화는 수입되지 않을 것이다. 그 대신 A국은 국내수요 D_1에 해당하는 S_1을 공급하여 자급자족할 것이다. 이 경우 최초의 관세 t^*는 금지적 관세가 된다.

---

60) 생산효율성 이익 b는 관세부과로 발생한 생산면의 사중손실이 회복된 것이며, 소비효율성 이익 d는 관세부과로 소비자가격이 상승하여 발생한 소비면의 사중손실이 FTA결성으로 회복된 것이며, 관세수입의 손실 e는 C국과 동맹을 맺지 않고 비효율적인 B국과 동맹을 체결함으로써 발생하는 교역조건악화의 손실이다.

그림 19-2 **무역창출 효과**

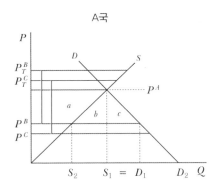

이제 A국과 B국은 FTA를 결성하며, A국은 동맹국인 B국으로부터의 수입품에 대해 관세를 제거한다고 가정한다(즉, $t^*=0$). 그러나 C국에 대해서는 여전히 관세를 부과하므로(즉, $t^C=t^*$) B국과 C국으로부터 수입된 재화의 국내가격은 각각 P^B와 P_T^C가 된다. $P^B < P^A$이므로 FTA 결성 후 A국은 이제 B국으로부터 해당 재화를 수입할 것이다.

보다 싸진 국내가격 P^B에서 수입량은 $D_2 - S_2$로 증가할 것이다. 따라서 FTA 결성 이전에는 발생하지 않았던 무역이 FTA 체결[61]과 함께 발생하게 되었으므로 '창출(creation)'이라고 표현한 것이다. [표 19-2]에 후생효과를 요약하였다.

표 19-2 **동맹 후 후생효과: 무역창출의 경우**

	A국
소비자 잉여	$+(a+b+c)$
생산자 잉여	$-a$
정부의 재정수입	0
국가후생	$+(b+c)$

---

61) 결성, 형성 또는 설립이라고 표현할 때는 자유무역지역(FTA)을 의미하며, FTA 체결이라고 표현할 때는 자유무역협정(FTA)을 의미한다. 기구는 협정을 통해 실현되므로 어느 것을 사용해도 내용상의 차이는 없을 것이다.

무역전환 효과와는 달리 무역창출 효과가 발생할 경우 일국의 후생은 증가한다. 즉, 총 후생효과는 소비자와 생산자의 이익과 손실을 합치면 된다. 무역창출에서는 동맹 전과 후에 관세수입이 발생하지 않으므로 순효과는 2개의 요소로 구성된다. 즉, 정(+)의 생산효율성 이익(b)과 정(+)의 소비효율성 이익(c)이다. 이것은 FTA 결성으로 무역창출이 발생하면 순 국가후생은 증가한다는 것을 의미한다. [표 19-2]와 [그림 19-2]를 참고하면 국가후생의 변화 크기를 알 수 있다.

19.5 FTA의 총체적인 후생효과

지금까지 우리는 하나의 대표적 산업에 대한 특혜적 무역자유화의 후생효과를 분석하였다. 여기서는 대표적 산업의 경우로부터 얻은 결과가 어떻게 하면 모든 무역부문에 걸친 무역자유화를 포함하도록 확대될 수 있는지 고려한다. 즉, FTA를 체결하면 하나의 시장만 영향을 받는 것이 아니라 다수의 시장과 다수의 국가가 영향을 받는다. 그러므로 FTA의 총체적 효과를 분석하기 위해 우리는 다수 시장, 다수 국가에 미치는 FTA의 효과를 종합해 볼 필요가 있다.

이를 위한 단순한 방법은, FTA를 체결하는 일국은 무역창출이 발생하는 수입품 시장들과 무역전환이 발생하는 다른 시장들을 가질지 모른다고 가정하는 것이다. 무역창출을 갖는 시장들은 분명히 국가적 후생이익을 발생시킬 것이고, 무역전환을 갖는 시장들은 국가적 후생손실을 발생시킬 것이다. 경제학자들은 흔히 다음과 같은 말을 한다. "무역창출의 긍정적인 효과가 무역전환의 부정적인 효과보다 더 크다면 FTA는 일국의 후생을 개선시킬 것이다." 다소 정확성은 떨어지지만 보다 간결하게 표현하면 다음과 같다. "FTA가 무역전환보다 무역창출을 더 많이 발생시킨다면 FTA는 후생을 개선시킬 것이다."

그러나 역의 표현도 가능하다. 즉, "FTA가 무역창출보다는 무역전환을 더 많이 발생시킨다면 FTA는 일국의 후생을 감소시킬지 모른다." 이 경우는, 일단의 국가군에 의한 자유무역 지향적인 추진이 관련 국가들의 후생을 감소시킬지도 모른다는 사실을 암시하기 때문에 아주 흥미롭다. 이것은 보다 효율적인 자유무역정책 방향으로의 이동이 경제적 효율성을 향상시키지 않을지 모른다는 것을 의미한다. 이러한 결과가 비록 반직관적인 것 같지만 차선의 이론의 관점에서 보면 쉽게 설명된다.

FTA의 후생효과: 경험적 연구

본서에서는 부분균형모형을 이용하여 FTA의 후생효과를 이론적으로 분석하였다. 그러나 많은 학자들이 CGE(연산가능일반균형) 모형을 이용하여 FTA의 후생효과를 경험적으로 연구하였다. 여기서는 Scollay & Gilbert (2001)의 아시아·태평양지역에 관한 연구결과를 소개한다.

표 19-3 **기준연도의 GDP의 백분비(%)로서의 후생변화**

지역	양자간 일-싱가포르	복수국간 한중일	허브 &스포크 ASEAN+3	APEC(특혜무역)	범세계(WTO)
일본	0.0	0.25	0.34	0.74	0.98
싱가포르	4.06	−0.87	4.12	0.72	6.94
한국	0.00	0.80	1.18	1.63	1.83
중국	0.00	2.09	1.96	3.19	4.51
APEC	0.01	0.16	0.25	0.58	0.84
회원국전체	0.05	0.50	0.64	0.58	–
비회원국전체	−0.01	−0.03	−0.06	−0.12	–
세계	0.00	0.09	0.11	0.27	0.56

위의 표를 통해 우리는 다음과 같은 결론을 얻을 수 있다.
- RTAs에 참여하는 국가가 많을수록, 또한 허브국(예, 싱가포르)일수록 후생이 커진다.
- RTAs에서 배제된 국가는 총체적으로 볼 때 후생이 감소한다.
- RTAs가 비회원국에게는 바람직하지 못하며, RTAs가 클수록 비회원국의 손실은 커진다.
- 범세계적인 다자간 무역자유화가 세계경제에 가장 큰 이익을 준다.

19.6 FTA와 차선의 이론

"FTA가 경제적으로 가장 효율적인 정책이라면 일단의 국가군에 의한 자유무역의 추진이 어떻게 경제적 효율성을 감소시킬 수 있는가?"라는 질문을 해 볼 수 있다. 그 답은 FTA 형성의 스토리를 차선의 이론(second-best theory)의 맥락에서 본다면 아주 간단하다. 시장이 불완전하거나 왜곡이 존재할 때 또 다른 왜곡의 추가(예, 무역정책)가 경제적 후생 또는 효율성을 상승시킬 수 있다는 것을 차선의 이론이 제시하였음을 상기해 보라. FTA의 경우 무역정책의 변화란, 새로운 무역정책의 추가라기보다는 오히려 무역장벽의 제거를 의미한다. 그러나 차선의 이론은 역으로도 똑같이 적용된다.

일국이 FTA를 체결하기 전에 수입재에 적용되는 관세장벽의 형태로 이미 정책유발형 왜곡이 존재하였다. 이것은 최초의 균형이 차선의 균형(second-best equilibrium)의 특성을 띤다는 것을 의미한다. FTA가 결성될 때 이러한 왜곡들 가운데 일부(가령, 회원국에게 적용되는 관세)는 제거된다. 그러나 다른 왜곡들(즉, 비회원국에게 적용되는 관세)은 여전히 남아있다. 만일 부분적인 관세제거가 비회원국에게 적용되는 관세장벽에 의해 야기되는 부정적 효과를 상당히 증대시킨다면 FTA 내의 자유무역에 의해 야기되는 효율성 개선이 FTA 밖의 관세장벽에 의해 야기되는 부정적 효과에 의해 압도당할 수 있으며, 그로 인해 국가 후생이 하락할 수 있다.

이것은 본질적으로 무역전환의 경우 일어난다. 무역전환은, FTA 결성으로 수입이 효율적인 공급국에서 비효율적인 공급국으로 전환될 때 발생한다. 그것 자체만으로 국가후생을 감소시킨다. 비록 해당 국가가 국내왜곡을 제거함으로써(즉, 회원국 내의 무역장벽을 제거함으로써) 이익을 보겠지만 이런 이익이 공급 효율성 이익에 비해 작다면 국가후생은 하락한다. 일반적으로, 무역자유화가 효율성개선으로 인도하도록 보장하는 유일한 방법은 한 국가가 모든 국가에 대해 무역장벽을 제거하는 것이다.

19.7 결론

- 각국은 WTO와 같은 다자협정 하에서 무역장벽을 완화시켜서 통합을 할 수 있으며, PTA, FTA, CU, CM, EU 등과 같은 지역협정을 통해 통합할 수 있다.
- FTA의 형성은 무역창출 또는 무역전환을 발생시킨다.
- 무역창출은 FTA 형성 이전에는 존재하지 않았던 새로운 무역을 창출하며, 국가후생의 측면에서 볼 때 해당 국가에 항상 이롭다.
- 무역전환은 무역을 어떤 국가에서 회원국으로의 이전과 관계되며, 국가후생의 측면에서 볼 때 해당 국가에 때때로 해롭다.
- 무역전환에 의해 발생되는 손실은 차선의 이론의 맥락에서 이해될 수 있다. 왜냐하면 다른 왜곡이 제거될 때 하나의 시장왜곡이 여전히 남아있어서 후생이 하락할 수 있기 때문이다.

주요용어

1. 경제통합(economic integration)
2. 자유무역지역(free trade area)
2. 무역창출(trade creation)
3. 무역전환(trade diversion)

1. 발라사(B. Balassa)는 통합의 결속도에 따라 5가지 유형으로 분류하였다. 결속 도가 높은 순서로 열거하시오.

2. FTA 결성 후 무역전환이 발생할 경우 일국의 후생효과를 부분균형모형을 이용하 여 설명하시오.

3. 위 2의 문제에서 FTA로 후생이 감소할 수 있다. 어떻게 자유무역 지향적인 정책이 경제적 효율성을 감소시킬 수 있는가? 차선의 이론의 맥락에서 답하여 보시오.

[주요 참고문헌]

강정모 외 역 (2009), 『국제경제학: 이론과 정책』, ㈜시그마프레스.

강기천 외 역 (2010), 『국제무역론』, 교보문고.

곽근재 (2012), 『국제무역론 이론과 정책』, 경상대학교 출판부.

곽근재 (2019), 『산업내무역 이론과 검증』, 도서출판 대도.

김인준 외 (2003), 『국제경제론』, 다산출판사.

손병해 (1988), 『경제통합론』, 법문사.

Balassa, B. (1963), An Empirical Demonstration of Classical Comparative Cost Theory, *The Review of Economics and Statistics*, 45(3): 231－238.

Balassa, B. (1969), *The Theory of Economic Integration*, George Allen & Unwin Ltd., London.

Baldwin, R. E. (1971), "Determinants of the Commodity Structure of U.S. Trade," *American Economic Review*, 61: 126－46.

Belyanin, A. (2006), "Thomas Schelling, Robert Aumann and Interactive Decision Theory", *VOPROSY ECONOMIKI*, vol. 1.

Bhagwati, J. (1971), "The generalized theory of distortions and welfare", in: J. Bhagwati, et al. (eds.), *Trade, Balance of Payments and Growth* (North－Holland, Amsterdam). 69－90.

Bowen, H. P., Leamer, E. E., and Sveikauskas, L. (1987), "Multifactor, multicountry tests of the factor abundance theory", *American Economic Review*, Vol. 77: 791－809.

Caves, R. E., Frankel, J. A., and Jones, R. W. (2007), *World Trade and Payments: An Introduction*, Addison－Wesley.

Corden, W. M. (1974), *Trade Policy and Economic Welfare*, Oxford University Press.

Falvey, R. E. (1981), "Commercial Policy and Intra－Industry Trade", *Journal of International Economics*, 11(4): 495－511.

Greenaway, D. and Milner, C. R. (1986), *The Economics of Intra－Industry Trade*, Basil Blackwell Ltd.

Grubel, H. G. and Lloyd, P. J. (1975), *Intra−Industry Trade: The Theory and Measurement of International Trade in Differentiated Products*, Macmillan Press Ltd, London.

IMF WEO. Retrieved from [https://www.imf.org/en/Publications/WEO].

Kandogan, Y. (2003A), "Reconsidering the Adjustment Costs of the Europe Agreements", *Applied Economics Letters*, 10(2), 63−68.

Kandogan, Y. (2003B), "Intra−industry Trade of Transition Countries: Trends and Determinants", *Emerging Markets Review*, 4(3), 273−286.

Kemp, M. C. (1964), *The Pure Theory of International Trade and Investment*, Englewood Cliffs, N. J.: Prentice−Hall.

Krugman, P. R. (1979). Increasing returns, monopolistic competition, and international trade. *Journal of international Economics*, 9(4): 469−479.

Krugman, P. R. and Obstfeld, M. (2008), *International Economics: Theory and Policy*, Addison−Wesley.

Lung, H. and Kwak, K. J. (2017), "Patterns and Determinants of Intra−Industry Trade in Vietnam's Textile and Apparel Industry", *Journal of Korea Research of International Commerce*, 17(6): 119−144.

Markusen, J. R., Melvin, J. R., Kaempfer, W. H., and Maskus, K. E. (1995), *International Trade Theory and Evidence*, McGraw−Hill.

Nash, J. (1951) "Non−Cooperative Games", *The Annals of Mathematics*, 54(2): 286−295.

Scollay, R. and Gilbert, J. P. (2001), *New Regional Trading Arrangements in the Asia Pacific?*, Institute for International Economics, Washington, D.C.

Suranovic S. (2010), *International Trade: Theory and Policy*, Flat World Knowledge, Inc.

UNCTAD STAT. Retrieved from [www.unctad.org/en/Pages/statistics.aspx#].

WTO, WTO Agreement: Environment Issues. Retrieved from
[https://www.wto.org/english/tratop_e/envir_e/sust_dev_e.htm]

ㄱ

곽근재

영남대학교 무역학과 졸업
영남대학교 무역학과 경제학박사
미국 콜로라도대학/인디애나대학 방문교수
행정고시 출제/선정/채점위원 역임
입법고시 출제위원 역임
7급 공무원시험 선정위원 역임
경상대학교 경영대학장 역임
현 경남지역 FTA 실무협의회 위원
현 경남서부세관 관세심사위원회 위원
현 경상대학교 국제통상학과 교수

무역이론과 정책

초판발행   2019년 12월 30일

지은이   곽근재
펴낸이   안종만·안상준

편 집   전채린
기획/마케팅   박세기
표지디자인   조아라
제 작   우인도·고철민

펴낸곳   (주) **박영사**
              서울특별시 종로구 새문안로3길 36, 1601
              등록 1959. 3. 11. 제300-1959-1호(倫)

전 화   02)733-6771
f a x   02)736-4818
e-mail   pys@pybook.co.kr
homepage   www.pybook.co.kr
ISBN   979-11-303-0923-1   93320

정 가   22,000원